高职高专"十三五"规划教材·"互联网+"教材

金融理论与实务

主　编　赵新成　林明凤　刘子婵

副主编　沈月中　蔡朝宗　范兰霞　李级民

微信扫码
申请课件等相关资源

南京大学出版社

图书在版编目(CIP)数据

金融理论与实务 / 赵新成,林明凤,刘子婵主编.
— 南京:南京大学出版社,2018.10
ISBN 978 - 7 - 305 - 21091 - 4

Ⅰ. ①金… Ⅱ. ①赵… ②林… ③刘… Ⅲ. ①金融学
Ⅳ. ①F830

中国版本图书馆 CIP 数据核字(2018)第 237310 号

出版发行　南京大学出版社
社　　址　南京市汉口路 22 号　　　　邮　编　210093
出版人　金鑫荣
书　　名　金融理论与实务
主　　编　赵新成　林明凤　刘子婵
责任编辑　戚　敏　武　坦　　　　编辑热线　025 - 83592315

照　　排　南京理工大学资产经营有限公司
印　　刷　南京人民印刷厂有限责任公司
开　　本　787×1092　1/16　印张 16.5　字数 412 千
版　　次　2018 年 10 月第 1 版　　2018 年 10 月第 1 次印刷
ISBN　978 - 7 - 305 - 21091 - 4
定　　价　42.00 元

网　　址:http://www.njupco.com
官方微博:http://weibo.com/njupco
微信服务号:njuyuexue
销售咨询热线:(025)83594756

前　　言

金融已成为现代经济发展的核心。金融创新日益深化,金融业务不断拓展,对经济活动的参与者提出了更高的要求,学习掌握金融知识成为当代大学生素质结构中的重要内容。在当代高等教育的实践视阈中,金融知识的学习和金融技能的培养成为人才成长的重要内涵。在高等职业院校的人才培养体系中,金融课程的专业基础性地位得到确认和加强。

本书从金融基础理论出发,旨在分析金融领域的基本概念,介绍金融机构及金融市场的运行,对宏观金融方面进行探讨,对当代金融的若干热点问题予以回应。据此,本书内容分为十四章,分别涵盖:货币与货币制度、信用和利率、金融机构体系、中央银行、商业银行、金融市场、货币市场、资本市场、金融衍生工具市场、货币均衡与货币政策、通货膨胀与通货紧缩、汇率与汇率制度、金融风险与金融监管、互联网金融。

结合当下高等职业院校的人才培养规律和现实条件,本书将金融理论知识与实践技能并重,体现了如下特色:

(1) 结构完备,内容新颖。

本书包含了金融基本理论,也探讨了金融实践问题。对金融发展的热点问题进行了具体的分析。例如,把互联网金融单列一章进行专门的研究,力图帮助读者对金融新趋势有所把握。同时,本书使用了较新的统计数据及图文资料,力求反映金融实践的最新动态。

(2) 贴近现实,定位明确。

本书定位于满足高职高专的教学需求。基于其教学特点,本书注重金融理论的应用,分析现实问题。使用国内外典型的金融案例作为分析的切入点,较好地体现了理论与实践的结合。

(3) 教学资源丰富。

考虑到教学工作的现实需要,我们为本书配备了内容翔实、形式美观的教学PPT,并配备了教学大纲及教学计划等电子文件。为了满足学生学习的自我检测需要,各章配备了课后练习题及参考答案。

本书由广州城建职业学院赵新成、林明凤、刘子婵担任主编,广州城建职业学院沈月中、广州南洋理工职业学院蔡朝宗、武汉商贸职业学院范兰霞和湖北第二师范学院李级民担任副主编。全书由广州城建职业学院赵新成负责统稿。

　　在本书编写过程中，我们获得了一些专家、教授的宝贵意见，在此表示衷心的感谢！同时，在本书编写过程中我们参阅了大量金融专著、教材，使用了大量的数据资料和研究成果，在此特别向这些文献、资料的编著者深表谢意！

　　由于编者水平有限，加之时间仓促，书中难免存在不足和错误之处，敬请广大读者批评指正！

编　者

2018 年 8 月

目 录

1

货币与货币制度

扫码查看视频

学习本章,应准确识记本章的基本概念,领会本章的基本理论。了解货币的起源及相关理论;了解货币形式的演变历程;理解货币的职能;了解货币制度的基本构成及国家货币制度的演变;掌握我国人民币制度的主要内容;了解国际货币体系的演变历程。

导入案例

雅普岛上的石头货币

雅普岛(Yap)是一个位于西太平洋西部的小岛,人口约 6 300 人,面积 100.2 平方公里。岛上居民把石头当钱用的历史最早可以追溯到 2 000 年前,传说当地的阿那古曼将军,他发现了帛琉的石灰岩洞,并带回来了巨大的石头,为了方便运输,它将石头切成圆形并在中间凿出一个圆形窟窿。

图 1-1 雅普岛的石头货币

此后,雅普岛的居民就形成了把这种圆形大石头当货币的习惯。他们把这种石头钱叫作斐,斐的大小不一,直径从一英尺到十二英尺不等,共同点就是中间都有一个大圆洞,一个直径 3.6 米的大斐需要 20 多个青壮年才能搬运的动。

在雅普岛,居民富有的表现就是家里有许多石头钱,且石头越大越好,他们把石头钱摆放在自家门前形成一排。为了变得富有,许多人甚至冒着生命危险去海外的岛上采大石头回来。

雅普岛上居民不足一万人,圆盘石头是岛上的通用货币,它可以用来交易任何东西,如买地买房子,买独木舟,甚至结婚娶媳妇的时候都是使用石头。当需要交易的时候,双方就带着石头出发。

资料来源:Cadena R:YAPPING ABOUT MONEY[J]. Projection Lights & Staging News,2011.

第一节　货币的起源与货币形式的演变

一、货币的起源

货币是商品交换的产物。货币是与商品相伴生的经济范畴,解开货币之谜,必须从分析商品入手。在人类社会的初期,并不存在商品交换,当然也不存在货币。在原始的氏族共同体中,由于生产力水平极其低下,人们各尽所能,集体劳作,方能维持生存。整个劳动在氏族共同体的需要下统一进行,劳动产品归氏族共同体所有,统一分配。伴随着生产力水平的提高,剩余产品的出现,氏族开始分化瓦解,社会分工和私有制开始形成,这时情况发生了巨大变化,这就是商品生产和商品交换的出现。

商品是商品生产者为了交换而生产的劳动产品。由于生产资料和劳动产品的私有制,商品生产者的劳动直接表现为私人劳动;由于社会分工,商品生产者的劳动是为别人所需要的产品而进行的劳动,是社会总劳动的一部分,具有社会劳动的性质。这就产生了私人劳动和社会劳动的矛盾。商品生产者生产的产品只有通过交换,即产品交换出去,他们的劳动才会被社会承认,从而转化为社会劳动。只有通过商品交换,才能解决商品生产的私人劳动与社会劳动的矛盾。人们在长期的交换中发现,先把自己的商品换成通常大家接受的商品,然后再用这个商品去换取自己需要的商品就比较方便。当这种中介商品逐步固定在某种商品身上成为商品交换的媒介时,它就是一般价值形态了。从商品中分离出来的这种充当商品交换的媒介物就是货币。这时,商品生产者卖出自己的商品换得货币,再用所得货币去换取自己需要的商品,使自己的私人劳动转换为社会劳动,从而解决了商品经济内在的矛盾。

这就是货币的产生过程。因此,货币的产生过程也就是价值形式的发展过程,货币形式是价值形式发展的完成形式。货币是商品生产和商品交换发展到一定阶段的产物,是商品内在矛盾发展的必然结果。货币出现后,一切商品的价值都用货币来表现。商品内在的使用价值和价值的矛盾,就外化为商品和货币的对立。

马克思说,当一种商品从发挥一般等价物作用的几种商品中分离出来,固定地充当一般等价物,充当商品交换的媒介时,货币就产生了。

二、货币形式的演变

货币作为一般等价物,从商品世界分离出来以后,仍然伴随着商品交换和信用制度的发展而不断演进。货币材质和形式,经历了"实物货币—金属货币—信用货币"的发展过程。这种形式的变化,是不断地适应经济社会发展变化而变化的,同时也消除了前一种货币形式无法克服的缺点。

(一) 实物货币

以自然界中存在的某种物品或人们生产的某种商品来充当货币。世界上最早的货币是实物货币。在早期简单商品交换时代,生产力不发达,交换的目的是以满足某种生活和生产的需要为主,因而要求作为交换媒介的货币必须具有价值和使用价值,货币主要由自然物来充当。早期的实物货币,一般近海地区多用海贝和盐,游牧民族多用牲畜、皮革,农业区多用农具、布帛等等。中国古代商、周时期,牲畜、粮食、布帛、珠玉、贝壳等都充当过货币,而以贝壳最为流行。这种货币文化也渗透到了中国的汉字中,许多与财富有关的汉字其偏旁都有"贝"字。此时的货币,刚脱胎于普通商品,主要特征是能代表财富,是普遍的供求对象,而非理想的货币币材,如牲畜充当货币,当其被分割后,它的价值便大大降低。当然,由于生产力水平较低,交易规模尚小,这种矛盾并不十分突出,仍可维持这类商品的货币地位。

实物货币具有一定的局限性:实物货币不易于分割;实物货币不易保管;有些实物货币的价值较小,大额的商品交易需要大量的货币发挥媒介作用,携带不便。

(二) 金属货币

随着生产水平的提高,交易规模的扩大,非金属实物货币充当货币币材的矛盾越来越突出,金属在执行货币职能方面的优势越来越明显,如金属易于分割,可按不同的比例任意分割。金属也易于保管;金银价值高,便于携带。于是金属货币在交换中逐渐占据主导地位,最终成为通行的货币。随着交易规模的不断扩大,货币金属经历了由贱金属到贵金属的演变。货币金属最初是贱金属,多数国家和地区使用的是铜。随着生产力的提高,参加交换的商品数量增加,需要包含价值量大的贵金属充当货币,币材由铜向银和金过渡。到19世纪上半期,世界大多数国家处于金银复本位货币制度时期,货币金属主要是金、银贵金属。

金属货币最初是以条块形态流通的。为了便于交换,政府开始铸造铸币。铸币是由国家印记证明其重量和成色的金属块。我国最古老的金属铸币是铜铸币。西方金属铸币的典型形式是银元。

实物货币与金属货币都属于商品货币,都是足值货币,即作为货币商品的各类实物和金、银、铜等金属的自身商品价值与其作为货币的购买价值相等。足值货币的特点是价值比较稳定,能够为商品的生产和交换提供一个稳定的货币环境,有利于商品生产和交换的发展。

(三) 信用货币

信用货币属于不足值货币,即作为货币商品的实物,其自身的商品价值低于其作为货币的购买价值,主要形式有以下几种。

1. 可兑现的信用货币

随着生产和流通的进一步扩大,贵金属币材也不能满足商品流通的需要,而且远距离的大宗贸易携带金属货币多有不便。由于货币作为商品交换的媒介,在流通中只起转瞬即逝的媒介作用,人们更多关心的是用货币能否买到价值相当的商品,而不是货币实体的价值量。事实上,流通中被磨损了的铸币能够被人们照常接受,并不影响商品交易,这就表明货币可以用象征的货币符号来执行流通手段的职能。

最初,人们只是将银行券当作兑换金属货币的凭证,如商人将自己的金属货币存放于钱铺,由其开出一种票据进行支付,持有票据的人要求钱铺兑现时,钱铺则随时收进票据付以金属货币。能够代替金属货币流通的纸质票据之所以可以在交易中被人们接受,是因为发出票据的人承诺可以与金属货币兑换。这是一种信用行为,故称信用货币。当钱铺拥有了大量的金属货币,并以此作为保证发行自己的银行券时,银行券就成为银行发出的代替金属货币流通的可随时兑现的信用货币。19世纪下半期,各国可兑换金币的银行券广泛流通。

但此时的银行券仍是金的符号,以金为后盾,代替金币进行流通,流通中仍有大量的金币充当货币。银行券的出现是货币币材的一大转折,它为其后不可兑现纸币的产生奠定了基础。

2. 不可兑现的信用货币

银行券的流通为政府发行不兑现纸币提供了条件。政府纸币是典型的不兑现信用货币,是与银行券同时流通的、以国家政权为后盾的国家发行强制流通的纸质货币。同银行券相比,政府纸币以国家信用为基础,表现出强制流通的、不可兑现的特征。

政府纸币作为不兑现信用货币,由于其与财政赤字的密切联系,容易导致货币流通的混乱。在 20 世纪 30 年代,银行券与政府纸币合二为一,中央银行垄断纸币发行,并在了解货币与经济关系的基础上,控制纸币发行数量,控制货币供应,为不兑现信用货币的正常流通提供了保障。而且,不兑现信用货币突破了货币商品形态对经济发展的制约,为政府调控经济提供了一个手段,所以说不兑现信用货币是货币发展历程中的重大飞跃。

(四)存款货币和电子货币

20 世纪 50 年代以来,由于信用制度发达,银行结算手段改进,现金流通逐渐减少,货币主要采取存款形式,通过支票转账实现存款的债权债务转移,成为购买商品支付劳务的主要手段,货币概念得以扩张,货币不仅包括硬币和纸币,而且包括可转账的活期存款,将不能随时转账的定期存款和储蓄存款称为准货币。存款货币的出现,打破了实体货币的概念,将货币由有形货币引向无形货币。

支票转账结算较原有的各种交易方式有较大的好处,但仍有一些缺点即成本较高。银行为降低这些成本,必须寻找新的出路。所以,随着社会经济与技术的发展和电子计算机的普及运行,"电子货币"应运而生了。

不使用硬币、纸币和支票方式的货币支付形式,而通过商业银行之间、商业银行与中央银行之间以及商业银行与大公司之间的计算机或终端以电子方式进行的货币支付被称为电子资金汇划。其金额庞大,可以节省大量的支票印制成本。广泛使用的信用卡、电子钱包、微信支付等更是极为流行的付款方式。随着支付方式的发展,未来可能会出现一个"无现金"的社会,实在材料的货币的使用空间变小。

第二节　货币的职能

人们对货币职能进行了多角度的研究。总体上而言,货币职能主要体现在五个方面:价值尺度、流通手段、支付手段、贮藏手段和世界货币。

一、价值尺度

价值尺度是用来衡量和表现商品价值的一种职能,是货币的最基本、最重要的职能。正如衡量长度的尺子本身有长度,称东西的砝码本身有重量一样,衡量商品价值的货币本身也是商品,具有价值。没有价值的东西,不能充当价值尺度。

货币作为价值尺度,就是把各种商品的价值都表现为一定的货币量,以表示各种商品的价值在质的方面相同,在量的方面可以比较。各种商品的价值并不是由于有了货币才可以互相比较,恰恰相反,只是因为各种商品的价值都是人类劳动的凝结,它们本身才具有相同的质,从而在量上可以比较。商品的价值量由物化在该商品内的社会必要劳动量决定。但是商品价值是看不见、摸不到的,自己不能直接表现自己,它必须通过另一种商品来表现。在商品交换过程中,货币成为一般等价物,可以表现任何商品的价值,衡量一切商品的价值量。货币作为价值尺度衡量其他商品的价值,把各种商品的价值都表现在一定量的货币上,货币就充当商品的外在价值尺度。而货币之所以能够执行价值尺度的职能,是因为货币本身也是商品,也是人类劳动的凝结。可见,货币作为价值尺度,是商品内在的价值尺度即劳动时间的表现形式。

货币在执行价值尺度的职能时,并不需要有现实的货币,只需要观念上的货币。例如,1辆自行车值1克黄金,只要贴上个标签就可以了。当人们在做这种价值估量的时候,只要在他的头脑中有黄金的观念就行了。用来衡量商品价值的货币虽然只是观念上的货币,但是这种观念上的货币仍然要以实在的金属为基础。人们不能任意给商品定价,因为,黄金的价值同其他商品之间存在着客观的比例,这一比例的现实基础就是生产两者所耗费的社会必要劳动量。在商品价值量一定和供求关系一定的条件下,商品价值的高低取决于黄金的价值的大小。

商品的价值用一定数量的货币表现出来,就是商品的价格。价值是价格的基础,价格是价值的货币表现。货币作为价值尺度的职能,就是根据各种商品的价值大小,把它表现为各种各样的价格。例如,1头牛值2两黄金,在这里2两黄金就是1头牛的价格。

二、流通手段

货币作为流通手段,在商品流通过程中,不断地被当作购买手段,实现商品的价格。商品经过一定的流通过程以后,必然要离开流通领域进入消费领域。但货币作为流通手段,却始终留在流通领域中,不断地从购买者转移到出卖者手中。这种不断地转手就形成了货币流通。货币流通是以商品流通为基础的,它是商品流通的表现。充当流通手段的货币,最初是以金或银的条块形状出现的。由于金属条块的成色和重量各不相同,每次买卖都要验成色,称重量,很不方便。随着商品交换的发展,金属条块就为具有一定成色、重量和形状的铸币所代替。铸币的产生使货币能够更好地发挥它作为流通手段的职能。铸币在流通中会不断地被磨损,货币的名称和它的实际重量逐渐脱离,成为不足值的铸币。货币作为价值尺度,可以是观念上的货币,但必须是足值的。货币作为流通手段则必须是现实的货币,但它可以是不足值的。这是因为货币发挥流通手段的职能,只是转瞬即逝的媒介物,不足值的铸币,甚至完全没有价值的货币符号,也可以用来代替金属货币流通。用贱金属,如用铜铸成的辅币,是一种不足值的铸币。由国家发行并强制流通的纸币,则纯粹是价值符号。纸币没有价值,只是代替金属货币执行流通手段的职能。无论发行多少纸币,它只能代表商品流通中所需要的金属货币量。纸币发行如果超过了商品流通中所需要的金属货币量,那么,每单位纸币代表的金量就减少了,商品价格就要相应地上涨。

由于货币充当流通手段的职能,使商品的买和卖打破了时间限制,一个商品所有者在卖出商品之后,不一定马上就买。它也打破了买和卖的空间限制,一个商品所有者在出卖商品以后,可以就地购买其他商品,也可以在别的地方购买任何其他商品。这样,就有可能产生买和卖的脱节,一部分商品所有者只卖不买,另一部分商品所有者的商品就卖不出去。因

此,货币作为流通手段已经孕育着引起经济危机的可能性。

货币充当价值尺度的职能是它作为流通手段职能的前提,而货币的流通手段职能是价值尺度职能的进一步发展。

三、支付手段

货币作为支付手段的职能是适应商品生产和商品交换发展的需要而产生的,因为商品交易最初是用现金支付的。但是,由于各种商品的生产时间是不同的,有的长些,有的短些,有的还带有季节性。同时,各种商品销售时间也是不同的,有些商品就地销售,销售时间短,有些商品需要远销外地,销售时间长。生产和销售时间上的差别,使某些商品生产者在自己的商品没有生产出来或尚未销售之前,就需要向其他商品生产者赊购一部分商品,商品的让渡同价格的实现在时间上分离开来,即出现赊购的现象。即商品的交付与货币的支付在时间和空间上的分离。赊购以后到约定的日期清偿债务时,货币便执行支付手段的职能。货币作为支付手段,开始是由商品的赊购、预付引起的,后来才慢慢地扩展到商品流通领域之外,在商品交换和信用发达的资本主义社会里,就日益成为普遍的交易方式。

四、贮藏手段

货币作为贮藏手段是指货币退出流通领域被人们当作社会财富的一般代表保存起来的职能。货币能够执行贮藏手段的职能,是因为它是一般等价物,可以用来购买一切商品,因而货币贮藏就有必要了。

货币作为贮藏手段,是随着商品生产和商品流通的发展而不断发展的。在商品流通的初期,有些人就把多余的产品换成货币保存起来,贮藏金银被看成是富裕的表现,这是一种朴素的货币贮藏形式。随着商品生产的发展,商品生产者要不断地买进生产资料和生活资料,但他生产和出卖自己的商品要花费时间,并且能否卖掉也没有把握。这样,他为了能够不断地买进,就必须把前次出卖商品所得的货币贮藏起来,这是商品生产者的货币贮藏。

贮藏货币的最大优势是高安全性,最大缺点是收益较低。人们是以货币形式贮藏财富,还是以其他形式贮藏财富,取决于人们对不同财富贮藏形式风险和收益的对比。

关于纸币能否充当贮藏手段的问题,存在着不同的看法。传统的观点是:只有实在的、足值的金属货币,人们才愿意保存它,才能充当贮藏手段。但也有人认为,如果纸币的发行数量不超过商品流通中所需要的金属货币量,纸币就能代表相应的金属量,保持稳定的社会购买力。在这种条件下,纸币也能执行贮藏手段的职能。当然,纸币如果发行量过多,就无法保持它原有的购买力,人们就不愿意保存它。可见,即使纸币能执行贮藏手段的职能,也是有条件的,并且是不稳定的。

五、世界货币

货币在世界市场上执行一般等价物的职能。由于国际贸易的发生和发展,货币流通超出一国的范围,在世界市场上发挥作用,于是货币便有世界货币的职能。作为世界货币,必须是足值的金和银,而且必须脱去铸币的地域性外衣,以金块、银块的形状出现。原来在各国国内发挥作用的铸币以及纸币等在世界市场上都失去了作用。

世界货币除了具有价值尺度的职能以外,还有以下职能:

(1) 充当一般购买手段,一个国家直接以金、银向另一个国家购买商品。

(2) 作为一般支付手段,用以平衡国际贸易的差额,如偿付国际债务,支付利息和其他非生产性支付等。

(3) 充当国际间财富转移的手段。货币作为社会财富的代表,可由一国转移到另一国,如支付战争赔款、输出货币资本或由于其他原因把金银转移到外国去。在当代,世界货币的主要职能是作为国际支付手段,用以平衡国际收支的差额。

随着经济的全球化,许多国家的货币,如美元、英镑、欧元、日元等,在国际间发挥着作为国际货币的三种功能,即支付手段、购买手段和财富转移的作用。我国人民币的国际化进程有了较快的推进,人民币的世界国币职能愈加呈现。

知识拓展

人民币国际化

人民币国际化的含义包括三个方面:第一,人民币现金在境外享有一定的流通度;第二,这也是最重要的,是指以人民币计价的金融产品成为国际各主要金融机构包括中央银行的投资工具,为此,以人民币计价的金融市场规模不断扩大;第三,国际贸易中以人民币结算的交易要达到一定的比重。这是衡量货币包括人民币国际化的通用标准,其中最主要的是后两点。当前国家间经济竞争的最高表现形式就是货币竞争。如果人民币对其他货币的替代性增强,不仅将现实地改变储备货币的分配格局及其相关的铸币税利益,而且也会对西方国家的地缘政治格局产生深远的影响。

人民币国际化的最终目标应该是在国际货币体系中拥有与美元及欧元并驾齐驱的地位。一是人民币应该可以在境内和境外自由兑换成外币,可以在境外银行中开设人民币账户,在境外使用以人民币为基础的信用卡和借记卡,在个别情况下还可以小规模地直接使用人民币现金;二是在国际贸易合同中可以以人民币为计价单位,而且不仅可用于中国的进出口贸易,还可以在不涉及中国的国际贸易中作为买卖双方都同意使用的计价货币;三是在国际贸易结算时可以采用人民币作为支付货币,甚至在一些未采用人民币作为计价货币的国际贸易中,也可以经买卖双方同意后采用人民币支付;四是人民币可以作为国际投资和融资的货币,这不仅包括人民币可以用于实体经济的投资、并购等活动,还包括人民币可以用于虚拟经济领域的各种金融资产及其衍生产品,如股票、债券、票据、保单、保函、期货、期权、远期和互换;五是人民币可以作为国际储备货币,不仅可以作为各国政府或中央银行干预外汇市场的手段,而且应在特别提款权中占有一定的比例。

资料来源:成思危:人民币国际化之路。

第三节 货币制度

一、货币制度的内涵

货币制度是一个国家、一个区域组织或国际组织以法律形式规定的相应范围内货币流通的结构、体系与组织形式。一般地讲,货币制度包括如下内容:货币单位的规定;货币材料的确定;货币的种类及其比例;货币法偿能力的规定;货币准备制度等。历史上,按照货币特性来分类,主要存在两类大的货币制度:金属货币制度和不兑换信用货币制度。

国家货币制度是一个国家货币主权的一种体现,由本国政府或司法机构独立制定实施,其有效范围一般仅限于国内。国家货币制度始于国家统一铸造货币之后。自国家货币制度产生以来,各国政府在不同时期都曾用不同的法律形式对货币制度加以规范。

二、货币制度的构成要素

(一) 规定货币单位

货币单位是指货币制度中规定的货币计量单位。货币单位的规定主要有两个方面:一是规定货币单位的名称。在国际习惯上,一个国家货币单位的名称,往往就是该国货币的名称,如美元、英镑、日元等。二是确定货币单位的“值”。在金属货币条件下,货币的值就是每一货币单位所包含的货币金属重量和成色。在不兑现的信用货币尚未完全脱离金属货币制度时,确定货币单位的值主要是确定货币单位的含金量。当黄金非货币化后则主要表现为确定或维持本国货币与他国货币或世界主要货币的比价,即汇率。

(二) 确定货币材料

货币材料简称“币材”,是指用来充当货币的物质。确定不同的货币材料,就构成不同的货币本位,如果确定用黄金充当货币材料,就构成金本位,用白银充当货币材料,就构成银本位。确立以哪一种物质作为币材,是一个国家建立货币制度的首要步骤。究竟选择哪一种币材,虽然由国家确定,但这种选择受客观经济条件的制约,往往只是对已经形成的客观现实从法律上加以肯定。国家不能随心所欲任意指定某种物品作为货币材料。

(三) 规定流通中的货币结构

主要是规定主币和辅币。主币就是本位币,是一个国家流通中的基本通货,一般作为该国法定的价格标准。主币的最小规格通常是1个货币单位,如1美元、1英镑等。辅币是本位货币单位以下的小面额货币,它是本位币的等分,其面值多为货币单位的1%、2%、5%、10%、20%、50%几种,主要解决商品流通中不足1个货币单位的小额货币支付问题。

知识拓展

英国的主、辅币之间的比例关系与改革

英国货币的主币是英镑,辅币原有先令和便士两种。这些货币起源很早,在盎

格鲁撒克逊人移入英国之后,起初尚流通罗马式铜币,后来铸造自己的货币,并先后出现了便士、先令和英镑的货币单位的名称。英镑向为金币,当时的金币除英镑外还曾有尤奈特(unite)和几尼(guinea),后两者早已成为历史陈迹,而英镑则一直使用到现在。先令始见于17世纪的苏格兰,后来亨利七世也发行,一直是一种银币,到1946年才改用铜镍合金铸造。便士最初也是一种银币,到18世纪后,除在教会濯足节时由王室作为救济金分发一种特铸的便士银币外,已改用铜或青铜铸造。

英国这几种货币单位之间的比价,长期以来一直是1英镑=20先令,1先令=12便士,即1英镑=240便士。1971年2月15日,政府宣布了一项关于货币的重大改革,规定1英镑=100便士,几百年来沿用的先令这一货币单位就随着这次改革而不再使用了。

英国1971年的这次货币改革,是将原来的"三进制"改为"二进制",实行国际通用的百位进制关系,取消了"先令"这一中间环节,简化了辅币的进位层次。

资料来源:陈卫红:英国币制改革后的硬币发行大事记。

(四)对货币法定支付偿还能力的规定

在国家干预货币发行和流通的情况下,还要通过法律对货币的支付偿还能力做出规定,所谓法偿性是指,法律赋予货币一种强制流通的能力,任何人不得拒绝接受。法律规定的法偿性包括无限法偿和有限法偿。无限法偿是指不论支付数额多大,不论这种支付是购买商品、支付劳务、结清账款、缴纳税款等,法律规定之接受者均不得拒绝接受。有限法偿则指辅币而言,仅限于零星小额支付和找零使用。

(五)货币铸造与货币发行的规定

金属货币存在铸造和发行问题,而不兑现货币则主要存在发行问题,至于硬辅币的铸造则是次要问题。在古代国家,金属货币的铸造权是一个重大的问题。当然,在不同的国家和不同时期,铸造权的归属有很大的差异。对于本位币的铸造,有些国家则完全垄断,有的则由人民自由铸造。辅币铸造一般由国家垄断。信用货币的发行在欧洲近代首先是由私人银行发行,后来随着私人银行券的不兑换造成的经济动荡问题的出现,各国采取经济手段逐渐收归中央银行所有。现代各国的信用货币的发行权都集中在中央银行或指定的发行机构。

(六)货币发行准备制度

货币发行的准备制度是指在货币发行时须以某种金属或某几种形式的资产作为其发行货币的准备,从而使货币的发行与某种金属或某些资产建立起联系和制约关系。最初各国所采用的货币发行准备制度的具体内容,一般均在本国有关法律中予以明确规定。在不同的货币制度下货币发行的准备制度是不同的。在金属货币制度下,货币发行以法律规定的贵金属金或银作为准备;在现代信用货币制度下,货币发行的准备制度已经与贵金属脱钩,多数国家都采用以资产主要是外汇资产做准备,也有的国家以物资做准备,还有些国家的货币发行采取与某个国家的货币直接挂钩的方式,盯住美元、法郎或英镑等。各国在准备比例和准备资产上也有差别,目前各国货币发行准备的构成一般有两大类:一是现金准备,现金

准备包括黄金、外汇等具有极强流动性的资产；二是证券准备，证券准备包括短期商业票据、财政短期国库券、政府债券等在金融市场上可流通的证券。

三、货币制度的演变

货币制度在历史上存在两大类型——金属货币制度和不兑换信用货币制度。根据历史演进的逻辑，在人类历史上金属货币制度占主要统治地位，有几千年的历史。当然，金属货币制度也有其漫长的演进史。不兑换货币制度除在中国和法国历史上有过短暂的使用历史，主要是 20 世纪以来才在各国广泛使用。目前，世界上主要国家都采用不兑换货币制度。

从历史上看，不论从各国，或是从人类社会早期的货币制度看，都较为杂乱，一般而言，各民族国家形成之前，币制杂乱是必然的，因为民族市场形成之前，落后、分割的自然经济形态决定了其货币制度的散乱和不统一。16 世纪以后，随着资产阶级国家政权和资本主义制度的确立，国家货币制度才逐步完善并相对规范与统一。16 世纪以后至今，国家货币制度的演变经历了从金属货币制度发展为不兑现的信用货币制度的过程，演变的基本形式是：银本位制—金银复本位制—金本位制—不兑现的信用货币制度。

（一）金属货币制度

一个国家一旦选定了某种货币单位，就将其货币单位用法律规定与某一特定金属商品保持固定关系，作为衡量商品价值的标准，进而建立起一个国家的商品价格体系。这就是"货币本位"的最初含义。标准的金属货币制度就是货币本位制度。

在任何一种货币制度中，均有多种货币同时流通，但是，商品和劳务交换以及债权债务关系的处理，则以其中的一种货币单位作为计算单位或基本单位。这种作为计算单位的货币，被称为"本位货币"。凡是本位货币，都有以下几个特点：它是一国计价、结算的唯一合法的货币单位；具有无限法偿力；在历史上存在的本位币都是指金属货币制度下的货币形态，离开金属货币制度，就不存在本位币；实行本位币制度的国家，本位币是由国家用法律规定的价格标准，但不能因此就误认为货币的职能是由国家权力授予的。本位币作为价格标准的职能来源于货币作为价值尺度的职能。在货币近代史上，按照各国主币所采用的金属类别，存在过银本位制和金银复本位制、金本位制等。

1. 银本位制

银本位制是较早的金属货币制度。在此制度之下，一个国家的基本货币单位与一定成色、重量的白银维持固定关系，以白银为主币币材，银币为无限法偿货币，具有强制流通的能力；主币的名义价值与所含的一定成色、重量的白银相等，银币可以自由铸造、自由熔化；银行券可以自由兑现银币或等量白银；白银和银币可以自由地输出输入。其他条件与实施金本位制的条件基本相同。仅就基本货币单位兑换白银的办法而言，银本位制又可分为三种类型：① 银币本位制；② 银块本位制；③ 银汇兑本位制。

这种分类标准与金本位制在形式上相同，但是银本位制实施的情形并不是十分普遍，且还有一些复杂的类型，如银两本位等等。事实上，曾被广泛实施的银本位制只有银币本位制而已。白银在货币史上的地位远不如黄金重要，其被接受的程度亦与黄金相去甚远。白银在货币方面被广泛使用的时代，主要是复本位制时代。在中世纪的相当长的时期内，许多国家都实行过银本位制。另外，在一些经济比较落后的国家，由于黄金产量低，且不需要很多的货币供应量,因此,这些国家曾实行银本位制。

银本位制盛行始在 16 世纪,至 19 世纪末期被大部分国家放弃。我国用白银作为货币的时间很长,唐宋时期白银已普遍流通,金、元、明时期确立了银两制度,白银是法定的主币。1910 年 4 月清政府颁布了《币制则例》,宣布实行银本位制,实际上是银圆和银两并行。1933 年 4 月国民党政府"废两改元",颁布《银本位铸造条例》,同年 11 月实行法币改革,在我国废止了银本位制。

2. 金银复本位制

金银复本位制是金、银两种铸币同时作为本位币的货币制度。在实行金银复本位制的国家中,一个国家的基本货币单位与一定成色及重量的黄金和白银两种金属维持固定关系。在这种制度下,金、银都可以自由铸造为金币和银币,二者都有无限法偿能力。

复本位制是一种不稳定的货币制度,货币本身有排他性、独占性,而法律却规定金银均为本位币,因此,复本位制的最大缺点是采用此制的国家的金银铸币之间的铸造比率必须与其作为金属的价值的比率经常一致。但这两种金属的价格随金银市场比价的不断变化而变动,很容易引起价格的混乱,给商品流通带来许多困难,以至于出现被称为"格雷欣法则"的"劣币驱逐良币"的现象。格雷欣法则在复本位制方面的效率来自两个方面的作用:一方面,随着白银生产劳动生产率的提高,以致供给大量增加,引起白银价格下跌,于是白银逐渐占领货币市场;另一方面,黄金由于窖藏,最终使货币当局的黄金存量告罄,复本位制退出历史舞台。随着经济的进一步发展,这种货币制度被金本位制所取代,最终结果是,市场上只有一种货币流通,另一种货币被排出流通之外。尽管从逻辑上讲,独占市场的应该是白银。但是由于经济的发展,交易规模的扩大,相对于金而言,银的价值量过于贱小,所以,市场最终选择价值量更大的金。

3. 金本位制

金本位制,或称金单本位制。在此种制度下,一国的基本货币单位与一定成色及重量的黄金维持固定关系。按基本货币单位兑现黄金的情况不同,可分为三种类型:有金币流通的金币本位制;不铸造金币,但其纸币可以兑换金块的金块本位制;既无金币流通,纸币亦不直接兑换金块,但纸币可以兑换成实行金币本位制国的纸币,然后以该种外汇兑换金币,此为金汇兑本位制。从 18 世纪末到 19 世纪初,主要资本主义国家先后从复本位制过渡到金本位制,最早实行金本位制的是英国。

1) 金币本位制

在金币本位制下,银行券的发行制度日趋完善,中央银行垄断发行后,银行券的发行准备和自由兑现曾一度得到保证,从而使银行券能稳定地代表金币流通,故被认为是一种稳定有效的货币制度,因为它保证了本位币的名义价值与实际价值相一致,国内价值与国际价值相一致,自动调节国内货币流通和保持外汇行市的相对稳定,并具有货币流通的自动调节机制。金币本位制曾经对资本主义经济发展和国际贸易的发展起到了积极的促进作用,对资本主义经济的发展起过巨大的作用。

金币本位制在资本主义经济发展过程中,也有不稳定因素,造成其运行的困难:第一,黄金数量的增加受生产的限制,不能满足日益增长的货币供给增加的要求,即在完整的金币本位制下,一国的货币供应有可能超过该国的黄金存量,从而造成兑换危机。这是金币本位制不能维持的客观原因。第二,金币流通以后,往往会使重量减轻,这是由于流通过程中人为的和自然的磨损所致,从而浪费大量黄金。另外,大量黄金的非货币用途,造成货币用途的黄金不足。特别是由于各国经济发展不平衡,引起世界黄金存量分配的不平衡,大量黄金流入几个发达的资本主义国家,使许多国家的金币本位制基础削弱。第三,贸易管制及外汇管制的实施,使黄金的自由输出输入受到限制,使黄金流动保持对外汇率稳定及调节国际收支的作用受到削弱。

基于上述原因,第一次世界大战爆发及战后各国政治经济发展的不平衡,使金币本位制开始走向崩溃。但随着资本主义经济的发展,特别是西方列强矛盾的加剧所导致的战争,使金币流通的基础不断削弱。第一次世界大战期间,各国停止了金币流通、自由兑换和黄金的自由输出输入,战后也未能恢复金币流通,只能改行金块本位制和金汇兑本位制。

2) 金块本位制

其主要特点:黄金并不参加货币流通,流通的是可以兑换黄金块的纸币,纸币有规定的含金量;货币当局按固定价格收购黄金,作为储备,金价无下跌的可能性;货币当局虽然也对人民出售黄金,但仅限于某一最少数量以上。例如,英国于1925年规定,银行券与金块一次兑换数量不少于1 700英镑;法国规定法郎与金块一次兑换至少须215 000法郎。这种兑换能力显然不是一般公众所具备的。

第一次世界大战后,各国力图恢复因战争破坏的金币本位制。但由于全世界黄金存量分布极不平衡,因此许多缺乏黄金储备的国家退而求其次,建立金块本位制或金汇兑本位制。另外,战后各国人民对战时通货膨胀心有余悸,如果实行金币本位制,则黄金极有可能被人民大量窖藏。因此,采取金块本位制,既可节省流通费用,又可解决黄金匮乏之虞。

3) 金汇兑本位制

金汇兑本位制又称虚金本位制。有些国家虽欲采取金币或金块本位制,但苦于缺乏足够的黄金,该国将本国的货币单位与黄金固定联系,但不直接兑换黄金,而是可以直接兑换成某种可以兑换黄金的外国货币,然后以该国货币再兑换该国黄金。这种制度就称金汇兑本位制。具体地讲,它具有以下内容:规定纸币含金量,但不铸造金币,也不直接兑换黄金。确定本国货币单位与另一国家的货币单位的固定比价,该国实行金币本位制或金块本位制,且经济发达。实行金汇兑制国家在所依附国的金融中心存储黄金和外汇,通过无限制买卖外汇,维持本国币值稳定。

第一次世界大战后,德、意、奥等30个国家和地区采取了这种制度。第二次世界大战结束以后,以美元为中心的布雷顿森林体系属于国际范围内的金汇兑本位制。

(二) 信用货币制度

1. 信用货币制度的含义

信用货币制度,是指20世纪30年代大危机后,随着金本位制的崩溃而建立的现代货币制度。首先要说明的一点,现代纸币制度不能指称为"纸币本位"制度。货币本位是指用法律规定货币单位与某一特定商品保持固定关系,一般而言,所谓特定商品是指贵金属金、银;保持固定关系就是规定货币单位的含金量。显而易见,用这个概念界定纸币是不适用的。我们无法也毫无意义地去规定纸币的"含纸量",从货币学角度讲,纸币的造纸材料的实际价值几乎可以忽略不计。因此,我们称现代货币制度为不兑换纸币制度。它是本位货币制度之后取得完成形态的货币制度。图1-2为货币制度的演变。

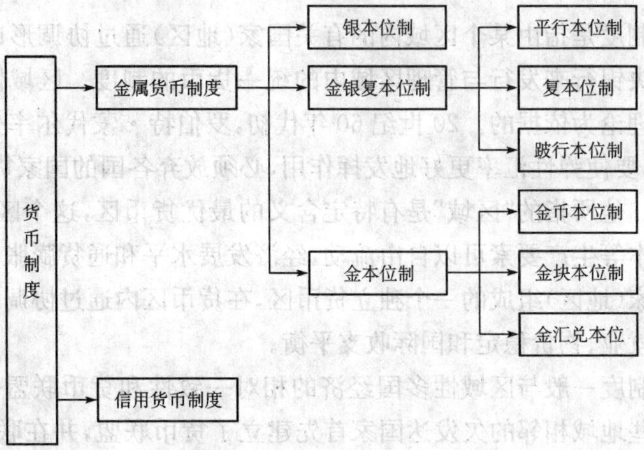

图 1-2　货币制度的演变

2. 信用货币制度的特点

（1）在此制度下各国主要货币为中央银行发行的纸制的信用货币，是国家强制流通的价值符号，具有无限法偿资格。纸币本身没有价值，它代替金、银币执行货币职能。

（2）纸币不与任何金属保持固定联系。不能与任何金属币兑换，且其发行不以金、银为保证，也不受金、银数量的限制。它主要由现金和银行存款构成。现金体现着中央银行对持有者的负债，银行存款体现着存款货币银行对存款人的负债，这些货币无不体现着信用关系，因此都是信用货币。

（3）现代信用货币主要是通过信用程序发行的，也就是说，现实中的货币都是通过金融机构的业务投入到流通中去的。无论是现金还是存款货币，主要是通过金融机构存款的存取、银行贷款的发放等信贷业务进入到流通中去的，还有一部分是通过中央银行的黄金外汇的买卖、有价证券的买卖进入流通领域。在不兑换信用货币流通的早期，主要是通过信贷程序进入流通的。这与金属货币通过自由铸造进入流通已有本质区别。同时，我们看到纸币与信用货币没有发行程序上的区别。

（4）信用货币的发行是根据经济发展的客观需要发行的。中央银行通过货币政策工具来扩张和收缩信用，控制货币供应量，保持货币流通的稳定，并且通过对外汇的管理，保持汇率的稳定。可见，国家对信用货币的管理调控成为经济正常发展的必要条件。

事实上，不兑换纸币制度在历史上曾经存在过。中国古代自宋代以后，实行过不兑换纸币制度，特别是元代基本上实行不兑换纸币制度，马可·波罗曾认为这是一种神奇的聚财方法。至于世界近代史上在战争期间，以及金融危机期间，各国均曾实行过不兑换纸币制度。成熟的不兑换纸币制度只是在本位货币制度崩溃以后才出现的。

四、区域货币制度与国际货币制度

区域货币制度与国际货币制度的形成与演进都与世界经济和区域经济发展的进程相伴随。在某种意义上讲，区域货币制度与国际货币制度是各国货币制度的自然延伸。

（一）区域性货币制度

区域性货币制度是指由某个区域内的有关国家（地区）通过协调形成一个货币区,由联合组建的一家中央银行来发行与管理区域内的统一货币的制度。区域性货币制度的建立,是以货币一体化理论为依据的。20世纪60年代初,罗伯特·蒙代尔率先提出了"最优货币区"理论,他认为,要使弹性汇率更好地发挥作用,必须放弃各国的国家货币制度而实行区域性统一货币制度。他所指的"区域"是有特定含义的最优货币区,这个区域是由一些彼此间商品、劳动力、资本等生产要素可以自由流动,经济发展水平和通货膨胀率比较接近,经济政策比较协调的国家（地区）组成的一个独立货币区,在货币区内通过协调的货币、财政和汇率政策来达到充分就业、物价稳定和国际收支平衡。

区域性货币制度一般与区域性多国经济的相对一致性和货币联盟体制相对应。20世纪60年代后,一些地域相邻的欠发达国家首先建立了货币联盟,并在联盟内成立了由参加国共同组建的中央银行,由这种跨国的中央银行为成员国发行共同使用的货币和制定统一的货币金融政策。20世纪70年代末西欧开始了货币一体化进程。目前,实行区域性货币制度的国家主要在非洲、东加勒比海地区和欧洲。西非货币联盟制度、东加勒比海货币制度、欧洲货币联盟制度都属于区域性货币制度。

知识拓展

欧　元

欧元（EURO,代码EUR）是欧洲货币联盟（EMU）国家单一货币的名称,是EMU国家的统一法定货币。1999年1月1日起在奥地利、比利时、法国、德国、芬兰、荷兰、卢森堡、爱尔兰、意大利、葡萄牙和西班牙11个国家（"欧元区内国家"）开始正式使用,并于2002年1月1日取代上述11国的货币。希腊于2000年加入欧元区,成为欧元区第12个成员国。斯洛文尼亚于2007年1月1日加入欧元区,成为第13个成员国。塞浦路斯于2008年1月1日零时与马耳他一起加入了欧元区,从而使欧元区成员国从之前的13个增至目前的15个。如今欧盟27个成员国中已有超过半数的国家加入了欧元区。

欧元由欧洲中央银行（European Central Bank,ECB）和各欧元区国家的中央银行组成的欧洲中央银行系统（European System of Central Banks,ESCB）负责管理。总部坐落于德国法兰克福的欧洲中央银行有独立制定货币政策的权力,欧元区国家的中央银行参与欧元纸币和欧元硬币的印刷、铸造与发行,并负责欧元区支付系统的运作。

资料来源:欧元:伊辛:欧元的诞生。

（二）国际货币制度

国际货币制度亦称国际货币体系,是支配各国货币关系的规则以及国际间进行各种交易支付所依据的一套安排和惯例。国际货币制度通常是由参与的各国政府磋商而定,一旦

商定,各参与国都应自觉遵守。国际货币制度一般包括三个方面的内容:

国际储备资产的确定,即使用何种货币作为国际间的支付货币;哪些资产可用作国际间清算国际收支逆差和维持汇率并被国际间普遍接受的国际储备资产;一国政府应持有何种国际储备资产用以维持和调节国际收支的需要。

汇率制度的安排,即采用何种汇率制度,是固定汇率制还是浮动汇率制,是否确定汇率波动的目标区,哪些货币为自由兑换货币。

国际收支的调节方式,即出现国际收支不平衡时,各国政府应采取什么方法进行弥补,各国之间的政策措施如何协调。理想的国际货币制度应该能够促进国际贸易和国际经济活动的发展,这主要体现在国际货币秩序的稳定、能够提供足够的国际清偿能力并保持国际储备资产的信心、保证国际收支的失衡能够得到有效而稳定的调节。

迄今为止,国际货币制度经历了从国际金本位制—布雷顿森林体系—牙买加体系的演变过程。详见汇率与汇率制度部分。

第四节　我国的货币制度

一、中国古代货币制度

中国使用货币已有几千年的历史。相传神农黄帝时代,已使用龟壳、皮革、齿角、工具等,充当过偶然的等价物。夏代,中国古代社会进入奴隶社会,有所谓的"夏后以玄贝"的推测。到殷商时代,我国古代货币才有了很大的发展,西周及各诸侯国都有各自的货币。当然,从严格的货币制度角度考察,西周、春秋时代还不能说有真正的货币制度。

(一)中国古代铸币制度

中国历史上,自秦始皇统一中国以后,才真正地统一了货币制度。但是,这种统一只是货币单位的统一,货币铸造权和发行权并没有真正统一。这可从遗留下来的秦半两钱的形状和重量上都具有区别上而得到证实。秦统一币制的命令,可视为中国最早的货币立法。这种币制,属于什么本位,争论很大。因为此时的钱仍以金属铜的重量为单位,即"两"。它应当属于足值货币中期形态的范畴。值得一提的是秦统一币制,对货币的形态进行改造和定型,即用圜钱统一刀、布、贝币等,这就是著名的外圆内方孔钱,这种货币形式曾影响过邻国,如日本、朝鲜、越南、印尼和缅甸都曾流通过。最重要的是秦半两钱的形态直到清朝仍沿用着。

汉承秦制,铜钱单位仍以重量为名称,如两、铢。但此种名称已逐渐与实际重量脱节。汉初的货币铸币权和发行权没有由中央统一起来。因此,私铸和伪造泛滥成灾。汉武帝元狩五年(公元前 118 年)改铸"五铢钱",轻重适中,使用方便。公元前 113 年,武帝完全禁止郡国铸钱,只准上林三官铸造,废止以前各钱,诏令天下非三官钱不得用。从此,中国的货币铸造权和发行权始得统一集中于中央政府。五铢钱在我国历史行用最久,轻重大小比较适中,直到唐高祖武德四年(公元 621 年)止,700 多年间为中国主要货币。

隋朝初,在隋文帝经营下,钱法得到治理,开铸"置祥五铢""开皇五铢",禁止以前各种钱币流通。到炀帝时,大肆减重,铸造劣钱,从而引起民间私铸盛行,钱法混乱,导致经济混乱,

最终导致政治上隋朝灭亡。

唐朝币制有重大改革,其钱币形状与前代相同,但不再以重量为钱币名称,而改称"宝",如"通宝""元宝"等等,并且冠以铸造年号,如"开元通宝"。"开元通宝"直径八分,重二铢四絫,每十文重一两,每枚铜币称为一个钱。"钱"成为唐代以后历代钱币的标准。通宝钱从此占有中国货币的主要地位,流通达1 300多年之久,直到民国以后才完全淘汰。

两宋钱法,以铜钱为主,铜铁钱并用,且钱币分大小,已成为币制中的经常制度。铜钱本身的比价又不一定,铜铁各自又分大小,即使有时官定比价,也很难维持币值稳定。

元代主要行使不兑现纸币制度。明初规定钱制,中叶停止铸钱,末季又趋滥铸,无甚创新。清代币制,大体上是银钱平行本位,大数用银,小数用钱,银钱比价规定为每银一两合铜钱一千文,如顺治十年以后所铸的厘字钱,标明每文值银一厘。但自清中叶以后,钱与银的比价逐渐变化,官方比价,形同虚设。清初铸法也不统一,光绪三十一年(1905年)在天津设立造币总厂,才着手统一铸币发行。

清朝的银钱并行本位制,重点放在白银上,而铜钱实际上不能起主币的作用。清朝使用白银,大体经过三个阶段,开始是秤量货币阶段;而后是外国银元成为中国的通用货币;第三阶段自铸银元,与银两并用的局面一直维持到1933年国民政府"废两改元"、实行银币本位制才告结束。

(二)中国古代纸币制度

中国是世界上使用纸币和信用货币最早的国家。汉武帝时曾制成皮币(白鹿皮制成),有人视为"纸币"的前身,实际上它不过是因贵重而作为武帝的赏赐之用。唐朝时出现的"飞钱"(又称"便换")类似于本票。中国真正的纸币是北宋出现在四川的"交子"。后来政府创设"交子务",专门管理交子、会子、关子等纸币的发行与流通。元朝和明朝也发行纸币。宋朝以来所发行的纸币,在制度上有兑换纸币和不兑换纸币之分。当然,实行兑换纸币制度,到了使用后期,因发行过多,无法兑换,造成兑换机制失灵,兑换纸币也成不兑换纸币。

二、中国近代货币制度

中国近代货币制度是自鸦片战争到1949年中华人民共和国成立前的货币制度。这段货币制度有如下特征。

(一)从银钱平行本位向银单本位过渡

1. 从银钱平行本位向银本位过渡

在1933年"废两改元"前,即银钱平行时期,大体上有两个阶段,第一个阶段,鸦片战争前后,中国清政府主要使用银两和铜钱,这个时期外国银元已在中国市面流通,由于它比较方便,使它高于面值流通。当时一些开明人士提出自铸银元的建议,但没有实现,因此,当时在我国市场上实际是银两、铜钱加上外国银元三种货币流通。第二阶段为光绪年间开始自铸银元。银元与银两并用,即所谓银本位制时期,铜钱实际上成为辅币。这种制度一直延续到1933年国民政府的"废两改元"。

2. 从银元、银两并用的银本位制向银币单本位制过渡

1933年4月6日,国民党政府宣布废止银两,规定从4月6日起,所有收付一律使用银元,不再使用银两;并规定以银本位币的"元"为单位,每元含纯银23.493 448公分,为银元

同银两的折算率,定为一元等于上海规元七钱一分五厘。这项政策在当时具有进步意义,客观上起着统一货币,发展经济和便利流通的作用。

(二) 从银本位制向纸币制度过渡

国民党政府在实行银本位制后不久,由于美国收购白银,白银外流,银根短缺,银本位很难维持下去,在美帝国主义操纵之下,接着于1935年11月4日实行"法币政策"。它规定以中央银行、中国银行、交通银行,后加中国农民银行"四行"所发行的钞票为"法币",禁止银元在市场上流通,并限令各金融机构和民间储藏的白银、银元交由中央银行收兑;同时规定法币汇价为一元等于英镑一先令二便士半,由中央、中国、交通三行无限买卖外汇,以维持法币对外汇价。这不能算是纯纸币制度,而是一种变形的金汇兑本位制,因为它可以自由买卖外汇。1937年抗日战争爆发,淞沪战起,外汇大量外逃,国民党政府为了防止套购外汇,开始实行外汇控制,对外不能自由买卖外汇,这样它就变成一种纯纸币制度了。

(三) 货币流通的长期混乱

国民党政府在实行"废两改元"后,并没有根治货币流通的紊乱,各省铸造成色、重量颇不统一的银元,种类达几十种之多,而且各私营钱庄、票号发行各种银钱号;同时在市场上还流通着外国银元。实行法币后,中央政府虽然采取各种措施,掌握大部分发行额,但地方政府、各地军阀仍然滥发地方货币。正是由于货币流通极为紊乱,通货膨胀无法扼制,法币的信用彻底破产,国民党政府于1948年8月19日又实行"币制改革",实行"金圆券"。但是到1949年4月份,金圆券形同废纸,6月5日完全禁止流通,其间之膨胀程度达天文数字,其恶性程度为世界所罕见。

三、新中国货币制度

在制止了国民党政府遗留下来的恶性通货膨胀以后,逐步形成了统一的货币流通。在此基础上于1955年进行了改变人民币票面额的货币改革。

国务院于1955年2月3日发布关于发行新人民币和收回现行人民币的命令,责成中国人民银行自1955年3月1起发行新币,收回旧币。

这次货币改革主要是提高人民币单位"元"的价值量,使新的价格标准更适应国家计划经济和人民生活的需要。它不是新货币制度代替旧货币制度,只是在原来币制的基础上做进一步的改进,使我国的货币制度和货币流通更加健全和完善。货币改革,对进一步发展社会主义经济,改善人民的物质文化生活,稳定市场,稳定人心,起了巨大的作用。

四、人民币制度的主要内容

(一) 人民币为我国法偿货币

人民币的单位为"元","元"是主币,辅币的名称为"角"和"分"。一元为十角,一角为十分。人民币的票币、铸币种类由国务院决定。人民币以"￥"为符号,取"元"的汉语拼音"yuan"的第一个字母加两横而成。人民币"元"是我国经济生活中法定计价、结算的货币单位,具有无限法偿能力。

(二) 人民币是一种纸币,是一种货币符号

目前我国货币制度规定,人民币是不兑现的信用货币,不规定含金量。作为信用货币,在流通中起一般等价物的作用。尽管它没有规定含金量,但仍然是黄金的价值符号。即黄金是它的价值基础,它的币值稳定是以投入市场的大量商品做保证。

人民币以现金和存款货币两种形式存在,现金由中国人民银行统一发行,存款货币由银行体系通过业务活动进入流通,中国人民银行依法实施货币政策,对人民币总量和结构进行管理和调控。

(三) 人民币为我国唯一的合法通货

国家规定,金银不准计价流通,不准买卖,但准许人民持有,国家按牌价收购,不准外币计价流通和私自买卖,国家按牌价兑换人民币,外币持有者可在国家银行办理外币存款。

严禁伪造人民币和发行各种变相货币,违者予以法律制裁。一切企业,事业单位和机关团体印刷和使用内部核算的凭证,必须报经上级机关批准,并且一律不准模仿人民币的样式。

(四) 人民币的发行原则

1. 坚持货币发行高度集中统一的原则

货币发行实行高度集中统一原则,就是要保证货币发行权集中于中央,防止分散发行货币。

(1) 国家授权中国人民银行垄断货币发行权,由中国人民银行总行集中统一管理发行库和发行基金。没有经过批准,任何地区、部门、个人无权动用国家货币发行基金,擅自对市场增加货币发行。

(2) 任何地区、任何部门不经过批准,不能随意突破国家批准的信贷计划和货币发行计划。必须严格信贷管理,坚持信贷收支平衡。

2. 坚持经济发行的原则

货币发行有两种情况:一种是为了适应生产发展和商品流通规模扩大的需要而发行的货币,称为经济发行;另一种是为了弥补财政赤字而增加的发行,称为财政发行。财政发行一般是财政通过向银行透支或借款而引起的货币发行。由于财政发行不适合国民经济的发展,容易导致通货膨胀,因此应避免财政发行。

坚持经济发行,就是按照市场需要,有适用适销的商品做保证,在国家规定的货币发行范围内,有计划地通过信贷收支活动发行货币,使货币流通适应商品流通,稳定币值,稳定物价,保证国民经济顺利发展。

3. 人民币是独立自主的货币

国家规定,人民币只准在境内流通,禁止出入国境,未经允许,国内团体、个人不能用人民币私自兑换外币,也禁止外币在国内自由流通。人民币是独立自主、统一的货币。

五、香港货币制度

现行的香港货币制度规定,其发行货币为港元货币,单位为"元",港元实行与美元联系的汇率制度,港币实行自由兑换。具体内容有:

香港流通的货币包括纸币和铸币。由三家获授权的商业银行发行,这三家银行分别是香港上海汇丰银行、香港中国银行和标准渣打银行。

香港纸币的发行制度。香港于 1935 年成立了外汇基金，作为法定货币的保证，并负责管理纸币的发行事宜。银行首先要向外汇基金购买负债证明书，然后才获得授权去发行港元纸币。从 1983 年 10 月 17 日开始，外汇基金实行了一些发行纸币的新措施，规定港元与美元挂钩，且以 1 美元兑换 7.8 港元的固定汇率进行交换，这一汇率称为联系汇率，而三家发行纸币的银行须以美元根据上述汇率向外汇基金购入负债证明书，然后才可以发行证明书上所列明的等值的港元。

香港法定货币的价值。在现行的港币发行制度下，香港发行纸币是有 100％同等币值的美元储备做支持的，这些储备存放在外汇基金内，因此，如果发行纸币的银行要增加纸币的流通数量，银行会向外汇基金缴交同等币值的美元；相反，如果发行要减少港元纸币的流通数量，外汇基金同样会将同等价值的美元支付给银行。

由于所发行的纸币的价值完全得到外币储备的支持，因此香港的货币制度是采用外汇本位制的。

六、澳门货币制度

澳门元是澳门的法定货币，目前采用与港元挂钩的办法来衡量其币值，实行与港元挂钩并间接与美元挂钩的固定汇率制，从而使其币值都保持稳定。其现行的纸币和铸币，由两家获政府授权的银行所发行，分别是中国银行和大西洋银行。

为维护及提高澳门货币的信用地位和可兑换性，澳门元实行完全的储备基础，这是澳门货币制度的重要内容。这一制度在维护澳门经济金融稳定发展中发挥了积极的作用。

七、台湾货币制度

新台币是台湾的法定货币，英文称为 New Taiwan Dollar，货币代号为 TWD（或是 NT$）。其基本单位为"圆"，但一般都写成"元"。1 圆＝10 角＝100 分。目前发行硬币单位包括：5 角、1 元、5 元、10 元、20 元及 50 元。而纸钞单位则有：100 元、200 元、500 元、1 000 元与 2 000 元。新台币于 1949 年 6 月 15 日开始发行。

台湾的汇率制度是管理式浮动汇率。1978 年 8 月，台湾放弃了行之多年的固定汇率制度，代之以管理式浮动汇率。它与通常所称的浮动汇率不同，新台币汇率原则上由外汇市场供需决定，但其汇率浮动并不完全由此决定，而是对美元汇率设立"中心汇率"及浮动范围的上下限干预点，若有季节性因素、偶发性因素使汇率波动过大，因而无法反映台湾的经济基本情势时，"中央银行"对外汇市场进行强有力的干预，使汇率维持在一个合理的水准上。

知识拓展

一国四币

由于我国目前实行"一国两制"的方针，1997 年、1999 年香港和澳门回归祖国以后，继续维持原有的货币金融体制，加上台湾地区的新台币，从而形成了"一国四币"的特殊货币制度。四种货币各为不同地区的法定货币：人民币是祖国大陆地区的法定货币；港元则是香港特别行政区的法定货币；澳门元是澳门特别行政区的法定货币；新台币是台湾地区的法定货币。四种货币各限于本地区流通，人民币与港元、澳门元之间按以市场供求为基础决定的汇价进行兑换，澳门元与港元直接挂钩。人民币、港币、澳门元与新台币的比较如表1-1所示。

表1-1 人民币、港币、澳门元与新台币比较表

	人民币	港 币	澳门元	新台币
发行主体	中国人民银行	香港上海汇丰银行、香港中国银行、标准渣打银行	大西洋海外汇理银行、中国银行	中央银行或由其委托公营银行代理发行
流通领域	全国范围内(边贸地区和口岸)	全世界	澳门、香港、葡萄牙	台湾地区、金门、马岛
发行准备	商品物资(无法定发行准备金)	100%美元准备金(硬币除外)	100%外币准备金	100%外币准备金
兑换性	向自由兑换过渡	自由兑换	向自由兑换过渡	向自由兑换过渡
主币面额(元)	1,2,5,10,50,100	1、2、5、10、50、100、500、1 000	1、5、10、50、100、500、1 000	1、5、10、20、50、100、200、500、1 000、2 000

资料来源：徐守诚、李新生："一国四币"现象的思考。

本章练习题

一、单项选择题

1. 历史上最早出现的货币形态是( )。

    A. 实物货币   B. 信用货币   C. 代用货币   D. 电子货币

2. 货币的本质特征是充当( )。

    A. 普通商品   B. 特殊商品   C. 一般等价物   D. 特殊等物价

3. 典型的银行券属于( )类型的货币。

    A. 实物货币   B. 信用货币   C. 代用货币   D. 电子货币

4. 货币在( )时执行价值标准职能。

    A. 商品买卖   B. 缴纳税款

    C. 支付工资   D. 表现和衡量商品价值

5. 一切商品的价值共同表现在某一种从商品世界中分离出来而充当一般等价物的商品上时，价值表现形式为( )。

    A. 货币价值形式   B. 一般价值形式

    C. 总和的或扩大的价值形式   D. 简单的或偶然的价值形式

6. 价值形式的最高阶段是( )。

A. 货币价值形式　　　　　　　　　　B. 一般价值形式

C. 总和的或扩大的价值形式　　　　　D. 简单的或偶然的价值形式

7. 货币在表现商品价值并衡量商品价值量的大小时,发挥的职能是(　　)。

　　A. 价值标准　　　　B. 流通媒介　　　　C. 价值贮藏　　　　D. 支付手段

8. 货币在充当商品流通媒介时发挥的职能是(　　)。

　　A. 价值标准　　　　B. 流通媒介　　　　C. 价值贮藏　　　　D. 支付手段

9. 当货币退出流通领域,被持有者当作独立的价值形态和社会财富的绝对值化身而保存起来时,货币发挥的职能是(　　)。

　　A. 价值标准　　　　B. 流通媒介　　　　C. 价值贮藏　　　　D. 支付手段

10. "劣币驱逐良币现象"产生的货币制度背景是(　　)。

　　A. 银本位　　　　B. 平行本位　　　　C. 双本位　　　　D. 金本位

11. 人民币是(　　)。

　　A. 实物货币　　　　B. 代用货币　　　　C. 金属货币　　　　D. 信用货币

12. 观念货币可以发挥的职能是(　　)。

　　A. 价值标准　　　　B. 流通媒介　　　　C. 价值贮藏　　　　D. 支付手段

13. 张某从商业银行贷款30万元购买住房属于货币(　　)职能。

　　A. 流通媒介　　　　B. 支付手段　　　　C. 价值贮藏　　　　D. 价值标准

14. 在下列货币制度中劣币驱逐良币现象出现在(　　)。

　　A. 金本位制　　　　B. 银本位制　　　　C. 金银复本位制　　　　D. 金汇兑本位制

15. 某公司以延期付款方式销售给某商场一批商品,则该商品到期偿还欠款时,货币执行的是(　　)职能。

　　A. 流通媒介　　　　B. 价值标准　　　　C. 支付手段　　　　D. 价值贮藏

16. 中国本位币的最小规格是(　　)。

　　A. 1分　　　　B. 1角　　　　C. 1元　　　　D. 10元

17. 金本位货币制度的形式不包括以下(　　)。

　　A. 金币本位制　　　　B. 金块本位制　　　　C. 金单本位制　　　　D. 金汇兑本位制

18. 中国最早的铸币金属是(　　)。

　　A. 铜　　　　B. 银　　　　C. 铁　　　　D. 贝

19. 中华人民共和国货币制度建立于(　　)。

　　A. 1948年　　　　B. 1949年　　　　C. 1956年　　　　D. 1979年

20. 一国货币制度的核心内容是(　　)。

　　A. 规定货币名称　　　B. 规定货币单位　　　C. 规定货币币材　　　D. 规定货币币值

二、多项选择题

1. 在商品交换发展过程中,商品价值的表现形式有(　　)。

　　A. 简单的或偶然的价值形式　　　　B. 总和的或扩大的价值形式

　　C. 一般价值形式　　　　　　　　　D. 货币价值形式

2. 货币最基本的职能是(　　)。

A. 价值标准　　　　　B. 流通媒介　　　C. 价值贮藏　　　D. 支付手段

3. 作为流通媒介职能的货币是( )。

A. 价值符号　　　　　B. 现实的货币　　C. 信用货币　　　D. 实物货币

4. 货币充当一般等价物的特征是( )。

A. 是表现一切商品价值的工具　　　　B. 是衡量商品价值的工具

C. 必须是有形的物体　　　　　　　　D. 具有直接同一切商品相交换的能力

5. 一般而言,要求作为货币的商品具有( )特征。

A. 价值比较高　　　　B. 易于分割　　　C. 便于携带　　　D. 易于保存

6. 信用货币包括( )。

A. 银行券　　　　　　B. 支票　　　　　C. 活期存款　　　D. 商业票据

7. 货币支付手段发挥作用的场所有( )。

A. 赋税　　　　　　　B. 现买现付　　　C. 地租　　　　　D. 银行信用

8. 货币制度的基本类型有( )。

A. 银本位制　　　　　B. 金银复本位制　C. 金本位制　　　D. 信用本位制

9. 信用货币制度的特点有( )。

A. 黄金作为货币发行的准备　　　　　B. 贵金属非货币化

C. 国家强制力保证货币的流通　　　　D. 货币发行通过信用渠道

10. 我国货币制度规定人民币具有以下的特点( )。

A. 人民币具有无限法偿力　　　　　　B. 人民币与黄金没有直接联系

C. 人民币是信用货币　　　　　　　　D. 人民币是可兑换货币

三、简答题

1. 简述货币的基本职能和特点。
2. "格雷欣法则"的内容是什么?
3. 简述货币形态的演化。
4. 简述信用货币制度的主要特点。
5. 货币的职能有哪几个方面。
6. 简述货币制度的主要内容。

四、论述题

1. 货币形式的演变经历了哪些阶段?其发展具有怎样的趋势?
2. 什么是货币的本质特征?它在商品经济中发挥着哪些主要功能?
3. 我国的货币制度及主要内容。

第二章

信用和利率

扫码查看视频

学习目的和要求

学习本章,应准确识记本章的基本概念,领会本章的基本理论,并能应用基本理论对现实金融问题进行一定的分析。理解信用的基本含义与作用;理解终值与现值、到期收益率、基准利率、名义利率与实际利率的含义;了解利率的决定理论与影响因素;掌握直接融资与间接融资的优缺点;掌握现代各种信用形式的特点与作用;掌握单利计息法和复利计息法;了解我国的利率市场化改革。

导入案例

利率市场化改革和国际借鉴

法国的利率市场化改革是典型的渐进式改革。其进程主要分为 20 世纪 60—70 年代和 80 年代两个阶段。而第一阶段又具体分为四个步骤,整个改革进程经历 20 多年最终取得成功。法国的利率市场化改革具有两个主要特点:① 利率市场化改革伴随着整个金融体制改革,是在政府和金融管理当局的推动下进行的;② 伴随着金融市场的逐步完善循序渐进地进行,是一个与外汇管理体制、金融衍生工具发展、金融创新政策等配套进行的过程。因此,法国利率市场化的改革也是改善和提升制度环境的过程,事实证明它是成功的。

但亚洲国家,如韩国、马来西亚、泰国,同样是以渐进方式推进利率市场化改革,结果却与法国不尽相同。在 1997 年东南亚金融危机爆发以前,这些国家的利率市场化改革实践被认为是成功的。但是,相对成功的改革,掩盖了许多亟待解决的问题。在这些国家推进利率市场化改革的进程中,并没有有效地改善制度环境。市场化的资金定价机制与脆弱的制度环境之间的矛盾积累到一定程度,便促成了后来的东南亚金融风暴。从这个角度来重新审视这些国家推进的利率市场化改革,我们不难得出这样的结论:他们的改革即使不能说是失败的,至少也是没有完全成功,还有许多亟待改进的地方。制度环境的滞后,不仅使利率市场化改革的预期目标落空,而且引发了严重的金融危机。理论界总结出亚洲金融危机的独特制度成因有以下几条:① 腐败的官商勾结制度。特别体现在这些国家政府、银行、企业之间的关系过于亲密。② 银行的隐性担保制度。存款保险制度只不过是一种形式,实际上银行由政府担保,导致了亚洲银行的道德风险特别严重。③ 过于放松的金融监管制度。甚至非普及式的高等教育制度与不注重能力培养的育人机制也被认为应该为此负责任,因为这些国家的教育制度和育人机制不能为经济和社会的快速发展提供足够的人才。

拉美三国(智利、阿根廷、乌拉圭)利率市场化改革是典型的激进模式。在短短的几年时间内放开了对利率的管制。其本意是要促进金融业的竞争,提高资金的配置效率,以此来稳定宏观金融形势。但是,利率市场化改革实施后,金融机构正常的竞争因素未发挥主要作用,相反银行却被一些大集团所拥有,成为它们的资金供应商,加上监管不力,导致贷款质量下降,坏账增加。巨大的劣质金融资产说明金融资源的配置效率是低下的。从这个角度看,改革是失败的。其主要原因在于管制可以在短时间内放开,但是制度的建设却无法一蹴而就。

资料来源:刘芳:利率市场化改革的制度分析和国际经验借鉴。

第一节 信用的含义与作用

一、信用的含义

在现实的社会经济生活中,信用一词经常出现在人们的口头表达中、报纸杂志上和新闻广播中。但不同场合下信用的含义是不同的。通常来讲,信用从属于两个范畴:一个是道德范畴,一个是经济范畴。本章主要从经济范畴讨论信用问题。

道德范畴中的信用是指诚信不欺,恪守诺言,忠实地践履自己的许诺或誓言。诚信是市场经济持续发展的道德基础。经济范畴中的信用是指以偿还本金和支付利息为条件的借贷行为。偿还性与支付利息是信用活动的基本特征,体现了信用活动中的定价交换原则,约期归还并支付利息是等价交换原则在信用活动中的具体体现。

二、信用的基本要素

(一) 债权方和债务方

货币或商品的所有者把货币或商品暂时让渡给需要者使用,由此产生双方的债权债务关系。债权人有到期收回债权的权利,债务人有到期偿还债务的义务。

(二) 债权债务关系存在的期限

借方如期向贷方归还本金并支付一定数额的利息,由此体现借贷资金的时间价值。

(三) 合法的信用工具

信用表现为一种可以制造、销售、消费的特殊商品,一种能够对人的行为产生巨大约束力和震慑力的商品,这种商品既是社会信用交易扩大的基础,也是其他商品流通的基础。

三、信用的作用

信用促进了资金优化配置,提高了资金使用效率。通过借贷,资金可以流向投资收益更高的项目,可以使投资项目得到必要的资金,资金盈余单位又可以获得一定的收益;通过信用调剂,让资源及时转移到需要这些资源的地方,就可以使资源得到最大限度的运用。

信用加速了资金周转,节约了流通费用。由于信用能使各种闲置资金集中起来并投放出去,使大量原本处于相对静止状态的资金运动起来,这对于加速整个社会的资金周转无疑是有巨大作用的,并且利用各种信用形式还能节约大量的流通费用,增加资金生产投资。

信用加速了资本积聚和集中。信用是集中资金的有力杠杆。信用制度使社会闲散资金集中到了少数企业中,使企业规模扩大。

信用有效地调整着国民经济。信用调节经济的职能主要表现在国家利用货币和信用制度来制定各项金融政策和金融法规,利用各种信用杠杆来改变信用规模及其运动趋势,从而调整国民经济。

信用促进了国际贸易的发展和世界市场的形成与扩大。

四、直接融资和间接融资

(一)直接融资

如果货币资金供求双方通过一定的信用工具直接实现货币资金的互通有无,则这种融资形式被称为直接融资。直接融资中货币资金的供求双方形成了直接的债权债务关系及使用权关系。

直接融资是资金供求双方通过一定的金融工具直接形成债权债务关系的融资形式。这种资金供给者与资金需求者通过股票、债券等金融工具直接融通资金的场所,即为直接融资市场,也称证券市场。直接融资能最大可能地吸收社会游资,直接投资于企业生产经营之中,从而弥补了间接融资的不足。直接融资的工具主要有商业票据和直接借贷凭证、股票、债券。直接融资的优点在于:

有利于引导货币资金合理流动,实现货币资金的合理配置。

有利于加强货币资金供给者对需求者的关注与监督,提供货币资金的使用效益。

有利于货币资金需求者筹集到稳定的、可以长期使用的投资资金。

对于货币资金需求者来说,筹资成本较低;对于货币资金供给者来说,投资收益较高。

(二)间接融资

间接融资是指资金盈余单位与资金短缺单位之间不发生直接关系,而是分别与金融机构发生一笔独立的交易,即资金盈余单位通过存款,或者购买银行、信托、保险等金融机构发行的有价证券,将其暂时闲置的资金先行提供给这些金融中介机构,然后再由这些金融机构以贷款、贴现等形式,或通过购买需要资金的单位发行的有价证券,把资金提供给这些单位使用,从而实现资金融通的过程。间接融资的优点在于:

(1)银行等金融机构网点多,吸收存款的起点低,能够广泛筹集社会各方面闲散资金,积少成多,形成巨额资金。

（2）在直接融资中，融资的风险由债权人独自承担。而在间接融资中，由于金融机构的资产、负债是多样化的，融资风险便可由多样化的资产和负债结构分散承担，从而安全性较高。

（3）降低融资成本。因为金融机构的出现是专业化分工协作的结果，它具有了解和掌握借款者有关信息的专长，而不需要每个资金盈余者自己去搜集资金赤字者的有关信息，因而降低了整个社会的融资成本。

（4）有助于解决由于信息不对称所引起的逆向选择和道德风险问题。

第二节　信用的分类

从经济的角度理解"信用"，它实际上是指"借"和"贷"的关系。信用实际上是指"在一段限定的时间内获得一笔钱的预期"。借得一笔钱、一批货物（赊销），实际上就相当于得到了对方的一个"有期限的信用额度"，之所以能够得到了对方的这个"有期限的信用额度"，大部分是因为对方的信任，有时也可能是因为战略考虑和其他的因素不得已而为之。从经济的角度理解信用有着丰富的层次，至少可以从国家、银行、企业、个人几个层次来理解。

一、商业信用

（一）商业信用的特点

商业信用是指企业之间在商品交易中相互提供的信用，其基本形式是赊销商品和预付货款。商业信用具有如下特点：

商业信用的债权债务人都是企业经营者。由于商业信用是以商品形式提供的信用，是在商品交易中产生的，因此，其债权债务人都是从事商品生产和流通活动的企业经营者。

商业信用贷出的资本是商品资本。企业赊销的商品是处在流通阶段、待实现价值的商品，一个企业把这些商品赊销给另一个企业时，商品资本贷出了，使用权发生了转移，由于商品的货款没有支付，形成了以货币形式存在的买卖双方的债权债务关系。

商业信用的规模一般与产业资本动态是一致的。商业信用来源于社会再生产过程，经济繁荣，社会生产与商品流通规模扩大，商业信用规模也随之扩大；反之，则缩小。

（二）商业信用的局限性

商业信用的特征，使它的存在和发展有明显的局限性，主要体现在如下方面：

商业信用规模受企业能提供的资本数量限制。商业信用是在企业之间进行的，只能在它们之间对现有资本进行再分配，所以商业信用的最高界限是企业可贷出的商品资本。

商业信用的供求有严格的方向性。商业信用是在商品交易中产生的，是以商品形式提供的，每种商品都有特定的使用价值，信用供给者提供的商品，必须是信用需求者所需要的商品。同时，只有商品的需求者，才能向商品供给者预付货款。否则，没有商品供求的一致性，就不能形成借贷关系，这就决定了商业信用在供求上具有严格的方向性。

商业信用期限的局限性。商业信用提供的对象是企业再生产总资本的一部分，尚未独立于企业再生产之外，企业再生产需要连续进行，资本闲置时间很短，如果以商品形式贷出的资本不能及时归还,企业生产和流通就难以正常进行。企业为了使再生产连续进行,不能长期将资本借出,商业信用一般只适用于短期借贷。

(三)商业票据的含义和特征

商业票据是由出票人签发的、约定自己或委托付款人在见票时或指定的日期的收款人或持票人无条件支付的定金额的有价证券。商业票据主要有汇票、本票、支票。

其主要特征在于票据权利与票据不可分离。如果持票人一旦丧失所持的票据,那么失票人虽说仍是该票据的真实权利人,却处于既不能行使票据权利,也不能转让票据的境地。商业票据的基本特征表现在:有价票证,以一定的货币金额表现其价值;具有法定的式样和内容;无因票证;可以转让流通。

(四)商业票据的分类

1. 汇票

汇票是出票人签发的、委托付款人在见票时或者在指定日期无条件支付确定的金额给收款人或者持票人的票据。

汇票按照不同的承兑人可以分为商业承兑汇票和银行承兑汇票两种。由银行承兑的汇票为银行承兑汇票,由银行以外的企事业单位承兑的汇票为商业承兑汇票。

2. 本票

本票是由出票人签发的,承诺自己在见票时无条件支付确定的金额给收款人或者持票人的票据。本票也分为商业本票和银行本票两种,由企业签发的是商业本票,由银行签发的是银行本票。目前,在我国流通并使用的本票只有银行本票一种。

3. 支票

支票是由出票人签发的,委托办理支票存款业务的银行或者其他金融机构在见票时无条件支付确定的金额给收款人或者持票人的票据。

(五)票据交易

1. 背书转让

背书转让是以原票据权利转让给他人为目的的行为,经过背书,票据权利即由背书人换至被背书人。背书人是汇票的债务人,他要对其后手承担汇票被付款人承兑及付款的保证责任,并证明前手签字的真实性和背书的连续性,以证明其权利的正当。

如果汇票遭到拒绝承兑或拒绝付款,其后手有权向背书人追索要款。背书次数越多,汇票负责人也越多,汇票的担保性也越强,持票人权利也就越有保障,汇票的流通也就更加畅通。

2. 贴现

贴现是指在商业汇票到期以前为获取票款,由持票人或第三人向金融机构贴付一定的利息后,以背书方式所做的票据转让。对于持票人来说,贴现是以出让票据的形式,提前收回垫支的商业成本。对于贴现银行来说,是买进票据,成为票据的权利人,票据到期,银行可以取得票据所记载金额。当再贴现利率低于市场资金利率时,再贴现业务还可能成为商业银行获取利差收益的一种途径。

3. 转贴现

转贴现是指金融机构为了取得资金,将未到期的已贴现商业汇票再以卖断或回购方式

向另一金融机构转让的票据行为,是金融机构间融通资金的一种方式。常见于商业银行之间开展转贴现业务。票据转贴现不仅拓展了票据业务的深度和广度,而且活跃了票据市场,满足了商业银行调整信贷资产结构、调节短期资金、提高资金收益的需要,成为各家商业银行重要的一项资产业务和流动性管理工具。

4. 再贴现

再贴现是商业银行或其他金融机构将未到期的汇票,向中央银行所做的票据转让行为。

二、银行信用

(一)银行信用的含义与特点

银行信用是银行和各类金融机构以货币形式提供的信用。银行信用是在商业信用基础上产生和发展起来的。银行一方面将社会再生产过程中游离出来的暂时闲置的货币资金筹集起来,形成巨额资金;另一方面,通过贷款方式将筹集的资金贷放出去,满足社会各界对资金的需求。银行通过信用活动调剂社会资金余缺,成了整个社会的信用中介,银行信用是现代经济中最主要的信用形式之一。与商业信用相比,银行信用具有如下特点。

1. 银行信用是以货币形态提供的

货币作为商品交换的一般等价物,具有和其他一切商品相交换的能力,所以,银行可以向社会各部门提供信用,这就克服了商业信用在供求方向上的局限性。

2. 银行信用克服了商业信用在数量和期限上的局限性

银行以一小部分自有资金为基础,广泛筹集社会闲置资金,形成巨额的资金来源,然后,银行以筹集的资金向社会提供信用。这样,银行可以超过自有资金数量提供信用,使社会闲置资金重新进入再生产过程,补充企业资金。银行可以集小额资金形成巨额资金,可以将短期资金长期融通使用,这就克服了商业信用在数量和期限上的局限性。

3. 银行信用以银行和各类金融机构为媒介

银行和各类金融机构是社会的信用中介,从吸收存款的角度考察,银行是存款人的债务人;从发放贷款的角度考察,银行是借款人的债权人。在银行信用中,资金供求者之间并未直接发生债权债务关系,银行充当了信用中介。银行和各类金融机构的信用活动,将社会大量的直接融资转化为间接融资。由于银行与社会联系比较广泛,有较强的信用能力,特别是中央银行产生以后,银行的信誉提高,稳定性增强,银行信用成了现代经济中最主要的信用形式。

(二)我国银行信用的发展

银行信用在我国一直居于主导地位。在高度集中的计划经济体制时期,为了集中资金的支配权,我国禁止了其他信用形式的存在,将信用集中于银行,银行信用成为当时经济运行唯一的信用形式。改革开放后,其他各种信用相继恢复和发展,在国民经济运行中发挥了越来越重要的作用,但是,从总体上而言,银行信用仍然是我国最主要的信用形式。

三、国家信用

(一)国家信用的含义与作用

国家信用是指以国家为主体进行的一种信用活动。国家按照信用原则以发行债券等方式,从国内外货币持有者手中借入货币资金,因此,国家信用是以国家为一方所取得或提供的信用。国家信用包括国内信用和国际信用。国内信用是国家以债务人身份向国内居民、企业、团体取得的信用,它形成国家的内债。国际信用是国家以债务人身份向国外居民、企业、团体和政府取得的信用。

国家信用的作用主要表现在:

国家信用是调剂政府收支不平衡的手段。国家在一个财政年度内,经常会发生收支不平衡的现象,有时支大于收,有时收大于支,为了解决财政年度内收支暂时不平衡问题,国家往往采取发行国库券的办法解决。

国家信用是弥补财政赤字的重要手段。解决财政赤字的方法主要有增加税收、挤占银行信贷资金和借债。增税会影响社会生产和商品流通的正常进行,容易引起社会公众的不满。挤占银行信贷资金会导致通货膨胀。采用国家举债的方式弥补财政赤字的副作用较小。所以许多国家都把发行国债作为弥补财政赤字的重要手段。

国家信用是筹集巨额资金的重要手段。国家为了履行管理和发展经济等方面的基本职能,在发生战争、特大自然灾害和举办大规模新开发项目建设时,需要巨额资金。对这种巨额资金需求,许多国家采用国家信用来筹集。

国家信用是调节经济的重要手段。随着国家信用的发展,一些国家中央银行通过买进卖出国家债券来调节整个社会的货币供应,借以影响市场资金供求,从而达到调节经济的目的。

(二) 国家信用工具

1. 中央政府债券

短期国债(国库券)是指 1 年或者 1 年以内的国债。发行目的在于调节年度内财政收支临时性出现的不平衡。中期国债的期限通常在 1 年至 10 年,长期国债的期限通常在 10 年至 20 年。

2. 地方政府债券

(1) 一般责任债券。没有特定的资产来源为该债券提供担保,地方政府许诺利用各种可能的收入来源,如税收、行为规费等清偿债务。一般责任债券的期限非常广泛,从 1 年到 30 年不等。

(2) 收益债券。有特定的盈利项目做保证,通常以某一特定工程或某种特定业务的收入作为偿债资金的来源。

3. 政府担保债券

政府作为担保人而由其他主体发行的债券。政府担保的主体通常是政府所属的企业或者那些与政府相关的部门。政府担保债券的信用等级仅次于中央政府债券,因为发行人一旦失去了偿还能力,则由中央政府代其偿还债券的本息。

四、消费信用

(一) 消费信用的定义与形式

消费信用,即工商企业、银行和其他金融机构向消费者个人提供的、用于其消费支出的一种信用形式。消费信用的产生与发展是社会生产发展和人们消费结构变化的客观要求。

1. 住房信贷

通常称之为居民住宅抵押贷款,是消费信贷的一个主要品种,在促进住宅消费发展方面发挥了重要作用。在一些发达国家,房地产贷款占银行全部贷款余额的 30%～50%,对个人发放的住宅贷款占房地产贷款的 60%左右。

2. 汽车信贷

汽车消费信贷,即对申请购买轿车借款人发放的人民币担保贷款;是银行与汽车销售商向购车者一次性支付车款所需的资金提供担保贷款,并联合保险、公证机构为购车者提供保险和公证。

3. 信用卡

通过信用卡获得的贷款是当今最流行的消费信贷方式之一。如果持卡人在规定的期限内一次付清账单,就可以免费获得融资服务;如果不能在规定的期限内一次性付清账单,就要为所借款项支付高额利息。因此,信用卡的分期付款用户能为发卡银行或信用卡公司带来高额利润。信用卡属于无担保贷款,贷款额度的确定主要根据持卡人已往的信用记录,因而面临较高的信用风险。

（二）消费信用的作用

1. 消费信用的积极作用

（1）消费信用的正常发展有利于促进消费品的生产与销售,有利于扩大一定时期内一国的消费需求总量,从而促进一国的经济增长。

（2）消费信用的发展为消费者个人提供了将未来的预期收入用于当前消费的有效途径,使其实现了跨时消费可能,提升了消费者的生活质量及其效用总水平。

（3）消费信用的正常发展有利于促进新技术、新产品的推销以及产品的更新换代。

2. 消费信用的消极作用

（1）消费信用的过度发展会掩盖消费品的供求矛盾。

（2）由于消费信用是对未来购买力的预支,在延期付款的诱惑下,如果消费者对自己未来预期收入判断失误,过度负债进行消费,就会使消费者的债务负担过重,导致其生活水平下降,甚而引发一系列的连锁反应,危及社会经济生活的安全。

第三节　利息和利率

一、利息的含义与本质

（一）利息的含义

利息是指货币资金在向实体经济部门注入并回流时所带来的增值额。具体来说是指在信用关系中借款人(债务人)因使用了借入货币或资本而支付给贷款人(债权人)的报酬。因此,利息是借贷资本的增值额或使用借贷资本的代价。对于货币所有者来说,利息是其让渡资金使用权而应该获得的报酬;对于货币借入者来说,利息则是其取得资金使用权而应当付出的代价。

（二）马克思的利息本质观

首先，马克思认为利息的本质决定于利息的来源，而利息直接来源于利润。强调利息只是借入者所产出利润的一部分而不是全部。由于利润和剩余价值实质上同属一物，所以利息只是对剩余价值的分割，是在生产过程中创造的归产业资本家占有的剩余价值的一部分，是剩余价值的转化形式。这种分割和转化既是社会再生产的结果，又是社会再生产的前提条件。利息表现为资本的所有权派生出的资本价值创造，即一定量的货币生出更多的货币。

其次，马克思认为利息可以看作是借贷资本这种特殊商品的价格。所以，利息的高低应该由借贷资本的供求关系决定。

二、利率的含义及类型

利率是利息率的简称，指借贷期满所形成的利息额与所贷出的本金额的比率。根据不同的标准，可以对利率划分为不同的种类。

（一）名义利率与实际利率

按照反映的实际收益水平，利率可分为名义利率和实际利率。

名义利率，即不考虑物价上涨对利息收入影响时的利率。

实际利率是根据物价水平（或通货膨胀）的预期变动进行相应调整的利率，实际利率更为准确地反映了真实借款成本。

名义利率与实际利率之间的关系体现为：明名义利率（r）等于实际利率（i）与预期通货膨胀率（p）之和。

$$r = i + p$$

（二）基准利率与一般利率

按作用的大小与地位的不同，利率可分为基准利率与一般利率。

基准利率是金融市场上具有普遍参照作用、对整个利率体系的变动起主导作用的利率，其他利率水平或金融资产的价格均可根据这一基准利率水平来确定。这里的其他利率就是一般利率。基准利率具备以下几个特征：

（1）市场化。基准利率必须是由市场供求关系决定。只有市场机制才能形成无风险利率，也只有市场机制中市场化的无风险利率，其变化才能引导其他利率变化。

（2）基础主导性。基准利率在整个利率体系中处于基础性地位。

（3）关联性。基准利率所反映的市场供求状况能有效传递到其他金融市场和金融产品的价格上，因此它与其他利率或金融资产的价格具有较强的关联性。

（三）固定利率与浮动利率

按借贷期内利率是否发生调整变化，可分为固定利率和浮动利率。

固定利率是指在整个借贷期内，由借贷双方事先约定的利率不因资金供求状况或其他因素的变化而变化，维持固定不变。

浮动利率是指在借贷期限内利率随着市场利率或其他因素的变化而进行相应调整。根据借贷双方的协定，由一方在规定的时间依据某种市场利率进行调整，一般调整期为半年。

（四）官定利率与市场利率

按照决定方式,利率可分为官定利率和市场利率。

由一国货币管理当局或者中央银行根据国家经济发展和金融市场需要所确定的利率,各金融机构必须执行,通常称为官定利率或官方利率,也叫法定利率或管制利率,是国家为实现政策目标采取的一种经济手段。官定利率一般包括由中央银行统一规定的存、贷款利率,国债利率,法定存款准备金利率,再贷款利率等。

市场利率是由货币资金的供求关系来决定的,并随着市场供求关系的变化而变化。它反映的是不受非市场因素干预调整的结果。在市场机制发挥作用的情况下,由于自由竞争,信贷资金的供求会逐渐趋于平衡,经济学家将这种状态的市场利率也称为"均衡利率"。

三、利息、现值与终值的计算

（一）利息的计算方法

利息的计算方法有单利法和复利法两种。

1. 单利法

单利法是指在每一个计算利息的时间单位里,均以最初投入的本金,按规定的利率(r)计息,这是一种上一期所产生的利息并不加入下一期的本金之中的计算利息的方法。单利法的特点是对利息不再付息,没有充分考虑到资金的时间价值。因此,单利法的本利和计算相对比较简单,其计算公式为:

$$S = P(1 + r \times n)$$

式中,S 为 n 期本利和;P 为本金;r 为利率;n 为借贷期限。

2. 复利法

复利法又称利滚利,是指按一定期限将一期所生利息加入本金后再计算下期利息,逐期滚算直至借贷期满的一种计息方法。复利法中本金随着期限延长是逐渐增加的,更能反映利息的本质,同时充分体现资金的时间价值,所以更适于计算中长期借贷利息。

按此定义,我们可以得出各年的本利和的计算公式:

$$S = P(1 + r)^n$$

式中,S 为 n 期本利和;P 为本金;r 为利率;n 为借贷期限。

（二）终值与现值

1. 终值

终值是指现在的一笔资金或一系列收付款项按既定的利率计算所得到的在未来某个时点的价值,即本金和利息之和。通常情况下,终值计算式就是采用复利法计算本利和的式子。

2. 现值

现值是指未来的一笔资金或一系列收付款项按既定的利率计算所得到的现在的价值,即由终值倒求现值,一般也称之为贴现,所使用的利率又叫作贴现率。其计算公式为:

$$P = S \cdot \frac{1}{(1 + r)^n}$$

式中，P 为现值；S 为净现金流终值；R 为贴现率；n 为贴现期数。

(三) 收益率的计算

通常，收益率一般是指年收益率。从购买者的角度考虑，收益率可以作为衡量信用工具收益性的尺度，是年净收益和本金的比率，通常有三种表示方法。

1. 名义收益率

名义收益率，是信用工具规定的利息与票面金额的比率。

2. 现时收益率

现时收益率，是规定的利息与信用工具当期市场价格的比率。

3. 持有期收益率

持有期收益率，是实际收益与购买者的实际支出价格的比率。

相关计算可参照本书"债券收益计算部分"。

四、利率的决定和影响因素

(一) 利率决定理论

1. 古典学派利率决定理论

古典学派利率决定理论流行于 19 世纪末到 20 世纪 30 年代，认为利率是由储蓄与投资所决定。其基本内容是，利率取决于资本的供给和需求，这两种力量的均衡就决定了利率水平。其中，资本的供给由储蓄量决定，而储蓄量又取决于"时间偏好""节欲"等因素，当这些因素既定时，利率越高，储蓄的报酬就越多，储蓄就会增加；反之则减少。所以储蓄是利率的增函数。另一方面，资本的需求由投资量决定，当边际生产率一定时，利率越高，投资越少；利率越低，投资就越多。所以投资是利率的减函数。综上，我们可知，利率决定储蓄与投资的均衡点，即均衡利率。见图 2-1，储

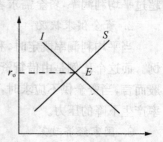

图 2-1 古典学派利率理论

蓄曲线 S 和投资曲线 I 的交点 E 即为均衡的利率与储蓄、投资水平。

当 $S=I$ 时，利率达到均衡水平 r_0；

当 $S>I$ 时，资金供给大于资金需求，意味着储蓄在增加，会促使利率下降；

当 $S<I$ 时，资金供给小于资金需求，储蓄减少，导致利率水平上升。

2. 凯恩斯利率决定理论

1936 年，凯恩斯发表《就业、利息和货币通论》，提出了流动性偏好理论。凯恩斯认为利率是纯粹的货币现象，取决于货币的供给和需求。其中货币的供给由中央银行决定，且没有利率弹性，货币的需求则是由"流动性偏好"决定。流动性偏好是指人们偏好流动性比较高的货币，利息是人们放弃货币，牺牲流动性的报酬。对此，将在本书后续的"货币需求理论"部分做进一步的分析。

3. 新古典综合学派利率决定理论

新古典综合学派运用著名的 $IS-LM$ 模型对利率的决定进行了分析，如图 2-2 所示。
IS 曲线描述了产品市场达到均衡（即投资等于储蓄）时，利率与国民收入之间的关系；

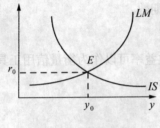

图2-2 *IS-LM*模型

LM 曲线描述了货币市场达到均衡(即实际货币需求等于货币供给)时,利率与国民收入之间的关系。当产品市场和货币市场同时实现均衡,*IS* 曲线和 *LM* 曲线就相交于 *E* 点,其对应的利率为均衡利率,所对应的收入为均衡收入。任何偏离 *E* 点的情况都会促使经济进行自发调整,从理论上来说,都将产生向 *E* 点逼近的压力,致使利率和收入在相互决定的过程中实现均衡。

4. 马克思利率决定理论

马克思指出利息是剩余价值的转化形式,是对利润的一种分割,利息量的多少取决于利润总额,利率取决于平均利润率。利率的界限是在零和平均利润率之间,但并不排除超出平均利润率或实际利率为负的情况。

(二)影响利率的因素

决定和影响利率水平的因素有很多,不同经济制度下利率的运行机制也不相同。我们主要从如下几个方面来考察,以从现代经济学的角度理解决定利率水平的重要因素。

1. 社会平均利润率

一般来说,利率水平应该介于零到平均利润率之间。我们可以发现其原因在于,若利率超过平均利润率,资金需求者将很难获利;若利率低于或等于零,资金供给者就无利可图。

2. 资金供求状况

当平均利润率既定时,利率水平的变动则取决于平均利润分割为利息与企业利润的比例。而这个比例是由借贷资本的供求双方通过竞争确定的,即由资金的供求状况决定。一般而言,当资金供不应求时,借贷双方的竞争结果会使利率产生上升的压力;反之,则导致利率产生下降的压力。

3. 国家经济政策

利率作为调控宏观经济的杠杆,国家会根据经济发展状况制定相应的货币、财政和汇率等方面的经济政策,而这些政策的实施都会引起利率水平的变动。尤其是货币政策对利率水平的影响最为直观和明显。

4. 通货膨胀预期

存在通货膨胀预期时,对利率水平的影响就无法避免。在此预期下,资金供给者会要求更高的利率水平,来避免收回本息时因物价上涨带来的货币购买力下降的损失;资金需求者在同样的预期下则会接受利率水平的上升。

5. 资金成本、期限、风险等

借贷资金的成本、期限和风险等因素也是决定和影响利率水平的重要依据。一般来讲,资金供给者的资金来源成本越高,提供资金时其要求的利率回报就会越高;资金的借贷期限越长,利率水平越高;借贷风险越大,利率水平越高。反之,则利率越低。

6. 国际利率水平

在开放的经济条件下,一国货币的利率水平与国际利率存在较强的关联性。若国际金融市场上的利率水平上升,就会吸引国内资金外流,导致国内货币供给量减少,利率就会存在很大的上升压力;反之,当国际利率水平下降,就会造成外部资金流入,导致国内货币供给量增加,利率存在下降的压力。

五、利率的作用

(一)宏观调节作用

1. 对投资总量和结构的调节

利率对投资的调节作用体现在对投资总量和投资结构两个方面的调节上。

1)对投资总量的调节

利率对投资总量的调节体现在利率作为投资的机会成本对社会投资规模的影响上。其他因素不变的情况下,利率提高,意味着筹资成本增加,投资后的获利相对减少,从而抑制了投资需求;反之,利率降低则意味着投资的成本下降,从而刺激投资,使社会总投资规模增加。

2)对投资结构的调节

投资结构主要是指投资在国民经济各部门、各行业以及社会生产各个方面的投资比例关系。一般来说,利率水平对投资结构的作用依赖于预期收益率与利率的对比上。资金更容易流向预期收益率较高的投资活动,使得投资结构偏向于这些部门或行业;而预期收益率低于利率的投资,往往由于缺乏资金而无法进行。

2. 对储蓄和消费的调节

1)对储蓄的调节

储蓄是利率的增函数,在收入一定的情况下,利率提高会缩减即期消费,从而促进储蓄总量的增加,尤其是对储蓄存款的促进作用更加明显;反之,则使储蓄量降低。然而,一旦收入水平发生了变化,比如提高,就可能出现储蓄与消费同时伴随着利率水平的提高而增加的现象。利率对储蓄结构的调节作用主要体现在储蓄者可以根据利率水平来调节其在储蓄存款、股票、债券等上的投资规模。

2)对消费的调节

对消费而言,消费是利率的减函数。在其他条件不变的情况下,利率的提高必然会使人们减少当前消费;反之,则增加当前消费。因此,利率的变化对消费总量具有调节作用。但从长期来看,提高利率,减少的那部分即期消费量如果转化为储蓄,将为其所有者带来利息收入,就会使远期消费量增加,即增加了社会消费基金总量。

3. 对货币流通和资金周转的调节

1)对货币流通的调节

利率对货币流通的调节包括影响货币供给和货币需求。一般而言,货币供给与利率正相关,货币需求与利率负相关。对资金提供者来说,利率水平上升,会刺激他们供给货币的动机,使部分流通性货币转化为储蓄性货币;对资金需求者来说,利率增加会抑制他们的货币需求动机,促使现实购买力缩减。

2)对资金周转的调节

对资金周转而言,可以运用利率调节手段,促使企业提高资金的使用效率。对那些经营管理不善、资金使用效率低下、贷款风险较大的企业实行高利率政策,可以促使其为了节约资金成本、追求利润最大化而加强经营管理,提高资金周转速度。

（二）微观调节作用

从微观角度来看,利率水平能影响各市场主体的收益或成本,进而影响其市场行为。在此,我们主要考察利率对企业和个人这两个市场主体的调节作用。

1. 企业信贷需求调节

提高贷款利率,使借款企业的利息成本增加,从而增加企业的债务风险并影响企业的经营状况,利润空间下降,借款行为因此减少,表现为企业信贷需求下降。反之,降低贷款利率,使借款企业的利息成本下降,从而减少企业的债务风险并改善企业的经营状况,盈利机会增加,借款行为因此增加,表现为企业信贷需求上升。

2. 个人金融资产调节

利率基本上可以看作是其他所有金融投资产品的无风险替代品,也就是其他所有金融投资的机会成本,利率上升代表其他投资的机会成本增加,相应要求的投资回报率也会增加,即相应风险投资品价格的下降。因此,在较高的利率水平下,个人会倾向于选择储蓄,而减少对其他非货币性金融资产的投资;反之,在较低的利率水平下,个人会减少储蓄规模,更倾向于选择诸如股票、期货等收益较高的金融资产投资方式。

本章练习题

一、单项选择题

1. 信用是（   ）。
   A. 买卖行为　　　　B. 赠予行为　　　　C. 救济行为　　　　D. 各种借贷关系的总和
2. 现代经济中最基本的、占主导地位的信用形式是（   ）。
   A. 国家信用　　　　B. 商业信用　　　　C. 银行信用　　　　D. 国际信用
3. 国家信用的主要形式是（   ）。
   A. 发行政府债券　　B. 短期借款　　　　C. 长期借款　　　　D. 自愿捐助
4. 信用最基本的特征是（   ）。
   A. 平等的价值变换　　　　　　　　　　B. 无条件的价值单方面让渡
   C. 以偿还为条件的价值单方面转移　　　D. 无偿地赠予或援助
5. 商业信用最典型的形式是（   ）。
   A. 赊销　　　　　　B. 按揭　　　　　　C. 分期付款　　　　D. 预付款
6. 为消费者提供的、用于满足其消费需求的信用形式是（   ）。
   A. 商业信用　　　　B. 银行信用　　　　C. 国家信用　　　　D. 消费信用
7. 下列不属于直接融资工具的是（   ）。
   A. 商业票据　　　　B. 股票　　　　　　C. 债券　　　　　　D. 保险单
8. 既可以取现,又可以转账的支票是（   ）。
   A. 现金支票　　　　B. 转账支票　　　　C. 划线支票　　　　D. 平行线支票
9. 下列属于基准利率的是（   ）。
   A. 存款利率　　　　B. 贷款利率　　　　C. 国债利率　　　　D. 再贴现率
10. 我国利率市场化的突破口是放开（   ）。

A. 同业拆借利率　B. 债券市场利率　　C. 存款利率　　　　D. 贷款利率

二、多项选择题

1. 信用的特征有(　　)。
   A. 信用的标的是一种所有权与使用权相分离的资金
   B. 以还本付息为条件　　　　　　　C. 以相互信任为基础
   D. 以收益最大化为目标　　　　　　E. 具有特殊的运动形式

2. 按照授受信用的主体不同,可将信用分为(　　)。
   A. 商业信用　　　　B. 银行信用　　　　C. 国家信用
   D. 消费信用　　　　E. 国际信用

3. 政府债券按照期限的长短可分为(　　)。
   A. 国库券　　　　　B. 国债券　　　　　C. 公债券
   D. 金融债券　　　　E. 公司债券

4. 消费信用的主要方式有(　　)。
   A. 赊销　　　　　　B. 消费贷款　　　　C. 发行债券
   D. 分期付款　　　　E. 预付款

5. 信用风险的特征有(　　)。
   A. 客观性　　　　　B. 传染性　　　　　C. 可控性
   D. 周期性　　　　　E. 可测性

6. 信用工具按照融通资金的方式不同可分为(　　)。
   A. 直接融资工具　　B. 间接融资工具　　C. 无限可接受性信用工具
   D. 有限可接受性工具　　　　　　　E. 长短期信用工具

7. 商业票据的特点有(　　)。
   A. 不可争辩性　　　B. 背书转让　　　　C. 必须承兑
   D. 必须担保　　　　E. 都可以贴现

8. 按照盈利的不同分配方式,可将股票分为(　　)。
   A. 记名股票　　　　B. 不记名股票　　　C. 优先股股票
   D. 普通股股票　　　E. 有面额和无面额的股票

9. 债券按照发行者不同可以分为(　　)。
   A. 政府债券　　　　B. 国库券　　　　　C. 公债券
   D. 公司债券　　　　E. 金融债券

10. 信用工具具有的特征有(　　)。
    A. 偿还性　　　　　B. 收益性　　　　　C. 流动性
    D. 安全性　　　　　E. 公平性

11. 马克思对利息本质的论述是(　　)。
    A. 利息直接来源于利润　　　　　　B. 利息是借贷资本家节欲的报酬
    C. 利息是对剩余价值的分割　　　　D. 利息是利润的一部分而不是全部
    E. 利息来源于边际生产力

12. 按照性质不同,可将利率分为(　　　)。
    A. 单利率　　　　B. 复利率　　　　C. 名义利率
    D. 实际利率　　　E. 市场利率

三、计算题

1. 某种股票,其预期年收益每股为1元,市场利率为10%,不考虑其他因素,计算该股票的理论价格。

2. 有一张期限为5年的债券,票面金额为100元,票面利率为10%,该债券的持有人持有3年后想转让,计算其转让的理论价格。

3. 2018年5月1日,某人在中国工商银行储蓄所存入三年期定期存款100万,若三年期定期存款年利率为4%,请利用单利法和复利法分别计算在利息所得税为5%时,此人存满三年的实得利息额。

4. 2018年6月1日,某人在中国工商银行储蓄所存入一年期定期存款10万元,若一年期定期存款年利率为4%,单利计息,请计算利息所得税为5%时,此人存满一年的实得利息额。若2018年通货膨胀率为5%,不考虑利息税,请计算此人此笔存款的实际收益率。

四、简述题

1. 简述信用存在的客观依据。
2. 简述商业信用的作用及其局限性。
3. 简述银行信用成为信用体系的核心的原因。
4. 简述信用的经济功能。

五、论述题

试述利率的功能。

第三章
金融机构体系

扫码查看视频

学习目的和要求

　　学习本章,应准确识记本章的基本概念,领会本章的基本理论,并能应用基本理论对现实金融问题进行一定的分析。了解金融机构的基本含义与分类;掌握金融机构的功能;了解中国金融机构体系的演变与发展历程;掌握中国现行的金融机构体系;了解国际性金融机构体系的构成与功能。

导入案例

亚投行推动地区经济发展见成效

　　根据一般测算,亚洲地区每年需要至少1万多亿美元的基础设施建设资金。亚洲国家需要共同努力,改善基础设施互联互通,促进经济社会可持续发展,以提高其在全球经济总量中的比重,亚投行在这方面发挥的作用越来越大。亚投行副行长兼首席投资官潘迪安指出,亚洲人口占全球人口超过50%,但仅占全球经济总量的36%。通过亚投行加强更多内陆国家的铁路和公路网络联通,促进贸易和经济增长,可以缩小这些国家的差距。截至目前,亚投行为此提供了超过53.4亿美元的基础设施资金。2018年亚投行将向印度、孟加拉国、土耳其和埃及投资或借贷35亿美元支持亚非战略性联通项目。

　　世界银行数据显示,自2016年1月亚投行运营至2018年1月,双方已联合融资了10个项目,合作投资37亿美元,其中17亿美元来自亚投行;亚行与亚投行的联合融资项目也达到4个,其中4.31亿美元投资来自亚行,3.74亿美元来自亚投行。

　　《2017年亚投行年度报告》指出,过去两年多来,亚投行的融资助力成员数亿人改善了生活。2017年9月27日,亚投行批准为马尼拉防洪项目提供2.076亿美元融资,这是亚投行在菲律宾首个融资项目。该项目总投资5亿美元,世行也提供与亚投行同等金额融资,其余8 479万美元由菲律宾政府承担。

　　中国改革开放40年来,在基础设施建设方面积累了很多经验。亚投行不仅推动了亚洲基础设施建设的发展,而且也搭建了一个多边融资平台。中国向世界展现了令人敬佩的姿态。

资料来源:苑基荣:亚投行推动地区经济发展见成效。

第一节　金融机构体系概述

一、金融机构的含义

金融机构是指从事金融活动的组织,也被称为金融中介或者金融中介机构。或者说,金融机构是指与从事金融服务业有关的金融中介机构。金融机构有狭义和广义之分。

狭义的金融机构是指金融活动的中介机构,即在间接融资领域中作为资金余缺双方交易的媒介,专门从事货币、信贷活动的机构,主要指银行和其他从事存、贷款业务的金融机构。该类金融机构与货币发行和信用创造联系密切,主要是中央银行和商业银行等金融机构。

广义的金融机构是指所有从事金融活动的机构,包括直接融资领域中的金融机构、间接融资领域中的金融机构和各种提供金融服务的机构。直接融资领域中的金融机构的主要任务是充当投资者和筹资者之间的经纪人,即代理买卖证券,有时本身也参加证券交易,如证券公司和投资银行。

二、金融机构的分类与功能

（一）金融机构的分类

金融机构的种类众多,各不相同的金融机构构成整体的金融机构体系。从不同的角度出发和按照不同的标准,金融机构可以划分为不同的种类。

1. 银行金融机构和非银行金融机构

1) 银行金融机构

银行金融机构以接受存款,从事转账结算业务为基础,具有信用创造功能,其负债可以发挥交换中介和支付手段的职能作用,其资产业务主要是承做短期贷放,所以是以存款负债为前提的资产运作机制。

银行金融机构体系又可进行多种分类。按照银行的地位和职能不同来划分,有中央银行、商业银行、政策性银行和专业银行等;按照出资形式不同来划分,有独资银行、合资银行、股份制银行和合作银行;按照资本所有权归属不同来划分,有国有银行、私营银行和公私合营银行;按照业务范围的区域不同来划分,有全国性银行、地方性银行和跨国银行。

2) 非银行金融机构

非银行金融机构没有这些鲜明的特征,其业务的资金来源是通过发行股票和债券等渠道筹集起来的,资产业务则以非贷款的某项金融业务为主,包括保险公司、信托公司、证券公司、租赁公司、财务公司等。

2. 存款类金融机构与非存款类金融机构

1) 存款类金融机构

存款类金融机构主要通过存款形式向公众举债从而获得其资金来源,如商业银行、储蓄贷款协会、合作储蓄银行和信用合作社等;非存款类金融机构则不得吸收公众的储蓄存款。

2）非存款类金融机构

非存款类金融机构又可划分为契约型储蓄机构、投资性金融中介机构和服务类金融机构。

3. 金融管理机构和金融运行机构

1）金融管理机构

金融管理机构是指承担金融宏观调控、进行金融监管的重任，不以营利为目的的金融机构，如中央银行、证券业监督委员会、保险业监督委员会、银行业监督委员会等。

2）金融运行机构

金融运行机构是指以营利为目的，向社会公众提供多种金融产品和服务的金融机构，如商业银行、保险公司、证券公司、基金管理公司、期货公司等。

4. 商业性金融机构和政策性金融机构

1）商业性金融机构

商业性金融机构以追求利润最大化为经营目标，是自主经营、自负盈亏、自求平衡、自我发展的金融企业。

2）政策性金融机构

政策性金融机构则是一国政府为加强对经济的干预能力，保证国民经济持续、稳定、协调发展而设立的。这类机构大多是政府出资，以政府资本为主，不以营利为目的，所经营的业务与政府的产业政策密切配合。

除上所述，金融机构还有其他一些分类依据，如依据资本大小和工作人数的多少可分为大、中、小型金融机构；依据活动领域的不同，分为区域性金融机构和全球性金融机构等。

（二）金融机构的功能

1. 资金融通

资金融通功能是所有金融机构所具有的，不同金融机构因发行的融资工具不同而使融资方式有所不同，但是最终都是使社会总资本中暂息形态的资本份额减少。在现实经济生活中，经济各部门经常会发生资金盈余或资金短缺现象，在经济利益的驱使下，资金会不断地从盈余的部门流向短缺的部门，从而形成了资金融通。资金融通的渠道有两种：一是资金短缺的部门直接从金融市场上发行某种凭证来筹集资金，当资金盈余的部门在市场上购买这种凭证时，资金就会从盈余的部门流向短缺的部门，这种融通资金的方式叫直接融资。二是资金盈余的部门将资金存放到银行等金融中介机构中，再由金融中介机构以贷款或投资的方式转移到资金短缺的部门，这种融通资金的方式叫间接融资。资金融通提高了资金的使用效率，有利于促进经济增长。

2. 支付结算

提供支付结算服务是金融机构适应经济发展需求最早产生的功能，最初提供的主要业务之一就是汇兑。到目前为止，商业银行仍是最基本和主要的提供支付结算的金融单位。只要有债权债务关系存在，支付结算就有运行的基础。随着经济一体化的发展，以及金融市场国际化发展，银行之间支付金额大幅增加，各经济活动参与者更加注重结算体系的效率性和安全性。信息技术、电子技术的发展，一些非金融企业，主要是国外大制造企业的子公司

为其母公司客户提供金融服务,开始向支付结算领域渗透,这种银行之外的支付结算数额在不断扩大。

3. 金融服务

金融机构的类型繁多,各种金融机构分工各异,它们通过多种方式为公众和企业提供多样化的服务,如帮助企业以各种方式融资、承销公司各种有价证券、为企业提供咨询和信托服务,为客户提供投资建议、保管金融资产、帮助客户创造金融资产、管理客户的投资组合等。这些金融服务满足了企业和个人的多样化、个性化的需要,为企业生产、个人生活等提供便利化、人性化的服务。

4. 改善信息不对称

金融机构具有改善信息不对称的功能,具体是指金融中介机构利用自身的专业技能与信息优势,能够以较低的信息处理成本,及时收集、获取比较真实完整的信息,减少信息不对称程度,在一定程度上消除逆向选择与道德风险,合理配置资源。

5. 风险转移与管理

在经济生活中,由于许多不确定因素的存在,人们面临着各种各样的风险,如自然灾害带来的损失风险、意外事故造成人身伤害和财产损失的风险、商品价格和股票价格波动的风险、汇率波动的风险等等。这些风险可能给当事人带来极大的经济损失。防范或控制这些风险金融体系就为我们提供了转移风险、控制风险和管理风险的功能。保险公司提供的保险产品,为顾客转移被保险物可能遭受的自然灾害、意外事故带来的损失风险,提供了有效的手段。金融衍生品市场的各种金融衍生工具,为市场参与者提供了进行套期保值、转移和控制价格波动等金融风险的功能。

第二节　中国金融机构体系

一、金融调控与监管机构

金融调控与监管机构是依照国家法律法规,对金融机构及其在金融市场上的活动进行监督、约束和管制的国家金融管理机构。其基本任务是,根据法律法规的授权,按照分业监管的原则,制定和执行有关金融法律法规,完善金融活动运行规则和提供相关的金融服务,并对有关的金融违法违规行为依法进行调查和处罚,以维护金融业公平有效的竞争环境,防范和化解金融风险,保障国家金融体系的安全与稳健运行。

(一) 中国人民银行

中国人民银行是我国的中央银行,处在全国金融机构体系的核心地位。根据《中华人民共和国中国人民银行法》的规定,中国人民银行在国务院领导下,制定和实施货币政策,对金融业实施监督管理。中国人民银行总行设在北京,实行总行、大区分行、中心支行和县市支行四级管理体制。下设央行上海总部1个,大区分行9个(上海、天津、沈阳、南京、济南、武汉、广州、成都、西安),2个营业管理部(北京、重庆),在地(市)级设中心支行,县(市)级设支行。

(二) 中国银行保险监督管理委员会

2018年,国务院机构改革方案提出,将中国银行业监督管理委员会和中国保险监督管理委员会的职责整合,组建中国银行保险监督管理委员会,作为国务院直属事业单位。依照法律法规统一监督管理银行业和保险业,维护银行业和保险业合法、稳健运行,防范和化解金融风险,保护金融消费者合法权益,维护金融稳定。

2018 年 5 月 14 日,商务部办公厅发布通知,已将制定融资租赁公司、商业保理公司、典当行业务经营和监管规则职责划给中国银行保险监督管理委员会,有关职责由银保监会履行。

（三）中国证券监督管理委员会

1992 年 10 月,国务院证券委员会和中国证券监督管理委员会宣告成立,标志着中国证券市场统一监管体制开始形成。国务院证券委是国家对证券市场进行统一宏观管理的主管机构。中国证监会是国务院证券委的监管执行机构,依照法律法规对证券市场进行监管。

国务院证券委和中国证监会成立以后,其职权范围随着市场的发展逐步扩展。1993 年 11 月,国务院决定将期货市场的试点工作交由国务院证券委负责,中国证监会具体执行。1995 年 3 月,国务院正式批准《中国证券监督管理委员会机构编制方案》,确定中国证监会为国务院直属副部级事业单位,是国务院证券委的监管执行机构,依照法律、法规的规定,对证券期货市场进行监管。

我国金融机构体系结构如图 3-1 所示。

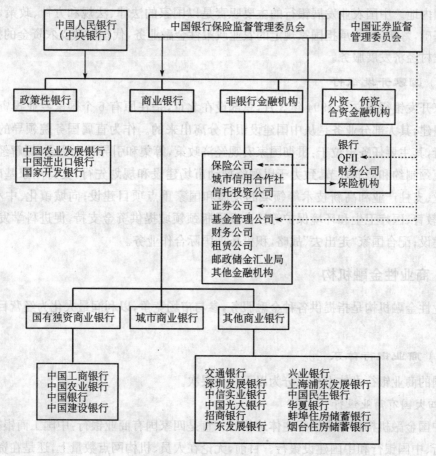

图 3-1　我国金融机构体系图

融理论与实务

二、政策性金融机构

政策性金融机构是指由政府或政府机构发起、出资创立、参股或保证的，不以利润最大化为经营目的，在特定的业务领域内从事政策性融资活动，以贯彻和配合政府的社会经济政策或意图的金融机构。

(一) 中国进出口银行

中国进出口银行成立于1994年，是直属国务院领导的、政府全资拥有的政策性银行，其国际信用评级与国家主权评级一致。中国进出口银行总部设在北京，在国内设有21家营业性分支机构；在境外设有东南非代表处、巴黎代表处和圣彼得堡代表处；与1 000多家银行的总分支机构建立了代理行关系。中国进出口银行的主要职责是为扩大我国机电产品、成套设备和高新技术产品进出口，推动有比较优势的企业开展对外承包工程和境外投资，促进对外关系发展和国际经贸合作，提供金融服务。

(二) 中国农业发展银行

中国农业发展银行成立于1994年11月，是直属国务院领导的我国唯一的一家农业政策性银行。全系统共有31个省级分行、300多个二级分行和1 800多个营业机构，服务网络遍布中国内地。中国农业发展银行的主要职责是以国家的法律、法规和方针、政策，以国家信用为基础，筹集资金，承担国家规定的农业政策性金融业务，代理财政支农资金的拨付，为农业和农村经济发展服务。

(三) 国家开发银行

国家开发银行成立于1994年3月，总部设在北京，是在原有6个国家专业投资公司的基础上组建，其大部分业务是从中国建设银行分离出来的。作为直属国务院领导的政策性产业银行，其主要任务定位于：贯彻国家宏观经济政策，筹集和引导社会资金，缓解经济社会发展的瓶颈制约和薄弱环节，致力于以融资推动市场建设和规划先行，支持国家基础设施、基础产业、支柱产业和高新技术等领域的发展和国家重点项目建设；向城镇化、中小企业、"三农"、教育、医疗卫生和环境保护等社会发展瓶颈领域提供资金支持，促进科学发展和和谐社会建设；配合国家"走出去"战略，积极拓展国际合作业务。

三、商业性金融机构

商业性金融机构是指提供各种金融服务，参与市场竞争，以利润最大化为经营目标的金融企业。

(一) 商业银行体系

中国的商业银行大体上可以分为以下几个层次。

1. 四大国有商业银行

在中国金融机构体系中居于主体地位的一直是四家国有商业银行：中国工商银行、中国农业银行、中国银行和中国建设银行。目前，无论在人员、机构网点数量上，还是在资产规模及市场占有份额上，四大国有商业银行均处中国整个金融领域绝对举足轻重的地位，在世界上的大银行排序中也处于较前列的位置。

2. 全国性股份制商业银行

1986年后,我国在四家国有独资商业银行之外,先后建立了一批股份制商业银行,如交通银行、招商银行、中信实业银行、深圳发展银行、福建兴业银行、广东发展银行、中国光大银行、华夏银行、上海浦东发展银行、海南发展银行(已于1998年清理)、中国民生银行等。交通银行是中国第一家全国性的国有股份制商业银行;中国民生银行是中国第一家民营银行;深圳发展银行是中国银行业中第一家股票上市公司。

3. 城市商业银行

1995年,国务院决定,在一些经济发达的城市组建城市商业银行。同年2月,全国第一家城市商业银行深圳城市商业银行成立。与一般的股份制银行不同,城市商业银行大多是由此前的城市信用社、城市内农村信用社及金融服务社合并而来的(前身叫"城市合作银行"),由城市企业、居民和地方财政投资入股组成。城市商业银行的主要功能是为本地区经济的发展融通资金,重点为城市中小企业的发展提供金融服务。

4. 邮政储蓄银行

邮政储蓄,是指与人民生活有紧密联系的邮政机构,在办理各类邮件投递和汇兑等业务的同时,办理以个人为主要对象的储蓄存款业务。2006年6月26日,中国邮政储蓄银行获得批准,2007年3月20日正式成立,成为中国第五大银行。

5. 农村商业银行

从2001年年底起,为进一步推进农村金融改革,部分地区的农村信用社改制成为农村商业银行,是由辖内农民、农村工商户、企业法人和其他经济组织共同入股组成的股份制的地方性金融机构。

6. 村镇银行

村镇银行是指经中国银行业监督管理委员会依据有关法律、法规批准,由境内外金融机构、境内非金融机构企业法人、境内自然人出资,在农村地区设立的主要为当地农民、农业和农村经济发展提供金融服务的银行业金融机构。在规模方面,村镇银行是真正意义上的"小银行"。

(二)证券业体系

1. 证券交易所

证券交易所是依据国家有关法律,经政府证券主管机关批准设立的集中进行证券交易的有形场所。内地目前有2家证券交易所:上海证券交易所和深圳证券交易所。

2. 证券公司

在我国,证券公司是指依照《公司法》和《证券法》的规定设立的并经国务院证券监督管理机构审查批准而成立的专门经营证券业务,具有独立法人地位的有限责任公司或者股份有限公司。证券公司具有证券交易所的会员资格,可以承销发行、自营买卖或自营兼代理买卖证券。普通投资人的证券投资都要通过证券公司来进行。证券公司按证券经营的功能划分,可分为证券经纪商、证券自营商和证券承销商。

3. 投资基金

投资基金是一种利益共享、风险共担的集合投资方式,即通过发行基金单位,集中投资者的资金,由基金托管人托管,由基金管理人管理和运用资金,从事股票、债券、外汇、货币等金融工具投资,以获得投资收益和资本增值。投资基金是一种间接的金融投资机构或工具,其机制特点是组合投资、分散风险、专家理财、规模经济。

4. QFII 与 RQFII

QFII(Qualified Foreign Institutional Investors)是合格的境外机构投资者的简称,QFII机制是指外国专业投资机构到境内投资的资格认定制度。RQFII(RMB Qualified Foreign Institutional Investors)是指人民币合格境外投资者。RQFII 境外机构投资人可将批准额度内的外汇结汇投资于境内的证券市场。对 RQFII 放开股市投资,是侧面加速人民币的国际化。

5. 中介服务机构

中介服务机构有证券登记结算公司、证券评级机构、证券投资咨询机构、会计师事务所、律师事务所等。

(三)保险业体系

1949 年 10 月 29 日,中国人民保险公司作为保险业的管理机关成立。1958 年以后,保险业陷入停顿状态。直到 1980 年,中国人民保险公司才恢复办理国内保险业务,大力开展涉外保险。1996 年 7 月,中国人民保险公司改建为中国人民保险(集团)公司(简称"中保集团")。1998 年 10 月,中保集团宣告撤销,其下属的三个子公司成为三家独立的国有保险公司——中国人民保险有限公司(财产)、中国人寿保险有限公司和中国再保险有限公司。

目前,我国保险公司数量有了稳步的增长,保险市场业务发展也较为快速。我国保险市场规模先后赶超德国、法国、英国,全球排名由第六位升至第三位。但是,中国保险市场还处在初级发展阶段,主要表现在以下几个方面:第一,中国保险市场基本上还处于一种寡头垄断阶段。第二,中国保险业的发展还处于一个低水平。第三,中国保险市场结构分布不均衡。第四,中国保险业的专业经营水平还不高。第五,保险市场还未形成完整体系。第六,再保险市场发展滞后和保险监管亟待加强。

知识拓展

2017 年保险统计数据报告

一、原保险保费收入 36 581.01 亿元,同比增长 18.16%

产险公司原保险保费收入 10 541.38 亿元,同比增长 13.76%;寿险公司原保险保费收入 26 039.55 亿元,同比增长 20.04%。

产险业务原保险保费收入 9 834.66 亿元,同比增长 12.72%;寿险业务原保险保费收入 21 455.57 亿元,同比增长 23.01%;健康险业务原保险保费收入 4 389.46 亿元,同比增长 8.58%;意外险业务原保险保费收入 901.32 亿元,同比增长 20.19%。

产险业务中,交强险原保险保费收入 1 869.01 亿元,同比增长 9.97%;农业保险原保险保费收入为 479.06 亿元,同比增长 14.69%。另外,寿险公司未计入保险合同核算的保户投资款和独立账户本年新增交费 6 362.78 亿元,同比下降 50.29%。

二、赔款和给付支出 11 180.79 亿元,同比增长 6.35%

产险业务赔款 5 087.45 亿元,同比增长 7.64%;寿险业务给付 4 574.89 亿元,同比下降 0.61%;健康险业务赔款和给付 1 294.77 亿元,同比增长 29.38%;意外险业务赔款 223.69 亿元,同比增长 22.23%。

三、资金运用余额 149 206.21 亿元,较年初增长 11.42%

银行存款 19 274.07 亿元,占比 12.92%;债券 51 612.89 亿元,占比 34.59%;股票和证券投资基金 18 353.71 亿元,占比 12.3%;其他投资 59 965.54 亿元,占比 40.19%。

四、总资产 167 489.37 亿元,较年初增长 10.80%

产险公司总资产 24 996.77 亿元,较年初增长 5.28%;寿险公司总资产 132 143.53 亿元,较年初增长 6.25%;再保险公司总资产 3 149.87 亿元,较年初增长 14.07%;资产管理公司总资产 491.45 亿元,较年初增长 15.28%。

五、净资产 18 845.05 亿元,较年初增长 9.31%

资料来源:中国保险业监督管理委员会:2017 年保险统计数据报告。

(四)其他商业金融机构

1. 信托投资公司

信托投资公司是以资金及其他财产为信托标的,根据委托者的意愿,以受托人的身份管理及运用信托资财的金融机构。就其信托业务而言,主要包括两大类:货币信托,包括信托存款、信托贷款、委托存款、委托贷款、养老金信托、投资信托、养老金投资基金信托等;非货币信托,包括有价证券信托、债权信托、动产与不动产信托、事业信托、私人事务信托等。

2. 财务公司

财务公司是金融业与工商企业相互结合的产物,是以经营消费信贷及工商企业信贷为主的非银行金融机构。财务公司与商业银行在贷款上的区别是:商业银行是小额、分散借入,大额贷出;财务公司则是大额借入,小额贷出。

3. 金融租赁公司

金融租赁公司,亦称融资租赁公司,是指主要办理融资性租赁业务的专业金融机构。我国的金融租赁业起始于 20 世纪 80 年代初期。1981 年,中国国际信托投资公司组建了东方国际租赁有限公司和中国租赁有限公司。金融租赁公司创建时,大都是由银行、其他机构以及一些行业主管部门合资设立。

4. 典当行

亦称当铺,是专门发放质押贷款的非正规边缘性金融机构,是以货币借贷为主和商品销售为辅的市场中介组织。

5. 信用服务机构

如征信公司、信用评估机构、信用担保机构、信用咨询机构等。

7. 在华外资金融机构

目前在中国境内设立的外资金融机构有如下两类：一类是外资金融机构在华代表处。其工作范围是：进行工作洽谈、联络、咨询、服务，而不得从事任何直接盈利的业务活动。另一类是外资金融机构在华设立的营业性分支机构。

8. 互联网金融机构

互联网金融机构是指利用互联网技术和信息通信技术实现资金融通、支付、投资和信息中介服务的新型金融机构。

四、合作性金融机构

合作性金融机构是人们在经济活动中，为获取低成本融资和其他便利服务，按照合作制原则，以自愿入股、个人财产联合为基础，以入股者为主要服务对象，以出资者民主管理、联合劳动为经营特色的一种信用组织形式。我国的农村信用合作社是由社员自愿集资结合而成的互助合作性金融机构。作为农村集体金融组织，其特点集中体现在由农民入股，由社员民主管理，主要为入股社员服务三个方面。

第三节　国际金融机构

一、国际货币基金组织

（一）成立的背景与宗旨

1946 年 3 月国际货币基金组织（International Monetary Fund, IMF）正式成立，1947 年 3 月开始办理放款业务。国际货币基金协定规定，国际货币基金建立的宗旨主要有五个方面：

建立一个永久性的国际货币机构，促进货币合作。

促进国际贸易的扩大与平衡发展，并借此提高和保持高的就业率和收入水平，开发所有成员国的生产性资源，以此作为经济政策的主要目标。

促进汇率稳定，维持会员国之间的正常汇兑关系，避免竞争性的货币贬值。

协助会员国建立国际收支中经常业务的多边支付制度，并消除阻碍国际贸易发展的外汇管制。

在适当的保障下，基金对会员国提供资金，树立改善国际收支失调的信心，从而避免采取有损于本国或国际繁荣的措施。

（二）组织形式

理事会是国际货币基金组织的最高权力机构，它由会员国选派的理事和副理事各一人组成。理事会对有关国际金融重大事务的方针、政策做出决策。

执行董事会是国际货币基金的常设机构，由 22 人组成，董事由基金中份额最多的国家及按选区推选任命,国际货币基金的总裁是最高行政领导人,兼任执行董事会主席,总管国际货币基金的业务工作。历届国际货币基金总裁都从欧洲国家代表中推选。

国际货币基金的活动由会员国投票决定,会员国的投票权主要取决于他们的份额:每个会员国有基本票数250票;每10万美元的份额,在基本票数上增加一票,根据份额计算出的会员国票数,到投票日时还要根据会员国借贷的货币额做相应调整。

(三)资金来源

国际货币基金组织的资金来源于各成员认缴的份额、借款和信托基金。

(四)国际货币基金组织的业务活动

1. 融通资金

国际货币基金组织根据不同政策向会员国提供资金,贷款形式多样,特点明显。

(1)贷款对象限为成员国政府,不对私人企业和私人组织贷款;它只同成员国的财政部、中央银行、外汇平准基金组织等官方机构往来。

(2)贷款用途只限于解决成员国内经常项目收支逆差而产生的国际收支的暂时不平衡。

(3)贷款额度与成员同缴纳的基金份额的大小呈正比例。

(4)贷款的方式是借款成员国以本国货币"购买"或"提存"外汇,而不称为"借款";还款时,用黄金或外汇买回本国货币,称"购回"。

2. 提供培训咨询等服务

国际货币基金组织还对会员国提供包括培训、咨询等在内的服务。为提高会员国专业人员的素质,除组织培训外,还编辑、出版各种反映世界经济、国际金融专题的刊物和书籍。另外,基金组织派往各地的人员积极收集和反馈世界各国的经济动向。

二、世界银行

(一)世界银行的宗旨

世界银行(World Bank,WB)成立于1945年12月27日,1949年6月开始营业。凡参加世界银行的国家必须首先是国际货币基金的会员国。世界银行的宗旨是:

对用于生产的投资提供便利,以协助会员国的复兴与开发,以及鼓励较不发达国家生产与资源的开发。

以保证或参加私人贷款和私人投资的方法,促进私人的对外投资。

用鼓励国际投资以开发会员国生产资源的方法,促进国际贸易的长期平衡发展,并维持国际收支平衡。

在提供贷款保证时,应与其他方面的国际贷款配合。

协定规定的宗旨和任务,概括起来就是担保或供给会员国长期贷款,以促进会员国资源的开发和国民经济的发展,促进国际贸易长期均衡发展及国际收支平衡。

(二)组织结构

世界银行的最高权力机构与国际货币基金(IMF)相似,是理事会,由每一会员国委派理事和副理事各1人组成。任期5年,可以连任。

世界银行的常务机构是执行董事会:由20人组成。其中5人由持有股金最多的美、英、

德、法、日五国指派,其余 15 人由其他成员国按地区分组推选。

世界银行行长是执行董事会主席,不得由理事、副理事、执行董事、副执行董事兼任。历任行长都是美国人。

(三) 资金来源

世界银行的资金主要来源于会员国缴纳的股本、借款、债权转让、利润收入。

三、国际开发协会

国际开发协会(International Development Association,IDA)是专向贫穷的发展中国家提供长期优惠贷款的国际性金融组织。它是世界银行的一个附属机构,建立于 1960 年 9 月,同年 11 月 3 日开业,总部设在华盛顿。国际开发协会刚建立时只有 68 个会员国,截至 1997 年财政年度已增至 159 个会员国。只有世界银行的会员国才有资格参加国际开发协会,但世界银行会员国不一定参加该协会。国际开发协会每年与世行一起开年会。

(一) 国际开发协会的宗旨

国际开发协会专门对发展中国家提供比世界银行的贷款条件更为宽厚的长期信贷,以减轻其国际收支负担,促进它们的经济发展,提高居民的生活水平,从而补充世界银行的作用,推动世界银行目标的实现。

(二) 国际开发协会的组织机构

协会的组织机构在名义上也有理事会、执行董事会和经理、副经理。

理事会是最高权力机构;执行董事会是负责组织日常业务的机构;以经理、若干副经理和工作人员组成的办事机构负责处理日常业务工作。但国际开发协会并不是一个独立的机构,它实际上是一笔由世界银行经营管理的资金,所以,国际开发协会的正、副理事由世界银行的正、副理事兼任,正、副执行董事也由世界银行的正、副执行董事兼任,世界银行的正、副行长兼任该协会的正、副经理。

(三) 国际开发协会的资金来源

会员国认缴的股金。

补充资金。

世界银行的赠款。

协会本身业务经营的净收入。

四、国际金融公司

国际金融公司(International Finance Corporation,IFC)是专门向经济不发达的会员国的私营企业提供贷款和投资的国际性金融组织。国际金融公司成立于 1956 年 7 月 24 日,它也是世界银行的一个附属机构。国际金融公司刚成立时有 31 个成员国,目前已有 165 个成员国。我国是成员国之一。

(一) 国际金融公司的宗旨

为发展中国家的私人企业提供没有政府机构担保的各种投资,以促进成员国的经济发展。

促进外国私人资本在发展中国家的投资。

促进发展中国家资本市场的发展。

(二) 国际金融公司的组织结构

国际金融公司的组织机构和管理办法与世界银行相同,总经理由世界银行行长兼任,其余除少部分自己的办事机构和人员外,大都由世界银行相应机构和人员兼任。公司的成员国必须是世界银行的成员国,而世界银行的成员国并不一定都要加入该公司。

(三) 国际金融公司的资金来源

国际金融公司的资金主要来源于:

成员国认缴的股金(成立时为 1 亿美元,分为 10 万股)。认缴股金必须是黄金或美元。成员国认缴股金的多少决定了投票权的多少(具体与世界银行相同)。

借款,指从世界银行及其他国家的贷款。

公司收益。

转让投资股本。与世界银行相类似,公司通过转让投资股本取得周转资金。不过,第三项和第四项在公司资金来源中所占比例不高。

五、亚洲开发银行

亚洲开发银行(Asian Development Bank,ADB)是根据联合国亚洲及远东经济委员会会议的协议,于 1966 年 11 月在东京举行第一次亚洲开发银行董事会正式建立的,同年 12 月开始营业,行址设在菲律宾首都马尼拉。

(一) 亚洲开发银行的宗旨

亚洲开发银行的宗旨是向成员国发放贷款,进行投资和技术援助,并同联合国及其专门机构进行合作,协调成员国在经济、贸易、发展方面的政策,促进亚洲及太平洋地区经济繁荣。

(二) 亚洲开发银行的资金来源

普通资金。用于亚行的硬贷款业务,是亚行开展业务最主要的资金来源。包括股金、借款、亚行的业务净收益。

特别基金。包括亚洲开发基金、技术援助特别基金、日本特别基金。

(三) 亚洲开发银行的贷款

亚行贷款按贷款条件可分为硬贷款、软贷款或赠款三种形式。

硬贷款的利率为浮动利率,按国际金融市场状况每半年调整一次,期限一般为 10～30 年,含 2～7 年的宽限期。硬贷款资金来自普通资金,特别是来自国际资本市场的借款。

软贷款,即优惠贷款,仅提供给人均 GNP 低于 670 美元的贫困成员,贷款期限 40 年,不收利息,仅收取 1% 的手续费。软贷款由亚洲开发基金提供。

赠款用于技术援助,资金来自技术援助特别基金和日本特别基金,其金额有限。

六、亚洲基础设施投资银行

（一）亚洲基础设施投资银行概况

亚洲基础设施投资银行（Asian Infrastructure Investment Bank，AIIB）简称亚投行，是一个政府间性质的亚洲区域多边开发机构，是首个由中国倡议设立的多边金融机构，总部设在北京，法定资本 1 000 亿美元。截至 2018 年 5 月 2 日，亚投行有 86 个正式成员国。

亚投行宗旨在于，通过在基础设施及其他生产性领域的投资，促进亚洲经济可持续发展、创造财富并改善基础设施互联互通；与其他多边和双边开发机构紧密合作，推进区域合作和伙伴关系，应对发展挑战。

（二）亚洲基础设施投资银行主要职能

为履行其宗旨，亚投行具备以下职能：

推动区域内发展领域的公共和私营资本投资，尤其是基础设施和其他生产性领域的发展。

利用其可支配资金为本区域发展事业提供融资支持，包括能最有效支持本区域整体经济和谐发展的项目和规划，并特别关注本区域欠发达成员的需求。

鼓励私营资本参与投资有利于区域经济发展，尤其是基础设施和其他生产性领域发展的项目、企业和活动，并在无法以合理条件获取私营资本融资时，对私营投资进行补充。

为强化这些职能开展的其他活动和提供的其他服务。

（三）机构设置

1. 理事会

银行一切权力归理事会。每个成员均应在理事会中有自己的代表，并应任命一名理事和一名副理事。每个理事和副理事均受命于其所代表的成员。除理事缺席情况外，副理事无投票权。在银行每次年会上，理事会应选举一名理事担任主席，任期至下届主席选举为止。理事会应举行年会，并按理事会规定或董事会要求召开其他会议。当五个银行成员提出请求时，董事会即可要求召开理事会会议。当出席会议的理事超过半数，且所代表的投票权不低于总投票权 2/3 时，即构成任何理事会会议的法定人数。

2. 董事会

董事会负责指导银行的总体业务，为此，除行使本协定明确赋予的权力之外，还应行使理事会授予的一切权力。董事会应由 12 名成员组成，董事会成员不得兼任理事会成员。9 名应由代表域内成员的理事选出；3 名应由代表域外成员的理事选出。每名董事应任命一名副董事，在董事缺席时代表董事行使全部权力。理事会应通过规则，允许一定数量以上成员选举产生的董事任命第二名副董事。董事任期 2 年，可以连选连任。

3. 投票权

每个成员的投票权总数是基本投票权、股份投票权以及创始成员享有的创始成员投票权的总和。每个成员的基本投票权是全体成员基本投票权、股份投票权和创始成员投票权总和的 12% 在全体成员中平均分配的结果。每个成员的股份投票权与该成员持有的银行股份数相当。每个创始成员均享有 600 票创始成员投票权。

4. 高管层

1) 行长

理事会通过公开、透明、择优的程序,依照第 28 条规定,经超级多数投票通过选举银行行长。行长应是域内成员国的国民。任职期间,行长不得兼任理事、董事或副理事、副董事。

行长任期 5 年,可连选连任一次。理事会可依照第 28 条规定经超级多数投票通过,决定中止或解除行长职务。行长担任董事会主席,无投票权,仅在正反票数相等时拥有决定票。行长可参加理事会会议,但无投票权。行长是银行的法人代表,是银行的最高管理人员,应在董事会指导下开展银行日常业务。

2) 银行高级职员

董事会应按照公开、透明和择优的程序,根据行长推荐任命一名或多名副行长。副行长的任期、行使的权力及其在银行管理层中的职责可由董事会决定。在行长出缺或不能履行职责时,应由一名副行长行使行长的权力,履行行长的职责。

本章练习题

一、单项选择题

1. 垄断人民币发行权的银行是（　　）。
   A. 中国工商银行　　　　　　　　B. 中国银行
   C. 中国建设银行　　　　　　　　D. 中国人民银行

2. 中国人民银行的特殊地位体现在（　　）。
   A. 依法独立执行货币政策
   B. 向个人提供低息贷款
   C. 审批银行业金融机构及分支机构的设立、变更、终止
   D. 审查银行业金融机构高级管理人员任职资格

3. 集中保管商业银行的存款准备金属于中央银行的（　　）。
   A. 发行银行的职能　　　　　　　B. 政府银行的职能
   C. 银行的银行的职能　　　　　　D. 最后贷款人的职能

4. 国际货币基金组织最主要的资金来源是（　　）。
   A. 国际金融市场借款
   B. 成员国认缴的基金份额
   C. 资金运用利息收入
   D. 会员国捐款

5. 我国金融机构体系中居于主体地位的金融机构是（　　）。
   A. 商业银行　　　　　　　　　　B. 政策性银行
   C. 证券公司　　　　　　　　　　D. 保险公司

6. 下列不属于银行类金融机构的是（　　）。
   A. 中央银行　　　　　　　　　　B. 商业银行
   C. 政策性银行　　　　　　　　　D. 信托公司

7. 不属于商业性金融机构的是（　　）。

    A. 商业银行　　　　　　B. 信托公司　　　　　C. 租赁公司　　　　　D. 开发银行

8. 中国银保险监督管理委员会成立于（　　）。

    A. 1995 年　　　　　　　B. 1998 年　　　　　　C. 2018 年　　　　　　D. 2003 年

9. 我国的中央银行是（　　）。

    A. 中国银行　　　　　　　　　　　　　　　　　B. 中国工商银行

    C. 中国人民银行　　　　　　　　　　　　　　　D. 中国开发银行

10. 深圳证券交易所成立于（　　）。

    A. 1990 年 1 月 8 日　　　　　　　　　　　　　B. 1990 年 12 月 1 日

    C. 1991 年 12 月 12 日　　　　　　　　　　　　D. 1992 年 12 月 25 日

11. 国际货币基金组织的总部位于（　　）。

    A. 华盛顿　　　　　　　B. 芝加哥　　　　　　C. 纽约　　　　　　　D. 伦敦

12. 世界银行的总部位于（　　）。

    A. 芝加哥　　　　　　　B. 纽约　　　　　　　C. 伦敦　　　　　　　D. 华盛顿

13. 亚洲基础设施投资银行成立的牵头国家是（　　）。

    A. 新加坡　　　　　　　B. 中国　　　　　　　C. 日本　　　　　　　D. 韩国

二、多项选择题

1. 按照业务性质和功能的不同,可将金融机构分为（　　）。

    A. 经营性金融机构　　　　　　　　　　　　　B. 管理性金融机构

    C. 商业性金融机构　　D. 政治性金融机构　　E. 政策性金融机构

2. 按照业务活动的地理范围,可将金融机构分为（　　）。

    A. 国际性金融机构　　　　　　　　　　　　　B. 全国性金融机构

    C. 地方性金融机构　　D. 涉外金融机构　　　E. 涉内金融机构

3. 中国现行的金融机构体系中的"一行二会"是指（　　）。

    A. 中国人民银行　　　　　　　　　　　　　　B. 进出口银行

    C. 银行保险监督管理委员会　　　　　　　　　D. 证监行业监督管理委员会

4. 全球性国际金融机构主要包括（　　）。

    A. 世界交易组织　　　B. 国际货币基金组织　　C. 亚太经济交易组织

    D. 世界银行集团　　　E. 国际清算银行　　　　F. 亚洲基础设施投资银行

三、简答题

1. 简述金融机构的功能。

2. 简述中国现行金融机构体系的构成。

3. 政策性银行有哪些? 其主要职责是什么?

四、论述题

    分析亚洲基础设施投资银行的战略意义。

第四章
中央银行

扫码查看视频

学习目的和要求

学习本章,应准确识记本章的基本概念,领会本章的基本理论。了解中央银行产生的原因及产生方式;了解中央银行的组织结构;掌握中央银行的职能;了解中央银行的独立性;掌握中央银行的主要业务类型;了解反洗钱的概念。

导入案例

2017 年人民银行反洗钱监督管理总体情况

一、反洗钱制度建设成果丰硕

2017 年,人民银行按照"十三五"规划和《三反意见》要求,不断完善反洗钱制度体系,反洗钱制度建设成果丰硕。

(1)金融行业反洗钱制度进一步完善。针对《金融机构大额交易和可疑交易报告管理办法》发布实施多项配套文件,进一步明确和细化执行要求。制定《关于加强反洗钱客户身份识别有关工作的通知》和《关于加强开户管理及可疑交易报告后续控制措施的通知》,指导义务机构进一步强化客户身份识别及可疑交易报告后续控制措施。制定《关于落实执行联合国安理会相关决议的通知》,进一步规范反洗钱义务机构执行联合国安理会决议工作。印发《法人金融机构反洗钱分类评级管理办法(试行)》,规范分类评级工作程序和指标体系。发布银行机构和非银行支付机构反洗钱现场检查数据接口规范(试行),进一步规范反洗钱现场检查工作。

(2)特定非金融行业反洗钱制度建设取得突破。单独或会同相关行业主管部门制定下发贵金属交易场所、房地产行业、会计师行业和社会组织反洗钱工作管理办法,特定非金融行业反洗钱制度建设平稳起步。

二、深入开展反洗钱监管工作

2017 年,中国人民银行深入落实《关于完善反洗钱、反恐怖融资、反逃税监管体制机制的意见》,继续围绕风险为本和法人监管原则,切实加大监管力度,改进反洗钱监管方法,加强反洗钱检查问责,妥善应对反洗钱跨境监管问题,积极与金融监管部门沟通交流,反洗钱监管有效性显著提高。

(1)反洗钱执法检查持续加强。2017年,全系统共开展了1 708项反洗钱专项执法检查和616项含反洗钱内容的综合执法检查,对违反反洗钱规定的行为按规定予以处罚,罚款金额合计约1.34亿元,"双罚"比例进一步提高。

(2)对义务机构反洗钱工作的监督指导进一步加强。据统计,2017年全系统共质询1 169家,监管谈话1 923家,监管走访5 694家,风险评估1 022家,现场检查跟踪回访、开业走访、调研座谈、重点联系指导等289家。

资料来源:中国人民银行网站。

第一节 中央银行概述

一、中央银行的产生

中央银行的产生是经济社会发展的特定产物,到现在已经有300多年的历史。最早的中央银行产生于17世纪,当时的资本主义经济已经发生变化,商品经济迅猛发展,信用制度和银行普遍发展,随之产生信用问题、银行券流通以及金融监管等一系列问题,为中央银行的产生形成基础。

(一)统一银行券发行的需要

在金本位制下,银行业发展初期,由于商业银行为了便利流通和节省流通费用,只要该银行能够保证发行的银行券能够兑现,几乎每家银行都拥有银行券发行权,市场上流通的五花八门的银行券逐步暴露出严重的缺点;并且众多分散的小银行,其信用活动领域有着地区限制,它们所发行的银行券只能在有限的地区内流通,从而限制了商品跨地区流通。为了改变银行券分散发行的状况,国家便以法令形式限制或取消一般银行的银行券发行权,将银行券发行权集中在几个大银行,最终由一家实力雄厚且权威的银行发行。在解决银行券分散发行问题的过程中,产生了垄断本国银行券发行的银行,这就是中央银行的最早雏形。

(二)统一全国票据清算的需要

随着商品经济的发展,银行业务不断扩大,银行收受的票据越来越多,并且银行之间的债权债务关系错综复杂,每天都有大量的票据需要进行清算,但是没有统一的清算系统,效率低下,且不安全。由各个银行自行清算非常困难,客观上需要有一个统一的票据交换和债权债务的清算机构,中央银行建立起来后,这一职责非常自然地就由有政府背景的中央银行承担起来。现代商业银行都在中央银行开立了账户,中央银行就可以通过银行账户为商业银行提供便利的票据清算了。

(三)最后贷款人角色需要

最后贷款人是指在商业银行发生资金困难而无法从其他银行或金融市场筹措时,中央银行为其提供资金支持的功能。

随着社会经济的快速发展,企业对银行资金的需要量不断扩大,银行的贷款规模逐渐变大但是却不能应对流动性危机而破产倒闭,这既不利于经济发展,也不利于社会稳定。因此,客观上需要一家权威性机构适当集中各商业银行的存款准备金作为后盾,为商业银行资金周转出现困难提供最后的资金资助,发挥最后贷款人的角色,也即流动性支持,维持金融体系的正常秩序,这一机构就是中央银行。

(四)对金融业监管的需要

商业银行的发展过程中,为鼓励银行间的正当竞争,避免银行间的不正当竞争给社会经济带来不利影响,需要一个在业界具有高信誉和说服力的银行维护整个银行系统的正常秩序,需要有一个代表政府意志的专门机构从事金融业的管理、监督和协调工作。

(五)政府融资的需要

随着银行业的不断发展,国家机器也在不断强化,在频频爆发自然灾害以及战争,使得政府的收支经常处于不平衡的情况下,政府就需要借钱,向个人借款明显是不可能的,只能通过银行借款。但是,一般的商业银行的规模、数量有限,并不能完全满足政府的要求,这样在客观上就需要有这样一家银行出现。

二、中央银行的发展

中央银行掌握着"铸币权",也就是创造货币的权力,这是很大的权力。人们不放心将这么大的权力交给政府,宁愿把它交给民间机构。当然,随着历史的发展,很多国家的中央银行越来越成为国家机器的一部分,但是同其他政府机构相比,它依然享有一定程度的独立性。

中央银行的发展经过了一个漫长的过程,最早设立的中央银行是瑞典银行,它是1656年由私人创办的欧洲第一家发行银行券的银行,于1668年由政府出面改组为国家银行,对国会负责。1720年,瑞典政府未能清偿一笔贷款,导致瑞典中央银行陷入了危机。该行的保险箱里没有足够的黄金,无法赎回紧张的民众要求赎回的纸币。在这种紧急情况下,瑞典国会颁布命令,规定瑞典央行的纸币是法定货币,也就是说,命令瑞典所有国民接受这种纸币,视同清偿原有的债务。直到1897年才独占发行权,开始履行中央银行职责,成为真正的中央银行。

英格兰银行是民间拥有的股份有限公司。它于1694年获得特许状,有权发行作为货币的银行券,代价是支付120万英镑给威廉国王与玛丽皇后,让他们能够与法国作战。这笔钱可能占当时英国国内生产总值的4%。英格兰银行虽然是政府独家运作的银行,却在长达250年间保持民间机构的身份。英格兰银行的董事是由股东选举,不是由政府任命的。在北美殖民地,有很多人拥有英格兰银行的股票。1844年,英国国会立法,正式将英格兰银行功能一分为二:"发行部门"和"银行部门"。"发行部门"使英格兰银行成为政府的财政代理人,管理全国的债务,而且获得在英国发行纸币的独占权,因此有明确的公共责任,即英格兰银行必须保持足够的黄金储备,以维持纸币对黄金的价值。"银行部门"则只对股东负责,不对任何人负有法律责任,可以和英国其他商业银行竞争业务。法律维持了英格兰银行民间机构的地位。1946年,英格兰银行收归国有。英格兰银行,虽然它晚于瑞典银行成立,但被公认为是近代中央银行的鼻祖。英格兰银行的演变过程是典型的中央银行演变过程。

第一次世界大战后,面对世界性的金融恐慌和严重的通货膨胀,1920 年在布鲁塞尔举行了国际经济会议,会议要求尚未成立中央银行的国家要尽快建立中央银行,以共同维护国际货币体制和经济稳定,在这一背景下,掀起了中央银行成立的第二次高潮。

美国人信仰个人自由,反对政府集权,所以历史上美国不设中央银行。美国建国后,曾两次尝试成立联邦政府的银行,都以失败告终。1913 年,为了给银行系统提供流动性,成立了联邦储备系统。最初,国会并没有打算让联储成为中央银行,但是后来美联储的权力越来越大。1951 年,美联储与财政部签署协议,美联储的决策不受财政部的影响,至此美联储成为事实上的美国中央银行。美联储的股份都由会员银行持有,所以美联储的股权依然归民间持有。

在中央银行制度在世界各国日渐普及的同时,中央银行的各项职能也不断明确和完善。20 世纪 30 年代大危机以后,各国开始强调政府对经济的干预作用,而货币政策与财政政策是政府干预经济的主要工具,中央银行作为货币政策的制定者和实施者,其地位也不断巩固和提高。

三、中国人民银行的形成和发展

中国人民银行是 1948 年 12 月 1 日在华北银行、北海银行、西北农民银行的基础上合并组成的,中国人民银行在河北省石家庄市宣布成立。华北人民政府当天发出布告,由中国人民银行发行的人民币在华北、华东、西北三区统一流通,所有公私款项收付及一切交易,均以人民币为本位货币。1949 年 2 月,中国人民银行由石家庄市迁入北平。1949 年 9 月,中国人民政治协商会议通过《中华人民共和国中央人民政府组织法》,把中国人民银行纳入政务院的直属单位系列,接受财政经济委员会指导,与财政部保持密切联系,赋予其国家银行职能,承担发行国家货币、经理国家金库、管理国家金融、稳定金融市场的责任。其发展历程简述如下:

1953—1978 年。与高度集中的银行体制相适应,1953 年建立了集中统一的综合信贷计划管理体制,即全国的信贷资金,不论是资金来源还是资金运用,都由中国人民银行总行统一掌握,中国人民银行担负着组织和调节货币流通的职能,统一经营各项信贷业务,在国家计划实施中具有综合反映和货币监督功能。一直延续到 1978 年,期间虽有几次变动,基本格局变化不大。

1979—1992 年。1979 年,适应对外开放和国际金融业务发展的新形势,改革了中国银行的体制,中国银行成为国家指定的外汇专业银行。1983 年 9 月 17 日,国务院做出决定,由中国人民银行专门行使中央银行的职能,并具体规定了人民银行的 10 项职责。从 1984 年 1 月 1 日起,中国人民银行开始专门行使中央银行的职能,集中力量研究和实施全国金融的宏观决策,加强信贷总量的控制和金融机构的资金调节,以保持货币稳定;建立存款准备金制度和中央银行对专业银行的贷款制度,初步确定了中央银行制度的基本框架。在此阶段,我国的银行从国家银行体制过渡到中央银行体制。

1993 年,中国人民银行进一步强化金融调控、金融监管和金融服务职责,划转政策性业务和商业银行业务。

1995 年 3 月 18 日,全国人民代表大会通过《中华人民共和国中国人民银行法》,首次以国家立法形式确立了中国人民银行作为中央银行的地位,标志着中央银行体制走向了法制化、规范化的轨道,是中央银行制度建设的重要里程碑。

1998年,按照中央金融工作会议的部署,改革人民银行管理体制,撤销省级分行,设立跨省区分行。

2003年,将中国人民银行对银行、金融资产管理公司、信托投资公司及其他存款类金融机构的监管职能分离出来,并和中央金融工委的相关职能进行整合,成立中国银行业监督管理委员会。

有关金融监管职责调整后,人民银行新的职能正式表述为"制定和执行货币政策、维护金融稳定、提供金融服务"。同时,明确界定:"中国人民银行为国务院组成部门,是中华人民共和国的中央银行,是在国务院领导下制定和执行货币政策、维护金融稳定、提供金融服务的宏观调控部门。"

第二节　中央银行的性质和地位

一、中央银行的性质

中央银行是一国金融体系的核心,处于一国金融业的领导地位,代表政府干预经济、管理金融的特殊的金融机构。中央银行与商业银行相比,具有以下特点:

第一,中央银行的经营活动在宏观金融方面,是国家宏观经济调控的重要方面。第二,中央银行居于商业银行和其他金融机构之上,是管理商业银行和其他金融机构的银行。第三,中央银行已经没有起到信用中介的作用,其作用是制定货币政策、加强金融监管、实施金融服务。

中央银行与一般的政府管理机构相比,具有以下的特点:

第一,具有特殊的管理手段。中央银行主要依靠经济手段对国民经济的宏观方面进行干预和调控。第二,中央银行对宏观经济的干预是通过其业务活动进行的。第三,中央银行调节和干预宏观经济的主要对象是货币供应量。

综上所述,中央银行的性质可以表述如下:中央银行是代表政府监督管理金融的特殊机构。中央银行不以营利为目的,不经营一般银行业务。中央银行是利用自己的经济力量(非行政力量)对经济领域的活动进行管理、监督、控制和调节。中央银行垄断了货币发行权,并控制了货币供应量。中央银行与其他金融监管部门合作,对金融市场进行管理和控制。

二、中央银行的职能

(一) 发行的银行

发行的银行是指中央银行垄断了货币的发行权,是全国唯一的货币发行机构。发行货币是中央银行首要的职责。在信用货币制度下,中央银行发行货币的基础是国家的信用。中央银行发行货币的目的是为了执行货币政策。在货币发行的过程中,要遵守垄断发行的原则、信用保证原则、弹性发行的原则。

（二）国家的银行

国家的银行是指中央银行是政府管理一国金融的专业机构，代表国家贯彻执行货币政策，代理国库收支，以及为国家提供各种金融服务。这一职能主要表现在以下几个方面：代理国库；代理国家债券的发行；向国家给予信贷支持；保管外汇和管理黄金；制定并监督招待有关金融管理法规。此外，中央银行还代表政府参加国际金融组织，出席各种国际会议，从事国际金融活动以及代表政府签订国际金融协定；在国内外经济金融活动中，充当政府的顾问，提供经济、金融情报和决策建议。

（三）银行的银行

银行的银行是指中央银行与商业银行和其他金融机构的特殊业务关系，充当最后贷款人，这一职能最能体现中央银行的特殊金融机构性质。

1. 最后贷款人

最后贷款人是指在商业银行发生资金困难而无法从其他银行或金融市场筹措时，向中央银行融资是最后的办法，中央银行对其提供资金支持则是承担最后贷款人的角色，否则便是发生困难银行的破产倒闭。现在是指在危急时刻中央银行应尽的融通责任，它应满足对高能货币的需求，以防止由恐慌引起的货币存量的收缩。

2. 集中存款准备金

商业银行和其他金融机构依法向中央银行缴存一部分存款准备金。中央银行集中商业银行的存款准备金，其目的有两个：一是配合货币政策，形成存款准备金工具，调节信贷及货币供应量规模；二是满足商业银行流动性及清偿能力的要求。

3. 组织全国的清算

商业银行或其他金融机构每天都要受理大量的票据和复杂的债权债务关系，中央银行集中进行清算，保证了资金的安全和提高清算的效率。

三、中央银行的类型

（一）单一型中央银行制度

单一型中央银行制度是指结构单一制，即国家单独设立专司中央银行职能的中央银行，全面行使央行职能——由中央银行作为发行银行、政府的银行、银行的银行和执行金融政策的银行，全权发挥作用。它又分为一元制和二元制。

1. 一元制

只设立独家中央银行和众多的分支机构执行其职能，大多数国家属于此类，如英、法、日、意及1984年后的中国等。其特点主要是权力集中、职能齐全、分支机构多。

2. 二元制

中央和地方两级各自设立中央银行，分别执行其职能，即联邦式，如美、德、南斯拉夫等国属于此类。其特点在于，央行是最高权力管理机构，地方受中央监督，但有较强的独立性。

（二）复合型中央银行制度

复合型中央银行制度是指一个国家内，没有单独设立中央银行，而是把中央银行的业务和职能与商业银行的业务和职能集于一家银行来执行，即"一身二任"，如苏联、1990年前的东欧、1984年前的中国。

（三）跨国型中央银行制度

跨国型中央银行制度是指参加货币联盟的成员国共同拥有一个中央银行。与一定的货币联盟相联系，是参加货币联盟的所有国家共同的中央银行，而不是某一个国家的中央银行。其中央银行发行共同货币，监督各国金融制度，平衡贸易，促进成员国经济发展。

（四）准中央银行制度

准中央银行制度，是指某些国家或地区只设立类似中央银行的机构，或由政府授权某个或某几个商业银行，行使部分中央银行职能的体制。

四、中央银行的独立性

（一）中央银行保持独立性的原因

各个国家的中央银行是在商业银行普遍建立，货币关系和信用关系广泛存在于社会经济之中的前提下产生的。它的产生是为了解决商业银行所不能解决的信用货币发行，票据交换和清算，支付能力保证，金融监督，政府融资等问题。因此，从中央银行产生的那一天起，它就具有了和普通的商业银行所不同的特性和任务。中央银行独立性问题的提出，最早是要使其与一般商业银行相对脱离，不以营利为目的，而专注于中央银行业务。但随着国家对中央银行影响和干预的加强，中央银行日益沦为"政府的工具"以至于其固有的职能难以实现。因此，目前各国中央银行的独立性主要是强调中央银行与政府之间的相对独立。因而中央银行的独立性，是指中央银行在履行法定职能时的自主性，能不受外界压力、干扰的影响。当然，这种独立性是有限制的，一般是相对于政府的独立。

中央银行独立的法律地位是实现货币政策目标的必要保障。一方面，中央银行和政府在追求经济目标时存在偏差，二者侧重点不同。这样就使中央银行和政府在宏观经济目标的选择上并不一定在任何条件下、任何时期都保持一致。另一方面，货币政策关乎整个宏观经济的稳健运行，对于经济发展和公共利益非常重要，其操作非常复杂，讲究专业性和技术性，因此不能交给一群政治家或某些政治集团这样的"门外汉"去操纵或控制。中央银行的独立性是保证宏观经济平稳运行的客观要求。如果中央银行绝对受控于政府，非但不能抵制来自政府过分强调经济发展速度所带来的通货膨胀的压力，甚至会成为政府推行通货膨胀的工具，从而导致货币的非经济发行。所以，只有通过中央银行稳定币值政策的有效实施，才能在一定程度上制约政府过热的经济决策行为，防止通货膨胀的发生，起到经济稳定器、制动器的作用。而这一切的实现，都以中央银行具有较高的相对于政府的独立性作为前提。

（二）中央银行的独立性模式

各国总结经验教训逐渐感悟到保持本国币值稳定以及经济的稳步发展，必须存在一个相对独立的中央银行，并形成以下三种模式。

1. 中央银行直接对国会负责,具有较强独立性

以德国、美国为代表。该类型的中央银行直接对国会负责,可以独立地制定和执行货币政策,政府不能对它直接发号施令,不得直接干预货币政策的制定和执行。当中央银行的货币政策与政府发生矛盾时,则通过协商来解决。例如,《德意志联邦银行法》规定:德意志联邦银行是联邦直接法人,独立制定和执行货币政策,独立于政府,政府不能对联邦银行直接发布命令和指示。《美国联邦储备法》规定:联邦储备系统直接向国会负责,理事会每年向众议院议长呈交其业务的详细报告,由该议长将报告提供给国会;国会授权联邦理事会可以独立自主地选择合理的政策目标、政策工具和运作方式,无须经总统和联邦政府批准;如果政府和联邦政策相左,则通过有财政部国务秘书、经济顾问委员会主席和预算局长参加的会议进行磋商解决;除个别情况总统可对其发号施令外,其他任何机构或部门均无权干涉。

2. 中央银行名义上隶属财政部,但实际上具有相对独立性

该类型的中央银行,立法上虽规定隶属于政府财政部门,但实际业务操作却保持较大的独立性。英国、日本、加拿大、挪威、马来西亚等国中央银行属此类型。以英国为例,1946 年英格兰银行国有化法案规定,财政部有权向英格兰银行发布命令,但在实践中,财政部一般尊重英格兰银行决定,英格兰银行也主动寻求财政部支持,互相配合,从未发生过"独立性"危机。1997 年 5 月《英格兰条例》的修改,又在法律上承认英格兰银行事实上的独立地位。

3. 中央银行隶属政府,自主性较小

此类型的中央银行,不论在组织管理的隶属关系上,还是在货币政策的制定、执行上,都受政府的严格控制。货币政策的制定和执行须经政府批准,政府有权暂停、否决中央银行的决议。属于这一类型的有意大利等国家,如意大利银行法规定,中央银行隶属于财政部,财政部派代表出席意大利银行理事会,如认为董事会的决议反政府意志或与中央银行的地位不相称时,有权暂停会议决议的执行。

(三) 中国人民银行的独立性

中国人民银行作为我国的中央银行,已经有了 70 年的历史。然而,直到 1983 年与国有商业银行分离,它才成为真正意义上的中央银行。之后它又经历了三次职责上的分离,即 1992 年证监会的成立,对证券市场的监管职责从人民银行中剥离;1998 年保监会的成立,对保险市场的监管职责也从其中剥离;及至银监会的成立,其职责再次得以细化。1998 年,央行对分支机构进行重大调整,建立九大分行,使货币政策由计划经济时代的直接计划调控向借助市场工具间接调控转变。2003 年 12 月 27 日,经过修订的《人民银行法》于十届全国人大常委会六次会议正式表决通过,强化了央行在执行货币政策和宏观调控上的作用,明确地提出了其"防范和化解金融风险,维护金融稳定"的职责。

应当承认,中国人民银行自 1984 年专门行使中央银行职能以来,其独立性在不断地加强和完善。许多国家的中央银行法明确宣告了中央银行的独立性,2003 年 12 月 27 日第十届全国人民代表大会常务委员会第六次会议修改的《中国人民银行法》也有类似的独立性宣言,它以立法的形式确立了中国人民银行在宏观经济调控中的法律地位及独立性。该法第 7 条规定,中国人民银行在国务院领导下依法独立执行货币政策,履行职责,开展业务,不受

地方政府、各级政府部门、社会团体和个人的干涉。

第三节　中央银行的主要业务

一、中央银行的负债业务

中央银行的负债业务是指中央银行以负债形式形成的资金来源,是中央银行资金业务的基础。中央银行的资产负债表,就货币供给量的调控而言,中央银行可以通过适时适度变动资产负债规模、结构,而使货币供给量做相应的变动,以实现其所定调控目标。中央银行的负债业务主要是指中央银行经营其资金来源的业务,是中央银行资产业务的基础。中央银行的负债是指由社会各集团和家庭个人持有的对中央银行的债权。央行负债业务主要包括:货币发行;存款业务;其他负债等。

（一）货币发行

1. 货币发行的含义和发行方式

货币发行具有两重含义:一是指货币从中央银行的发行库,通过各家商业银行的业务库流到社会;二是指货币从中央银行流出的数量大于从流通中回笼的数量。

货币发行是央行的主要负债业务,也是基础货币的主要构成部分。央行通过货币发行业务,在满足商品流通扩大和经济发展需要的同时,还有利于其履行各项职能。

集中货币发行是央行制度形成的经济根源之一,当今各国央行均享有垄断货币发行的特权。

货币发行的方式有货币经济发行与货币财政发行。货币经济发行指央行根据国民经济发展的客观需要增加货币流通量;货币财政发行是因弥补国家财政赤字而导致的货币发行。包括两种情况,政府通过发行纸币直接弥补财政赤字及通过向银行借款或发行公债,迫使银行额外增加纸币发行。

2. 货币发行的原则

（1）垄断发行的原则。货币发行权高度集中在中央银行,便于央行制定和执行货币政策、调节货币流通,有利于加强央行实力,有利于政府完全地得到发行收益。

（2）信用保证的原则。货币发行要有一定的黄金或有价证券证券作为保证。也就是说,通过建立一定的发行准备制度,保证中央银行的独立发行。要坚持经济发行,法制财政发行。

（3）弹性原则。货币发行要有一定的弹性,也就是货币发行要有高度的伸缩性和灵活性,不断适应社会经济状况变化的需要,既要充分满足经济发展的需要,避免因通货不足而导致经济萎缩,又要严格控制发行数量,避免因通货过量而引起通货膨胀,造成经济混乱。发行量要适度,不能过多或过少,但具有一定的弹性区间。

3. 央行货币发行的准备制度

央行货币发行的准备制度是指央行在货币发行时以某种贵金属或某几类资产作为其发行货币的准备,从而使货币发行量与该种贵金属或这些资产的数量之间建立起联系和制约关系的制度。金属货币制度下,货币发行规定以金、银等贵金属作为准备。它经历了全额金

属准备、部分金属准备和金属货币制度崩溃三个阶段。在金属货币制度崩溃后,信用货币制度时代到来,此时货币发行与贵金属脱钩。多数国家以外汇资产做准备、有些国家以物资做准备,还有一些国家的货币发行采取与某国货币直接挂钩的方式,而且各国在准备比例和准备制度上也有差别。

(二)存款业务

中央银行的存款业务有集中商业银行的存款准备金、政府存款及其他存款。存款业务是央行非常重要的一项业务,其中存款准备金又是存款业务中较为重要的一块。

1. 存款准备金

央行集中保管各商业银行的法定存款准备金,并对存放的这些准备金不支付利息。中央银行将这些准备金用于商业银行资金周转不灵时对其贷款,这便节省了各商业银行本应保留的存款准备金,充分发挥了资金的作用。实行存款准备金制度的意义:保证商业银行等金融机构的清偿能力,有利于约束商业银行贷款规模,控制信用规模和货币供应量。

2. 其他存款业务

央行的其他存款业务主要有政府存款、非金融机构的存款、外国存款、特种存款等。政府存款包括中央政府和各级地方政府的存款,其中政府存款中中央政府存款占比较大,如国库基金、活期存款、定期存款、外币存款等;非银行金融机构的存款是相对于集中存款准备金业务而言的,中央银行对于一些非金融机构没有对它的法定存款准备金率的要求给予强制性的规定,作为非金融机构在央行存款的目的更多是便于清算,对于这一部分存款,央行的控制力是比较弱的。外国存款是指外国中央银行或者外国政府的存款,这一部分可以用于贸易结算或者清算债务。特种存款是指中央银行根据商业银行和金融机构的营运情况,为了宏观调控的需要,以存款的方式来集中这些金融机构一定数量的资金,属于央行直接信用控制的一种方式。

(三)中央银行的其他负债业务

除存款、货币发行等主要负债业务以外,还有发行中央银行债券、对外负债、资本业务等其他负债业务,可以成为中央银行的资金来源,并引起其资产负债表负债方的变化。

1. 发行中央银行债券

中央银行债券是为调节金融机构多余的流动性,而向金融机构发行的债务凭证。发行中央银行债券是央行的一种主动负债业务,其发行对象主要是国内金融机构。其发行时可以回笼基础货币,到期时则体现为基础货币的投放。

2. 对外负债

对外负债主要包括从国外银行借款、对外国中央银行的负债、国际金融机构的贷款、在国外发行的央行债券等。对外负债的目的在于:平衡国际收支;维持本币汇率的既定水平;应付货币危机或金融危机。

3. 资本业务

资本业务是中央银行筹集、维持和补充自有资本的业务。它与央行的资本金形成有关,央行资本来源决定了其资本业务。

二、中央银行的资产业务

中央银行的资产是指中央银行在一定时点上所拥有的各种债权。中央银行的资产业务是指央行运用其负债资金来源的业务，主要包括再贴现业务、贷款业务，证券买卖业务，黄金外汇储备业务和其他资产业务。

(一) 再贴现、再贷款业务

中央银行开办贴现窗口，承办商业银行所持的未到期的已贴现票据的再贴现业务，还对商业银行办理贷款业务。在商业银行资金短缺时，它可以通过再贴现、再贷款方式向央行进行融资，这时无论是再贴现还是再贷款业务都被通称为央行的资产业务。

再贴现政策是中央银行货币政策工具的"三大法宝"之一，是国家进行宏观经济调控的重要手段。中央银行通过调整再贴现率，提高或者降低再贴现额度，通过对信用规模的间接调节，达到宏观金融调控的目的。再贴现是指商业银行为弥补营运资金的不足，将其持有的通过贴现取得的商业票据提交中央银行，请求中央银行以一定的贴现率对商业票据进行二次买进的经济行为。从广义上来讲，再贴现属于中央银行贷款的范畴。但二者之间还是存在一定的区别的，具体体现在两个方面：

利息支付时间不同。再贴现是商业银行预先向中央银行支付利息，而贷款业务是在归还本金时支付利息。

本质和范围不同。再贴现本质上是中央银行向商业银行发放的抵押贷款，而中央银行贷款的范畴比再贴现广得多，不仅包括抵押贷款，还包括信用贷款。

(二) 证券买卖业务

作为央行的证券买卖业务是指央行在公开市场上买卖有价证券的活动，目的是为了调节银根松紧和货币供应，但不以营利为目的。中央银行在公开市场上买卖的证券主要是政府债券、国库券以及其他市场流动性非常高的有价证券。目前来看各国的央行都经营证券买卖业务，在具体经营时候可以采取两种方式进行：一是直接买卖，就是央行在认为需要增加或减少商业银行的超额存款准备金的时候，就会直接购入或者出售某种有价证券，一般由证券商出面进行；二是通过回购协议方式，是指央行以签订回购协议形式进行。对于央行而言直接买卖有价证券是一种主动式的资产业务，它将直接改变存款准备金的数量和整个银行体系的货币存量；而附有回购协议的证券买卖则是防御式的资产业务，它的主要目的在于减少市场上临时出现的不确定性，以保障商业银行存款准备金的稳定，从而使国家经济稳定。

中国人民银行从事证券买卖业务，有利于增加国债的流动性，促进国债二级市场的发展，同时使中国人民银行宏观金融调控的手段更加丰富、更加灵活，有利于各金融机构改善自身资产结构，增强流动性，提高资产质量。

目前，中国人民银行是通过银行同业拆借市场实施公开市场业务的，操作工具包括国债、中央银行融资券、政策性金融债券，交易主体是国债一级交易商。

(三) 黄金外汇储备业务

由于国际经济往来产生的政府间的债权债务关系，大多政府将外汇和黄金及其他国际清算手段作为储备资产委托中央银行保管和经营,形成中央银行的储备资产业务。中央银行为了集中储备、调解资金、调解货币流通速度、稳定币值、稳定汇率、调节国际收支,在国内外金融市场上从事黄金、白银、外汇等资产的买卖活动,是中央银行的一项重要的资产业务。

储备资产业务是中央银行根据本国经济发展需要,对国际储备的规模和结构进行管理的业务。黄金和外汇储备是稳定币值的重要手段,也是国际间支付的重要储备。中央银行担负着为国家管理外汇和黄金储备的责任,而黄金和外汇储备要占用中央银行资金,因而属于中央银行的重要资金运用。

目前各个国家政府都赋予央行掌管国家储备的职能。一般来说,一个国家的国际储备主要构成:黄金(金币、金块)、白银(银币、银块)、外汇(外国货币、存放外国的存款余额、外币计算的票据等)、在国际货币基金组织(IMF)的储备头寸及未使用的特别提款权等,其中黄金外汇储备业务占的比重较大。作为央行管理黄金外汇储备业务的目的,一方面维持本国对外收支的平衡,稳定货币流通;另一方面是显示本国经济实力,扩大经济交往的需要。

中央银行保管金银外汇储备的意义主要表现在稳定币值、稳定汇价以及调节国际收支等方面。金银、外汇作为国际储备各有利弊:从安全性考虑,黄金无疑是实现保值的最好手段,但金银的灵活兑现性不强,保管成本也很高,因此,在各国的国际储备中金银所占比例呈逐年下降的趋势。外汇灵活兑换性较强、保管成本低廉,但由于汇率处于不断变动之中,使得持有外汇面临贬值风险较大。

三、中央银行的清算业务

(一)支付清算体系的构成

支付清算体系是一个国家或地区对于金融机构及社会经济活动产生的债权债务关系进行清偿的系统。这个过程包括清算机构、支付系统、支付清算制度。

1. 清算机构

清算机构,是指提供资金清算服务的中介机构。在不同的国家里,清算机构具有不同的组织形式,如票据交换所、清算中心、清算协会等。

2. 支付系统

支付系统,是由提供清算业务的中间机构和实现支付指令传送及资金清算的专业技术手段共同组成,用以实现债权债务清偿和资金转移的一种金融安排。

3. 支付清算制度

支付清算制度,是对清算业务的规章制度、操作管理、实施范围的规定和安排。

(二)支付清算体系的运作

中央银行为实现支付清算体系的运转,通常会设立中央清算中心和地方分中心,金融机构在中央银行开立存款或清算账户后,金融机构之间的债权债务关系便通过其在中央银行开立的账户进行借贷记录和资金划转。支付清算服务通常包括四个内容:票据交换和清算、异地跨行清算、证券和金融衍生工具交易清算及跨国清算。

现代社会各单位、集团和个人之间的资金往来和债权债务的转移,绝大部分是通过商业银行来实现的。因此,商业银行之间也随之而发生资金往来和债权债务关系。由于商业银行都在中央银行开立了存款账户,因此,商业银行之间发生的这些资金往来和债权债务关系,就可以通过中央银行划转结算。中央银行担负的资金清算职能,对整个社会经济生活的正常进行具有重要的意义。它有利于加速资金周转,节约社会劳动;有利于提高银行工作效率,增强银行信誉;有利于中央银行清晰地掌握全社会的金融状况和资金运动趋势,便于中央银行正确制定和执行金融政策,进行宏观金融监督和管理。

四、中央银行的反洗钱业务

洗钱是一种将非法所得合法化的行为,主要指将违法所得及其产生的收益,通过各种手段掩饰、隐瞒其来源和性质,使其在形式上合法化。现代意义上的洗钱是指将毒品犯罪、黑社会性质的组织犯罪、恐怖活动犯罪、走私犯罪、贪污贿赂犯罪、破坏金融管理秩序犯罪、金融诈骗犯罪的所得及其产生的收益,通过金融机构以各种手段掩饰、隐瞒资金的来源和性质,使其在形式上合法化的行为。

反洗钱,是指为了预防通过各种方式掩饰、隐瞒毒品犯罪、黑社会性质的组织犯罪、恐怖活动犯罪、走私犯罪、贪污贿赂犯罪、破坏金融管理秩序犯罪等犯罪所得及其收益的来源和性质的洗钱活动。目前,常见的洗钱途径广泛涉及银行、保险、证券、房地产等各种领域。

洗钱行为具有严重的社会危害性,它不仅损害了金融体系的安全和金融机构的信誉,而且对我国正常的经济秩序和社会稳定具有极大的破坏作用。

本章练习题

一、单项选择题

1. 1984 年以后,我国中央银行的制度是( )。
   A. 单一—元式中央银行制度　　　　　B. 单一二元式中央银行制度
   C. 复合式中央银行制度　　　　　　　D. 准中央银行制度

2. 中央银行之所以成为中央银行,最基本、最重要的标志( )。
   A. 集中存款准备金　　　　　　　　　B. 集中与垄断货币发行
   C. 充当"最后贷款人"　　　　　　　　D. 代理国库

3. "维护支付、清算系统的正常运行"体现中央银行作为( )的职能。
   A. 发行的银行　　　　　　　　　　　B. 银行的银行
   C. 充当最后贷款人　　　　　　　　　D. 政府的银行

4. 货币发行按性质可分为( )和财政发行两种。
   A. 信用发行　　　　　　　　　　　　B. 准备发行
   C. 经济发行　　　　　　　　　　　　D. 垄断发行

5. 许多国家的金融立法中都明文规定,商业银行等存款机构向中央银行申请再贴现的票据,必须是( )。
   A. 真实票据　　　　　　　　　　　　B. 国库券

C. 银行承兑票据   D. 央行票据

6. 以下不属于中央银行管理性业务的是（　　）。
   A. 金融调查统计业务   B. 对金融机构的检查业务
   C. 保管法定存款准备金   D. 对金融机构的审计业务

7. 以下各项中，（　　）不是香港的港币发行银行。
   A. 标准渣打银行   B. 中国银行
   C. 嘉华银行   D. 汇丰银行

8. 中央银行对商业银行的贷款主要是短期的流动性贷款或季节性贷款，很少有（　　）。
   A. 抵押贷款   B. 长期贷款
   C. 信用贷款   D. 利率浮动贷款

9. 属于中央银行扩大货币供给量行为的是（　　）。
   A. 提高贴现率   B. 降低法定存款准备金率
   C. 卖出国债   D. 提高银行在央行的存款利率

10. 在下列货币政策工具中，由于（　　）对经济具有很大的冲击力，中央银行在使用时一般都比较谨慎。
    A. 公开市场操作   B. 再贴现政策
    C. 法定存款准备金政策   D. 窗口指导

二、多项选择题

1. 中央银行对政府独立性的强弱，体现在（　　）。
   A. 法律赋予中央银行的职责及履行职责时的主动性大小
   B. 中央银行的隶属关系
   C. 中央银行负责人的产生程序、任期长短与权力大小
   D. 中央银行与财政部门的资金关系
   E. 中央银行最高决策机构的组成，政府人员是否参与决策等

2. 中央银行集中存款准备金的目的是（　　）。
   A. 保证商业银行和其他存款机构的支付和清偿能力
   B. 调节信用规模
   C. 控制货币供应量
   D. 为政府融资
   E. 盈利

3. 中央银行货币发行的渠道有（　　）。
   A. 再贴现   B. 贷款
   C. 购买证券   D. 收购金银和外汇
   E. 央行办公费用支出

4. 中央银行的资产业务主要包括（　　）。
   A. 再贴现业务   B. 贷款业务
   C. 证券买卖业务   D. 黄金外汇储备业务

E. 其他一些资产业务

5. 中国人民银行在公开市场上买卖的有价证券主要是(　　)。

A. 中央银行票据　　　　　　　　B. 银行承兑票据

C. 企业债券　　　　　　　　　　D. 国债

E. 政策性金融债

6. 公开市场业务通常具有(　　)作用。

A. 防止金融恐慌

B. 调控存款货币银行准备金和货币供给

C. 影响利率水平和利率结构

D. 与再贴现政策配合使用,可以提高货币政策效果

E. 对调整信贷结构有一定效果

三、简答题

1. 作为"银行的银行",中央银行的这一职能具体体现在哪些方面?

2. 为什么说中央银行是"政府的银行"?

四、论述题

试论述中央银行产生的客观经济原因。

商业银行

学习目的和要求

　　学习本章,应准确识记本章的基本概念,领会本章的基本理论,并能应用基本理论对现实金融问题进行一定的分析。理解商业银行的特性与类型;理解并掌握商业银行的负债业务、资产业务、表外业务;了解商业银行资产负债管理理论的发展脉络;掌握商业银行的资本管理。

导入案例

雷曼兄弟破产

　　一、雷曼兄弟破产背景

　　2008 年 9 月 15 日,美国第四大投资银行雷曼兄弟破产申请,成为美国有史以来倒闭的最大金融公司。雷曼兄弟公司拥有 158 年的历史,2007 年,雷曼总资产近 7 000 亿美元。从 2008 年 9 月 9 日,雷曼公司股票一周内股价暴跌 77%,公司市值从 112 亿美元大幅缩水至 25 亿美元。雷曼的自救并没有把自己带出困境。华尔街的"信心危机",金融投机者操纵市场,一些有收购意向的公司则因为政府拒绝担保没有出手。雷曼最终还是没能逃离破产的厄运。

　　二、雷曼兄弟自身的原因

　　1. 进入不熟悉的业务,且发展太快,业务过于集中

　　作为一家顶级的投资银行,雷曼兄弟在很长一段时间内注重于传统的投资银行业务(证券发行承销、兼并收购顾问等)。进入 20 世纪 90 年代,雷曼兄弟大力拓展了房地产和信贷这些非传统的业务,雷曼兄弟一直是住宅抵押债券和商业地产债券的顶级承销商和账簿管理人。在市场情况好的年份,整个市场都在向上,市场流动性泛滥,投资者被乐观情绪所蒙蔽,巨大的系统性风险给雷曼带来了巨大的收益;可是当市场崩溃的时候,如此大的系统风险必然带来巨大的负面影响。这样一来,雷曼兄弟面临的系统性风险非常大。

　　2. 自身资本太少,杠杆率太高

　　以雷曼为代表的投资银行与综合性银行(如花旗、摩根大通、美洲银行等)不

同,它们的自有资本太少,资本充足率太低。公司用很少的自有资本和大量借贷的方法来维持运营的资金需求,这就是杠杆效应的基本原理。借贷越多,自有资本越少,杠杆率(总资产除以自有资本)就越大。杠杆效应的特点就是,在赚钱的时候,收益是随杠杆率放大的;但当亏损的时候,损失也是按杠杆率放大的。

　　资料来源:陈觥、陈策:雷曼兄弟破产的反思;薛旭娜:浅析雷曼兄弟破产原因及启示。

第一节　商业银行概述

一、商业银行的产生和发展

　　商业银行的产生是商品经济发展到一定阶段的必然产物,并随着商品经济的发展不断完善。

　　从历史上看,银行起源于意大利。早在13世纪至14世纪,意大利一些富有的家庭为方便经商,纷纷设立了私人银行,如佛罗伦萨的巴尔迪银行、佩鲁贾银行、麦迪西银行和热那亚的圣乔治银行。然而,比较具有近代意义的银行则是1587年建立的威尼斯银行。中世纪的威尼斯银行凭借其优越的地理位置而成为世界贸易中心,各国商人在此云集。为了便于商品交换,商人们需要把携带的大量的各地货币兑换成威尼斯地方货币,于是当地就出现了货币兑换商,专门从事货币兑换业务。随着商品经济的发展,货币收付的规模也在不断扩大,各地商人为了避免长途携带大量金属货币带来的不便和危险,便将用不完的货币委托货币兑换商保管,后来又逐渐发展到委托货币兑换商办理支付和汇兑。货币兑换商因此集中了大量货币资金,他们发现这些长期大量集中的货币余额相当稳定,可用于发放高利贷获取高额利息收入,便积极主动揽取货币保管业务,并通过降低保管费或不收保管费,甚至还给委托保管货币的客户一定的好处,以大量获取货币资金。保管货币业务由此演变成存款业务。同时,货币兑换商改变了以前实行全额准备,以防客户兑现提款的做法,实行部分准备金制度,其余所吸收的存款则用于贷款取息。至此,货币兑换商就演变成了集存、贷款和汇兑支付、结算业务于一身的早期银行了。当时的威尼斯银行也就应运而生。17世纪,银行这一新型的金融机构由意大利传播到欧洲其他国家。

　　与此同时,在英国则出现了由金匠业等演变为银行业的过程。17世纪,工业革命后英国建立了资本主义制度,英国的工业和商业都有了较大的发展。工商业的发展需要有可以提供大量资金融通的专门机构与之相适应,而金匠业在原来为统治者提供融资服务、经营债券、办理贴现等业务的基础上,又以自己的信誉做担保,开出代替金属条块的信用票据,并得到人们广泛的接受。至此,更具近代意义的银行便产生了。1694年英国政府为了维护新生的资产阶级的利益,满足其发展工业和商业的需要,决定成立历史上第一家股份制银行——英格兰银行。它一成立,就宣布以较低的利率向工商企业提供贷款,向高利贷银行在信用领域内的垄断地位提出了挑战,成为现代商业银行的典范,它的模式很快被推广到欧洲其他国家,商业银行也由此开始在世界范围内普及。因此,我们通常说英格兰银行是现代银行产生的象征。

早在 11 世纪,我国就有"银行"一词,但当时的"银行"是指从事银器铸造或交易的行业。鸦片战争以后,外国金融机构进入我国,鉴于我国长期使用白银作为货币材料,人们便将当时专门从事货币信用业务的这类外国金融机构(Bank)称作"银行"。

知识拓展

美国银行的崛起

1890 到 1920 年间,美国银行业的上升成为趋势。在这一时期,美国经济经历了深刻的结构变化,从农业、农村和自给自足,走向工业化、城市化和市场导向。在这些变革之下,银行作为主要金融中介的作用变得越发重要。因为银行集中办理大宗交易致使许多商业行业快速整合集中,这使银行的实力和作用得到了特别的扩张。在华尔街的许多交易中银行家具有资金的使用者(借款人)和代理人(银行业辛迪加在管理对国外和国内借款人的信贷时保护属下成员银行的利益)的双重身份。为达到这一目的,他们和同时期的大多数美国企业一样,将银行业整合为相当规模的控股公司。这些控股公司积聚了很大的势力,并招致美国政治中的平民党运动的反对,当时平民党的主张之一即阻止大财阀和他们的银行业"托拉斯"。这些控股公司还通过它们的子公司银行将触角伸向了证券业。虽然在理论上银证必须分业经营,但事实并非如此,很多银行为证券经纪人提供贷款以介入证券市场的交易。

美国银行业的崛起部分得益于中央银行体制的发展。在 1914 年之前,美国缺少一个央行。在建国之初,成立央行的两次努力都以失败告终,这意味着当时的私人银行发展根本不受中央银行的监管。因此,美国商业的泡沫发展又迅速破灭的周期现象非常明显。由于缺少中央银行来调节利率或对银行家进行道德劝说,结果往往是在经济的泡沫发展期银行滥发贷款,而在经济的收缩期银行又惜贷如金,这种趋势使形势雪上加霜。在 1873 年、1893 年美国两次爆发大的银行恐慌,而 1884 年和 1890 年也造成了严重的问题。特别是 1907 年的金融恐慌使很多人都坚信,中央银行对于建立一个谨慎从事的银行体系是不可或缺的。1913 年,在华宝家族等私人银行家的帮助下,美国联邦储备体系终于建立起来。

在第二次世界大战之后,美国银行在国际金融博弈中成为王者。原因非常明显:美国经济为全球首强,而且在第二次世界大战中毫发无伤。事实上,由于受战争重创的欧洲和日本经济处于弱势,美国工业得以在海外迅猛扩张。对于美国银行业来说,从为贸易提供金融服务到为制造业提供贷款,工业的扩张也意味着金融服务的迅速增长。同时,美国银行也成为欧洲重建的重要的私人资本来源。

资料来源:(美)休斯、(美)麦克唐纳德:国际银行管理教程与案例。

二、商业银行的性质

商业银行是以追求利润最大化为其最终目标,以多种金融负债筹集资金,以多种金融资产为其经营对象,能利用负债进行存款货币创造,并向客户提供多功能、综合性服务的一种金融企业。

之所以将这种能创造存款货币的金融企业称之为"商业银行",是由于其早期主要办理基于商业行为的短期自偿性贷款,人们便将这种以经营工商企业存、贷款业务,并且是以商品生产交易为基础而发放短期贷款为主要业务的银行,称为商业银行。至今,英美国家的商业银行的贷款仍以短期商业性贷款为主。随着商品货币经济的发展,这种银行的业务范围不断扩大,提供的服务也趋于多样化,除了提供短期商业性贷款外,还提供长期贷款,甚至直接投资于企业股票与债券、替公司包销证券,为企业合并与兼并提供财务支持和财务咨询,但人们仍习惯称其为"商业银行",并一直沿用到现在。目前各国对商业银行的称谓不尽一致,英国称为"存款银行""清算银行",美国称为"国民银行""州银行",日本称为"城市银行""地方银行"。

（一）商业银行具有一般的企业特征

商业银行拥有业务经营所必需的自有资本,且大部分资本来自股票发行;商业银行实行独立核算、自负盈亏;其经营目标是利润最大化。由于商业银行的设立及其选择业务及客户的标准主要是看能否带来现实的或潜在的盈利,所以说,获得最大利润既是商业银行产生和经营的基本前提,也是商业银行发展的内在动力。

（二）商业银行是经营货币资金的特殊企业

商业银行的活动范围不是一般的商品生产和商品流通领域,而是货币信用领域。一般企业创造的是使用价值,而商业银行创造的是能充当一般等价物的存款货币。

商业银行不同于其他金融机构,作为现代金融体系中最重要的金融机构,它在经济生活中发挥着其他金融机构不可替代的职能作用。

和中央银行相比较,商业银行是面向工商企业、公众及政府经营的金融机构。而中央银行创造的是基础货币,并在整个金融体系中具有超然的地位,承担着领导者的职责。

和其他金融机构相比较,原则上只有商业银行能够吸收使用支票的活期存款,能够提供更多更全面的金融服务。而其他金融机构不能吸收活期存款,只能提供某一方面或某几方面的金融服务。

三、商业银行的功能

商业银行在现代经济活动中所发挥的功能主要有信用中介、支付中介、信用创造、金融服务四项功能。

（一）信用中介功能

信用中介是指商业银行通过负债业务,把社会上的各种闲散货币资金集中到银行,通过资产业务,把它投向需要资金的各部门,充当资金闲置者和资金短缺者之间的中介人,实现资金的融通。信用中介是商业银行最基本的功能。

（二）支付中介功能

支付中介是指商业银行利用活期存款账户,为客户办理各种货币结算、货币收付、货币兑换和转移存款等业务活动。支付中介是商业银行的传统功能,借助于这一功能,商业银行

成了工商企业、政府、家庭个人的货币保管者、出纳人和支付代理人,这使商业银行成为社会经济活动的出纳中心和支付中心,并成为整个社会信用链的枢纽。

(三) 信用创造功能

这是商业银行的特殊功能。信用创造是指商业银行利用其可以吸收活期存款的有利条件,通过发放贷款、从事投资业务,而衍生出更多存款,从而扩大社会货币供给量。当然,这种货币不是现金货币,而是存款货币,它只是一种账面上的流通工具和支付手段。商业银行通过创造流通工具和支付手段,可以节约现金使用,节约流通费用,而又能满足社会经济发展对流通和支付手段的需要。

(四) 金融服务功能

金融服务是商业银行利用其在国民经济活动中的特殊地位,及其在提供信用中介和支付中介业务过程中所获得的大量信息,凭借这些优势,运用电子计算机等先进手段和工具,为客户提供的其他服务。这些服务主要有财务咨询、代理融通、信托、租赁、计算机服务、现金管理等。

通过提供以上服务,商业银行一方面扩大了社会联系面和市场份额,另一方面也为银行取得不少费用收入,同时也加快了信息传播,提高了信息技术的利用价值,促进了信息技术的发展。商业银行是各行各业中最先大规模使用计算机和信息技术的部门之一,也正是由于银行业和信息技术产业的紧密结合,才推动了信息技术的迅速发展,为人类社会进入信息经济时代创造了有利条件。借助于日新月异的信息技术,商业银行的金融服务功能也正在发挥着越来越大的作用,并使整个商业银行业也在发生着革命性变化,向着"电子银行""网上银行"方向发展。

四、商业银行的组织结构

商业银行采用何种组织形式,受银行规模的影响。商业银行规模越大,所提供的金融服务也越多,对经济生活发挥的作用也越大,也决定了银行的组织形式。当然,政府对银行业的监管要求也会对银行的组织形式产生一定的影响。通常,商业银行的组织结构可以从其外部与内部两个方面来认识。

(一) 商业银行的外部组织形式

商业银行的外部组织形式也称为商业银行制度,指的是商业银行在社会经济生活中存在的形式。从全球商业银行看主要有以下三种类型。

1. 单一银行制

单一银行制又称独家银行制,是指那种仅设立总行,业务活动完全由总行经营,下面不设立任何分支机构的商业银行的组织形式,这种制度曾存在于美国。从历史上看,美国的单一制银行的建立,是为了克服银行间的兼并现象,防止国民经济受到少数银行资本的控制;同时,也是为了促使银行更加致力于本地区经济的发展,并达到理想的规模。所以说,单一制银行是美国特殊经济条件下的特殊产物,从某种程度上讲,它是与商业银行的发展方向背道而驰的,不利于银行资本的集中,也会削弱商业银行向外部发展的整体竞争力。所以,它才仅限于美国的一定历史时期,目前情况已经改变,而且数量在不断减少。

2. 分支行制

分支行制又称总分支行制,就是在设立总行的同时,又在总行之下设立众多的分支行的商业银行制度。这是当今世界上绝大多数国家的商业银行所采取的外部组织形式。我国的商业银行也采取这种外部组织形式。

实行总分支行制的商业银行由于其经营规模庞大,与国民经济的发展十分密切。这样的结果,一方面便于国家对其实行更加专业化的宏观金融管理;另一方面,它又往往能与政府、中央银行、大型企业之间保持良好的关系,为银行自身的发展创造良好的外部条件。

事实上,由于金融竞争的加剧,银行资本集中趋势的增强,以及新兴技术在银行领域的广泛使用,商业银行业务日益国际化,这些都迫使单元制商业银行向总分支行制商业银行转化。在当今世界上,所有的实力雄厚的商业银行都是总分支行制的银行。

3. 银行持股公司制

银行持股公司制又称集团制商业银行制度,它是指由一个集团成立股权公司,再由该公司控制或收购一家或多家银行。在法律上,这些银行是独立的,但其业务与经营政策统属于同一股权公司,它们通过关联交易获得税收上的好处。银行持股公司使得银行能够规避政府对跨洲经营银行业务的限制,还能有效地帮助商业银行突破对其业务的限制,介入到其他行业的业务中去,如保险、证券等。目前银行持股公司已经成为美国商业银行制度的主要形式,大多数的商业银行都由银行持股公司所有。

4. 连锁银行制

连锁银行制也称"联合制商业银行",是一种变相的分支行制。它与银行持股公司的差别在于,它不设置银行持股公司,而是通过若干商业银行相互持有对方的股票、相互成为对方的股东的方式结为连锁银行。这些连锁银行从表面上看是相互独立的,但在业务上相互配合、相互支持、经常相互调剂资金余缺、互通有无,而且,其最终控制权往往掌握在同一个财团手中,成为实质上的分支行制。

(二) 商业银行的内部组织结构

商业银行的内部组织结构是指就单个银行而言,银行各部门内部及各部门之间相互联系、相互作用的组织管理系统。商业银行的内部组织结构究竟如何设置,并无一个统一的模式,但是要以其能够充分发挥商业银行的各项职能并开展有效的经营为原则。

在国际上,一般采取股份有限公司的组织形式。以股份有限公司为例的内部组织形式包括决策机构、执行机构和监督机构三大块(见图5-1)。决策机构一般包括股东大会、董事会以及董事会下设的各种委员会(贷款委员会、风险管理委员会等)。执行机构则包括商业银行的总经理(行长)及其领导下的副总经理(各副行长)、各业务部门、各级分行以及各职能部门。执行机构负责实施决策部门的各项决议,具体从事商业银行的各项业务活动,对商业银行进行日常的经营与管理。监督机构则主要包括监事会,以及直接向董事会负责的总稽核。

由于各国银行体制不同,经营环境不同以及民族习惯的差异,商业银行的内部组织结构并不完全相同。我国国有商业银行是我国金融体系的核心,其内部组织结构具有自己的特殊性。

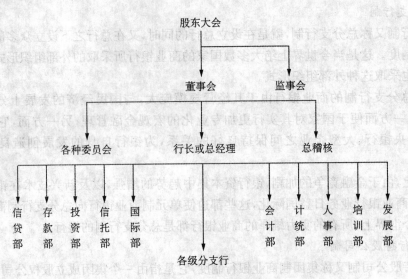

图 5-1　商业银行内部组织形式

第二节　商业银行资产负债业务

商业银行的业务主要是负债业务和资产业务两类。资本金业务虽然在整个商业银行的资金来源中所占比重小,不构成商业银行的主要业务,但也非常重要。

一、商业银行的资产负债表

资产负债表是商业银行最重要、最常用的财务报表,它综合显示了商业银行在某一时点上(如某年年底)的资产负债和其他业务的存量。资产负债表的基本等式为

$$资产＝负债＋权益资本$$

等式的左边项目"资产"说明的是商业银行的资金运用,它包括现金资产、贷款资产、证券资产、汇差资产、固定资产等。等式的右边则表示银行的资金来源,由负债和权益资本两部分构成。负债实际上是银行外部资金来源,包括存款负债、借入负债等。权益资本实际上就是商业银行的自有资本或者说净资产。实例见表 5-1。

表 5-1　北京银行资产负债表(2018 年 3 月 31 日)

资　产		负　债		所有者权益	
现金及存放中央银行款项	19 362 300.00	向中央银行借款	5 950 000.00	股本	2 114 300.00
存放同业款项	6 310 800.00	同业存入及拆入	34 201 000.00	其他权益工具	1 784 100.00
拆出资金	5 363 900.00	其中:同业存放款项	29 531 100.00	其中:优先股	1 784 100.00
贵金属	22 100.00	拆入资金	4 669 900.00	资本公积	4 388 500.00
交易性金融资产	4 550 500.00	衍生金融工具负债	34 400.00	减:库藏股	—

资 产		负 债		所有者权益	
衍生金融工具资产	44 500.00	交易性金融负债	—	其他综合收益	−146 600.00
买入返售金融资产	3 551 000.00	卖出回购金融资产款	1 774 400.00	盈余公积	1 364 600.00
应收利息	1 625 900.00	客户存款（吸收存款）	132 785 900.00	未分配利润	5 789 600.00
发放贷款及垫款	—	应付职工薪酬	283 200.00	一般风险准备	2 856 200.00
代理业务资产	—	应交税费	366 200.00	外币报表折算差额	
可供出售金融资产	20 350 200.00	应付利息	1 908 300.00	其他储备	
持有至到期投资	22 661 800.00	应付账款	—	归属于母公司股东的权益	18 150 700.00
长期股权投资	184 100.00	代理业务负债	—	少数股东权益	185 800.00
应收投资款项	41 451 900.00	应付债券	40 233 600.00		
固定资产合计	1 196 300.00	递延所得税负债	—		
无形资产	57 300.00	预计负债	2 400.00		
商誉	—	其他负债	3 419 300.00		
递延税款借项	1 258 000.00				
投资性房地产	36 300.00				
其他资产	753 700.00				
资产总计	239 295 200.00	负债合计	220 958 700.00	股东权益合计	18 336 500.00

资料来源：东方财富网：北京银行报告。

二、商业银行的资本金

商业银行的资本金是指商业银行自身拥有的或者能永久支配使用的资金。尽管资本金在商业银行总的资金来源中所占的比例很小，但它所起的作用非常大。它为商业银行业务活动提供物质基础（购置房产及设备）；它帮助商业银行取得社会大众和银行客户的信赖并得到银行监管当局的认可和支持，从而保持良好的信誉；它通过承担日常经营的信贷风险以及银行破产清理时的偿还责任，来保障存款客户免受损失。

（一）商业银行的资本金构成

根据《巴塞尔协议 I》及后来的补充协议的规定，商业银行的资本金由一级资本（核心资本）、二级资本（附属资本）和三级资本构成。

其中，核心资本包括实收股本和公开储备。实收股本是指已发行并完全缴足的普通股

和永久性非累积优先股,公开储备包括资本公积、盈余公积、普通准备金和法定准备金的增值。附属资本包括非公开储备、资产重估储备、普通准备金(普通贷款损失准备金)、混合(债务、股票)资本工具、次级长期债务等部分,三级资本为原始期限在两年以上的无担保的、次级的、全额支付的短期次级债务。

由上可见,商业银行资本的内涵不同于一般公司的资本内容。一般公司的资本是根据会计学的定义理解的,即资本等于资产总值减去负债总额后的净值,这个净值称所有者权益或产权资本或自有资金。而商业银行资本的内涵较为宽泛,除了所有者权益外,还包括一定比例的债务资本。可见,商业银行的资本具有双重资本的特点。

(二) 商业银行的资本充足性

1. 资本充足的意义

在商业银行的经营实践中,商业银行一般应使其资本金符合下列三个方面的要求:第一是抵御正常经营风险而持有的最低贷款损失准备;第二是使大额存款人的存款得到保障而需要的最低资本量;第三是支持银行业务扩张所必需的资本数量。对商业银行来说,如果资本不足,意味着将承担很大的风险,但如果资本过多,又会增加商业银行的成本。

2. 商业银行资本充足性的两方面内容

1) 资本数量的充足性

从资本数量看,资本充足性的确切含义是资本适度,而不是资本多多益善。首先,高资本量会有高资本成本,特别是权益资本成本不能避税,资本的综合成本大大高于吸收存款的成本,由此降低了银行的盈利性;其次,过高的资本量反映银行可能失去了较多的投资机会,缺乏吸收存款的能力以及收回贷款的能力。因此,对商业银行而言,资本充足性是资本适度,而非越多越好。

2) 资本结构的合理性

资本结构的合理性是指普通股、优先股、留存盈余、债务资本等应在资本总额中占有合理的比重,以尽可能降低商业银行的经营成本与经营风险,增强经营管理与进一步筹资的灵活性。《巴塞尔协议》明确规定,商业银行的核心资本应至少占总资本的50%以上,二级资本和三级资本的总和在总资本中所占的比例不得超过核心资本的100%,其中长期次级债务的比例不超过核心资本的50%,总资本至少应占加权风险资产的8%。

3. 商业银行资本充足性的衡量

《巴塞尔协议》指出,商业银行的资本充足率为总资本与加权风险资产的比例,最低为8%,其中核心资本为4%。

三、商业银行的负债业务

负债业务是形成商业银行资金来源的最主要业务,也是银行最基本的业务。负债规模决定其资产规模,负债的数量与结构对银行制定经营战略和未来发展都有着直接的影响,也决定着商业银行资产业务以及其他业务的开展以及商业银行与社会公众之间的密切关系。从内容上看,商业银行的负债业务具体包括存款负债、借入负债和结算中的负债等。

（一）存款负债

存款负债是银行所发行的负债。它体现了银行与客户之间的信用关系。吸收存款是商业银行的传统业务，也是其最重要的资金来源。

存款负债可以从很多角度划分，但是最具有意义的划分方式是以期限划分，因为它直接关系到商业银行所吸收的资金的稳定性、可利用率和利息成本费用，便于商业银行对资金的运用做出合理的安排。

1. 活期存款

活期存款是一种不需要事先通知，凭支票便可随时提取或支付的存款，因而也称"支票存款"。活期存款主要是为满足客户支取方便、灵活运用的需要，同时也是客户取得银行放款和服务的重要条件。

活期存款是商业银行的主要资金来源。通过吸收活期存款，不但可以取得短期资金以用于短期的放款和投资，而且还可以取得比较稳定的活期存款余额，用于中长期的放款和投资。此外，由于活期存款成本相对较低，因此也备受商业银行的青睐。另外，吸收活期存款还具有扩大信用关系和扩张信用规模的利益。

2. 定期存款

定期存款是一种由存户预先约定期限的存款。存入这种存款的资金通常是短期暂不支用或作为价值储存的款项。定期存款大多采用定期存款单的形式，也有采用存折形式的，其利率一般随着期限的长短而高低不等，期限越长，利率越高。定期存款一般到期才能提取，因此定期存款是商业银行较为稳定的资金来源，可用于中长期的贷款和投资，获取较高的利润。当然，定期存款的成本也较高，即银行要支付较高的利息。

3. 储蓄存款

储蓄存款是个人为积蓄货币和取得利息收入而开立的存款账户。储蓄存款不使用支票，利率较高。储蓄存款分为活期和定期两种。传统的储蓄存款是存折储蓄，它凭存折存取。随着科技的发展，银行纷纷将储蓄存款改为提款卡的形式，即银行在公共场所以及银行内安装"自动柜员机"（ATMS），客户可在24小时内方便地存款和提取。

知识拓展

ATMS给银行带来了什么？

ATMS，即自动柜员机，可用于提款存款、余额查询、转账等。现在ATMS又有了一些新用途，如出售公共汽车票、火车票、邮票、体育比赛票、电影票、娱乐演出票，以及在特定零售店购物等。

美国目前有10万多台ATMS，一年花费银行40亿美元的资金，每年处理50亿美元的交易，带给银行大约10亿美元的收益。ATMS现在多数由多家银行共享，一般是几百台联网。美国有100多个共享ATMS网络，一半以上美国家庭有至少一张ATM卡。

ATMS 的最大好处是节约费用。一台 ATMS 花费约 3 万美元,一家储蓄所一年花费约 100 万美元。一台 ATMS 平均每天可处理 200 笔交易,最多达 600 笔,每月处理 5 300～8 800 笔交易。而一个员工月平均处理约 4 300 笔交易。花在一个客户上的月平均交易费用,用 ATMS 平均 3.75 美元,而用人工处理平均为 4.38 美元。

其次,ATMS 能为银行带来服务收费。在美国大部分银行对在 ATMS 上提款的收费,一般一次 1～1.5 美元。一些银行只在存户使用其他银行的 ATMS 提款时收费,而越来越多的银行还对存户使用本银行的机器收费。这样,如果客户在非账户行的 ATMS 上提款,就有可能被两次收费,一次是非账户行,一次是自己的银行,总费用是 2～3 美元。有的银行收费采取与存款余额挂钩的方式,月平均存款余额低于 1 000 元时收费,高于 1 000 元时免费。

ATMS 的缺点是不能提供个性化的服务,不能处理复杂的服务。

资料来源:(美)休斯、(美)麦克唐纳德:国际银行管理教程与案例。

20 世纪 60 年代以来,随着银行业务的创新和发展以及银行业市场竞争的日益加剧,西方商业银行的存款形式越来越多,出现了模糊上述三个类别之间界线的新型存款账户。例如,可转让定期存单(CDs)、可转让支付命令账户(NOW)、自动转账服务账户(ATS)及货币市场存款账户(MMDA)等。这些新型的存款账户为客户提供了更多的选择,充分满足了存款人对安全、流动与盈利的多重要求,从而吸引了更多的客户,同时也为商业银行扩大了资金来源。

我国商业银行多年来按照存款的期限对存款进行分类,有活期存款、定期存款和定活两便存款;按照存款人的经济性质来分,则分为企业存款、储蓄存款、财政存款、机关团体存款、农村存款(包括乡镇企业、农村集体和个人存款)及其他存款。近些年来,我国银行业存款种类的划分有所变化。从 1996 年开始中国人民银行在统计报表上,将商业银行的存款划分为活期存款、定期存款、储蓄存款和其他存款四类。这种划分除了其他存款外,基本上与西方商业银行在存款统计上的划分是一致的。这有利于我国在金融统计上与国际接轨,适应我国加入 WTO 的新形势。

(二)借入负债

借入负债是指商业银行在资金不足时主动向金融市场或直接向中央银行融通的资金。自 20 世纪 60 年代以来,借入负债逐步成为商业银行解决短期资金不足的重要方式。

(三)结算中的负债

结算中的负债是指在商业银行的结算业务活动中,一些特殊的结算方式所要求的临时负债。例如,信用证结算方式可以使购货单位的开户行获得一笔暂时负债。这部分负债数量有限,但相对稳定。随着现代通信技术的发展,这部分负债会越来越少。

四、商业银行的资产业务

商业银行资产业务属于资金运用的业务。该业务至少在目前还是我国商业银行最重要的业务,是商业银行获取利润的主要来源。商业银行的资产包括现金资产、贷款资产、证券资产、固定资产、汇差资产等。

(一) 现金资产

现金资产是商业银行中最富有流动性的资产,是商业银行的一线准备。该部分资产的数额不大,但作用特殊、意义重大。具体包括以下内容:

1. 库存现金

即商业银行业务库中的现钞(纸币)和硬币(铸币),主要用于客户取现和商业银行本身的日常开支。它与商业银行存在中央银行的存款一并计入法定的存款准备金。库存现金不能生息,保管有风险且费用昂贵,所以库存量一般压至最低。

2. 在中央银行的存款

在中央银行的存款包括一般性存款和存款准备金两部分。一般性存款主要用来满足转账结算的需要,同时也用来调剂库存现金余缺;存款准备金包括法定准备金和超额准备金。在正常情况下,法定准备金一般不能动用,它作为中央银行控制商业银行信贷规模、执行宏观货币政策的支点和基础,由中央银行统一支配与管理。商业银行能用于存款支付和新增贷款的只能是超额准备金。在我国,自 1998 年 3 月 21 日起对存款准备金制度实行改革,将各金融机构的法定准备金账户和备付金存款账户合并为准备金存款账户,法定准备金比率由 13% 下调至 8%。

3. 存放同业的款项

它是指存在其他银行的款项,存在同业的款项主要为了便利银行之间的票据清算以及开展代理业务,如货币汇兑、兑换、借贷、委托、代理等。

4. 托收中现金

在支票广泛流通的基础上,商业银行经营中每天总会收到客户存入的大量支票,这些支票中多数属于向其他付款银行收取款项的。这类须向其他银行收款的支票称为托收中现金。托收中现金属于非盈利性资产。

(二) 贷款资产

贷款资产是指由贷款人向借款人提供的、约定期限和利率的、到期由借款人还本付息的货币资金。贷款资产是商业银行最主要的资产,是其取得收益的主要手段,是其影响社会生产的根本途径。贷款的种类很多,按中国人民银行 1996 年 8 月 1 日颁布实施的《贷款通则》,贷款种类可做以下划分。

1. 按贷款期限划分

按贷款期限划分,可分为短期贷款、中期贷款和长期贷款。

短期贷款是指贷款期限在 1 年以内(含 1 年)的贷款。中期贷款指贷款期限在 1 年以上 5 年以下(含 5 年)的贷款。长期贷款是指贷款期限在 5 年以上的贷款。

2. 按有无担保划分

按有无担保,可分为信用贷款、担保贷款(可分为保证贷款、抵押贷款和质押贷款)、票据贴现。

信用贷款是指以借款人的信誉发放的贷款。保证贷款是指按照《中华人民共和国担保法》规定的保证方式以第三人承诺在借款人不能偿还贷款时,按约定承担一般保证责任或连带责任而发放的贷款。质押贷款是指按照《中华人民共和国担保法》规定的质押方式以借款人或第三人的动产或权利作为质押物发放的贷款。抵押贷款是指按照《中华人民共和国担保法》规定的抵押方式以借款人或第三人的财产作为抵押物发放的贷款。票据贴现是指贷款人以购进借款人未到期商业票据的方式发放的贷款。

3. 按贷款人是否承担风险划分

按贷款人是否承担风险划分,可分为自营贷款、委托贷款、特定贷款。

自营贷款是指贷款人以合法方式筹集资金自主发放的贷款,其风险由贷款人承担,并由贷款人收回本金和利息。委托贷款是指由政府部门、企事业单位及个人等委托人提供资金,由贷款人(即受托人)根据委托人确定的贷款对象、用途、金额、期限、利率等代为发放、监督、使用并协助收回的贷款。其风险由委托人承担,贷款人收取手续费,不代垫资金。特定贷款是指经国务院批准并对贷款可能造成的损失采取相应补救措施后责成国有独资商业银行发放的贷款。

4. 按贷款风险程度划分

按贷款风险程度分,可分为正常贷款、关注贷款、次级贷款、可疑贷款和损失贷款。

正常贷款是指借款人能够履行合同,没有足够理由怀疑贷款本息不能按时足额偿还。关注贷款是指尽管借款人目前有能力偿还贷款本息,但存在一些可能对偿还产生不利影响因素的贷款。次级贷款是指借款人的还款能力出现明显问题,完全依靠其正常营业收入无法足额偿还贷款本息,即使执行担保,也可能会造成一定损失的贷款。可疑贷款是指借款人无法足额偿还贷款本息,即使执行担保,也肯定要造成较大损失的贷款。损失贷款是指在采取所有可能的措施或一切必要的法律程序之后,本息仍然无法收回,或只能收回极少部分的贷款。

除上述贷款种类外,还有其他经中国人民银行批准的贷款种类。

(三)证券资产

证券资产是构成银行资产的另一个重要内容,主要是由一些流动性强、易于变现的证券组成。流动性、获利性、经营分散性、资金安全以及某些证券的免税规定,是商业银行投资证券的根本目的,它对于商业银行的经营管理具有重要意义。证券资产是商业银行的二级储备,或称第二道防线。

在采取分业经营制度的国家,商业银行证券投资的对象主要是债券,其中尤以国家政府债券为主;在实行混业经营制度的国家里,商业银行的证券投资对象可以是股票和债券。我国是实行分业经营的国家,2003 年 12 月修订的《中华人民共和国商业银行法》第 43 条明确规定:"商业银行在中华人民共和国境内不得从事信托投资和证券经营业务,不得向非自用不动产投资或者向非银行金融机构和企业投资,但国家另有规定的除外。"

(四)固定资产

固定资产是指商业银行营业用的房地产、机器、设备等。其资产占有比例很小,一般只占全部资产的 0.5%～2% 不等。它数额稳定、不易变现,是商业银行经营管理的物质基础。从账面上金额的大小不能反映商业银行固定资产的大小,一般历史悠久的老牌商业银行账面上固定资产额会很小,新银行则很大。

(五) 汇差资金

汇差资金是商业银行在联行清算之前,代收代付款项差额所占用的资金,其数量可观,并有季节性变动规律,如工农业生产季节、商品库存季节、商品购销的淡旺季等,是商业银行头寸调剂中不可忽视的资金部分。

第三节　表外业务与中间业务

商业银行的资产负债表中可以体现出银行的负债业务、资产业务和资本金业务。此外,有大量的业务不在资产负债表中体现,西方与我国在习惯上分别称之为表外业务(广义)与中间业务。

一、表外业务

根据巴塞尔委员会对表外业务的界定,所谓表外业务(Off-Balance Sheet business, OBS),指的是"不列入资产负债表,而仅可能出现在财务报表脚注中的交易活动"。同时,巴塞尔委员会对表外业务进行了狭义与广义概念的区分。广义的表外业务不仅包括狭义的表外业务,还包括不构成银行或有债权或或有负债、不承担任何资金的业务。这类业务主要有代理类、信托类、信息咨询类、结算支付类以及与贷款和进出口有关的服务业务等。狭义的表外业务仅指构成银行或有债权、或有负债,即在一定条件下可以转化为表内资产或负债的业务。这类业务主要包括贷款承诺、担保、金融衍生工具类业务。

狭义的表外业务常常是真正意义上的表外业务,这类业务最大特点就是风险较大,收益也较大。由于狭义的表外业务不反映在商业银行的资产负债表中,同时又常常以或有资产、或有负债的形式存在,因而具有相当大的隐蔽性,一旦客户违约或商业银行市场决策判断失误,将给商业银行造成极大的风险,甚至是灭顶之灾。所以,表外业务对于商业银行来说是一把"双刃剑",商业银行必须在严格的自律以及金融监管约束下谨慎行之。

狭义的表外业务主要有贷款承诺、备用信用证、贷款销售类。

(一) 贷款承诺

贷款承诺是指商业银行向客户做出承诺,保证在未来的一定时期内,根据一定的条件,随时应客户的要求提供贷款。商业银行在提供这种承诺时,一般要按照一定的比例向客户收取承诺费。贷款承诺一般是以商业银行向客户提供一个信贷额度的方式进行,在这个额度内,商业银行将随时根据客户的贷款需要提供贷款。

(二) 备用信用证

备用信用证实际上是商业银行为其客户开立的信用保证书,保证了备用信用证持有人对第三方依据合同所做出的承诺。该业务涉及三方当事人,即开证商业银行、客户、受益人。

通常,客户与受益人之间已经达成某种协议,根据该协议,客户对于受益人负有偿付或其他义务。商业银行应客户要求向受益人开立备用信用证,保证客户未能按照协议偿付或履行其义务时,代替客户向受益人进行偿付。商业银行为此而支付的款项转化为商业银行对于该客户的贷款(在大多数情况下,备用信用证是备而不用)。通过此项业务的开展,客户可以大大提高自身的市场信誉,而商业银行也从中获取了手续费收入。

(三)贷款销售

贷款销售是指商业银行通过直接出售或资产证券化的方式,将贷款转让给第三方的业务。通过贷款销售,商业银行不仅可以直接减少风险资产的比例,提高资产的流动性,还可以通过为贷款购买者提供收取利息、监督债务人财务状况等售后服务的方式,获取一定的收益。

除此之外,商业银行的表外业务还有金融期权、金融期货、互换、远期等,它们都是近二三十年来金融创新的主要成果,也是金融工程研究的主要内容。

知识拓展

西方国家商业银行表外业务发展概况

在西方,表外业务成为与资产负债并列的银行三大业务之一,是西方国家商业银行最大的利润来源。各大银行都把大部分精力放在发展表外业务上,并且从战略高度把表外业务看成未来银行竞争力的核心。早在1999年中国银行国际金融研究所的调查报告就显示,外资银行在对可从事银行业务类型在其业务经营组合中的重要性评价中,一致把表外业务列为第一。

自20世纪80年代以来,西方发达国家商业银行的表外业务迅猛增长,涉及社会生活的各个领域,诸如代发工资、代收水电费、代保管有价证券、信用评估、信息咨询等,而且服务手段科技化程度高。以美洲银行为例,美洲银行有45万个间接自动转账账户,其设置的超级账户既方便、灵活,又便于管理。早在1988年,花旗、美洲等美国五大银行表外业务活动所涉及的资产总和超过2.2万亿美元,而同期其资产负债项下资产总和为7.8万亿美元,表外业务三年间平均增速为54.2%,远高于资产总额平均21.6%的增速。日本商业银行从80年代中期表外业务以每年40%的速度递增,远远高于资产总额的年均增速(数据来源:《国际金融市场发展报告》,国际清算银行)。发达的表外业务为西方国家商业银行带来了巨额利润,它对银行收入的贡献率已达到30%～70%。

资料来源:国际清算银行:国际金融市场发展报告。

二、中间业务

在我国,与西方表外业务(广义)概念相对应的是中间业务。中间业务是指不构成商业银行表内资产、表内负债,形成银行非利息收入的业务。根据该规定,商业银行的中间业务一般包括以下九类。

（一）支付结算类中间业务

支付结算类中间业务指由商业银行为客户办理因债权债务关系引起的与货币支付、资金划拨有关的收费业务。结算业务借助的主要结算工具包括银行汇票、商业汇票、银行本票和支票。

（二）银行卡业务

银行卡是由经授权的金融机构(主要指商业银行)向社会发行的具有消费信用、转账结算、存取现金等全部或部分功能的信用支付工具。

（三）代理类中间业务

代理类中间业务指商业银行接受客户委托代为办理客户指定的经济事务、提供金融服务并收取一定费用的业务,包括代理政策性银行业务、代理中国人民银行业务、代理商业银行业务、代收代付业务、代理证券业务、代理保险业务、代理财政委托业务、代理其他银行银行卡收单业务等。

（四）担保类中间业务

担保类中间业务指商业银行为客户债务清偿能力提供担保,承保客户违约风险的业务,主要包括银行承兑汇票、备用信用证、各类保函及其他担保业务。

（五）承诺类中间业务

承诺类中间业务是指商业银行在未来某一日期按照事前约定的条件向客户提供约定信用的业务,主要指贷款承诺,包括可撤销承诺和不可撤销承诺两种。

可撤销承诺附有客户在取得贷款前必须履行的特定条款,在银行承诺期内,客户如没有履行条款,则银行可撤销该项承诺。

不可撤销承诺是银行不经客户允许不得随意取消的贷款承诺,具有法律约束力,包括备用信用额度、回购协议、票据发行便利等。

（六）交易类中间业务

交易类中间业务指商业银行为满足客户保值或自身风险管理等方面的需要,利用各种金融工具进行的资金交易活动,主要包括远期合约、金融期货、互换、期权等金融衍生业务。

（七）基金托管业务

基金托管业务是指有托管资格的商业银行接受基金管理公司委托,安全保管所托管的基金,为所托管的基金办理基金资金清算款项划拨、会计核算、基金估值、监督管理人投资运作。包括封闭式证券投资基金托管业务、开放式证券投资基金托管业务和其他基金的托管业务。

（八）咨询顾问类业务

咨询顾问类业务指商业银行依靠自身在信息、人才、信誉等方面的优势,收集和整理有

关信息,并通过对这些信息以及银行和客户资金运动的记录和分析,形成系统的资料和方案,提供给客户,以满足其业务经营管理或发展的需要的服务活动,如企业信息咨询业务、资产管理顾问业务、财务顾问业务(包括大型建设项目财务顾问业务和企业并购顾问业务)、现金管理业务等。

(九) 其他类中间业务

其他类中间业务包括保管箱业务以及其他不能归入以上八类的业务。

需要说明的是,国内有的学者认为《商业银行中间业务暂行规定》中关于"中间业务"的定义值得商榷。因为在实务操作中,商业银行办理国内外支付结算业务、银行卡业务和代理类中间业务的代收代付时,都会直接或间接构成商业银行表内资产或表内负债的增加或减少。同时,商业银行九类业务中有些收入属于利息收入。例如,银行卡业务中的贷记卡业务,持卡人透支信用卡存款时,发卡银行就有可能要向持卡人收取一定的透支利息。在银行承兑汇票业务中,作为承兑人的商业银行,对汇票到期日出票人账户无款或不足支付票款时,也有可能要向出票人收取利息。

第四节　商业银行的资产负债管理

商业银行的经营目标是最大限度地获取利润。为了这一目标的实现,二百多年来,商业银行在开展其业务的过程中,必须始终坚持"三性"的原则,以及由此而制定的、与市场发展相吻合的经营管理理论。

一、商业银行经营的原则

安全性、流动性、盈利性是商业银行在业务经营过程中,必须始终坚持的三条基本原则。

(一) 安全性

安全性是指商业银行尽量避免经营风险、保证信贷资金安全的要求,它对于商业银行的经营管理有着至关重要的作用。因为,商业银行是用别人的钱来从事经营活动,一旦经营发生风险就根本赔不起。而且,商业银行经营的商品是货币,它可以受到许多因素(如政治、经济、社会、自然等)的影响,极易从流量、流向、流速等方面发生改变,这更提高了其经营风险。

(二) 流动性

流动性是指商业银行资产在无损的状态下迅速变现的能力。商业银行必须保持足够的资金能够随时应付需求。因为商业银行与其他企业相比,其资金的流动性更加频繁,现金资产的收支频率更快,且收支时间事先无法准确预测,客户提现、贷款的要求往往没有任何调和、商量的余地。

(三) 盈利性

盈利性是指商业银行获得利润的能力。追求利润是商业银行的最终目标,它为商业银行提供扩大生存与发展的物质基础,为商业银行经营业绩与成效的比较提供了一种衡量的标准,为商业银行合理分配社会资金提供了调节的杠杆。

安全性、流动性、盈利性三条原则共同保证了商业银行经营活动正常而有序地进行。其中,安全性是前提和基础,只有保证了资金的安全、无损才可能去获取正常的盈利;流动性是条件、是手段,只有保证了资金的正常流动才能确立商业银行的信用中介地位,商业银行的各项业务活动才能顺利进行;盈利性是目的,商业银行经营的最终目标就是以最小的投入,获取最大的收益。

但是,在实际的操作过程中,三者之间也有较大的矛盾:首先,要提高安全性和流动性,往往会削弱其盈利性;而提高了盈利性,安全性和流动性又要受到影响。要处理好这些矛盾,的确十分困难,但又是无法回避的,这是每一位银行家必须面对的现实。

二、商业银行的经营管理理论

(一)资产管理理论

资产管理理论是以银行资产的安全性和流动性为管理重点的经营管理理论。该理论共经历了三个不同的发展阶段,即商业性贷款理论、资产转移理论、预期收入理论。

商业性贷款理论又称真实票据理论,该理论强调贷款必须以商业行为为基础,以真实票据为凭据,一旦企业不能偿还贷款,银行即可根据所抵押的票据处理有关商品,挽回贷款损失。按照这一理论,商业银行不能发放不动产贷款、消费贷款、农业贷款和长期设备贷款等,当然更不能用于证券投资了。在相当长的时期里,该理论占据着商业银行资产管理的支配地位。

资产转移理论也称转换理论,该理论认为:商业银行能否保持其资产的流动性,关键在于其资金的变现能力,只要银行所掌握的证券具备信誉好、期限短、易于出售等条件,那么当有资金需求时,就可以迅速地、不受损失地将其出售或转让,商业银行就可以保持其足够的流动性。因此,银行资产没有必要非局限于短期的商业贷款不可。

预期收入理论认为,任何商业银行的资产能否到期偿还或转让变现,归根到底是以未来的收入为基础的,只要借款人未来的收入有保障,通过分期付款的方式,长期的项目贷款、消费贷款都同样会保持一定的安全性与流动性;反之,如果未来的收入没有保障,即使是短期贷款的偿还也是会遭遇风险的。这一理论意味着银行资产可以不受期限和类型的影响,可以不考虑资产的自偿性和转换性,只要强调预期收入就可以了,因而促进了贷款形式的多样性。

(二)负债管理理论

商业银行负债管理理论是以负债为经营重点来保证银行资产流动性的经营管理理论。该理论认为,商业银行在保证流动性方面,没有必要完全依赖建立分层次的流动性的储备资产的方式。一旦商业银行需要周转资金,完全可以向外举债。该理论对于传统的银行业来讲是一场革命,因为它一改银行界传统、保守、稳健的经营作风,强调进取心,崇尚冒险精神,鼓励不断地开拓与进取,是银行经营管理理论的一大发展。

金融理论与实务

（三）资产负债管理理论

20世纪70年代末，西方金融市场利率大幅度上升，使商业银行的负债成本随之上扬，严重削弱了银行的获利能力，负债经营的弊端越发明显，资产负债管理理论出现了。该理论认为，商业银行在业务经营过程中，应该按实际需要，运用科学的管理手段，对经营的各类资产与负债进行计划与统筹安排，对其进行控制与调节，使之在总量上均衡、结构上优化，从而实现"三性"的均衡，达到商业银行自我控制、自我约束与自我发展的理想境界。资产负债管理的方法有不少，目前我国商业银行使用的资产负债比例管理法就是其中之一。今后，随着市场利率化的进程，还可以使用差额管理法、线性规划法等。

（四）商业银行经营管理理论的展望

资产负债管理理论在整个20世纪80年代乃至今日，都是世界上大多数商业银行经营管理思想的主流。但是，随着金融创新的发展、市场竞争的日趋激烈，商业银行需要寻找新的利润增长点。于是，一种商业银行经营管理理论——资产负债外管理理论正悄然出现。该理论主张银行应该从正统的资产和负债业务以外去开拓新的业务领域，开辟新的盈利源泉。

资产负债外管理理论的兴起不是对资产负债管理理论的否定，而是补充。前者用以管理银行表外业务，后者用以管理银行表内业务。目前，两者都被应用于发达国家商业银行的业务管理之中。对于它的进一步发展，人们正在密切关注。

本章练习题

一、单项选择题

1. 标志着西方现代商业银行制度建立的银行是（　　）。
   A. 英格兰银行　　　　B. 汉堡银行　　　　C. 威尼斯银行　　　　D. 阿姆斯特丹银行
2. 中国自主创办的第一家银行是（　　）。
   A. 中国通商银行　　　B. 中国交通银行　　C. 户部银行　　　　　D. 中国实业银行
3. 目前，世界各国大多数实行的银行制度是（　　）。
   A. 持股公司制　　　　B. 单元制　　　　　C. 连锁制　　　　　　D. 分行制
4. 股份制商业银行内部组织结构的设置分为所有权机构和经营权机构。所有权机构包括股东大会、董事会和监事会。其常设经营决策机关是（　　）。
   A. 股东大会　　　　　B. 董事会　　　　　C. 监事会　　　　　　D. 执行机构
5. 开发银行多属于一个国家的政策性银行，其宗旨是通过融通长期性资金以促进本国经济建设和发展，这种银行在业务经营上的特点是（　　）。
   A. 不以营利为经营目标　　　　　　　　B. 以营利为经营目标
   C. 为投资者获取利润　　　　　　　　　D. 为国家创造财政收入
6. 最基本也是最能反映商业银行经营活动特征的职能是（　　）。
   A. 信用创造　　　　　B. 支付中介　　　　C. 信用中介　　　　　D. 金融服务
7. 商业银行的资产业务是指（　　）。

　　A. 资金来源业务　　　B. 存款业务　　　　C. 中间业务　　　　D. 资金运用业务

8. 不属于商业银行的现金资产的是(　　)。

　　A. 库存现金　　　　　B. 准备金　　　　　C. 存放同业款项　　D. 应付款项

9. 不列入资产负债表内但能影响银行当期损益的经营活动,是商业银行的(　　)。

　　A. 资产业务　　　　　B. 负债业务　　　　C. 表外业务　　　　D. 中间业务

10. 以下业务中属于商业银行的表外业务的是(　　)。

　　A. 结算业务　　　　　B. 信托业务　　　　C. 承诺业务　　　　D. 代理业务

11. 资产管理理论重点是商业银行资产的(　　)。

　　A. 盈利性与流动性　　　　　　　　　　　B. 流动性

　　C. 流动性与安全性　　　　　　　　　　　D. 安全性与盈利性

12. 商业银行在经营过程中会面临各种风险,其中,由于借款人不能按时归还贷款人的本息
　　而使贷款人遭受损失的可能性的风险是(　　)。

　　A. 国家风险　　　　　B. 信用风险　　　　C. 利率风险　　　　D. 汇率风险

二、多项选择题

1. 英格兰银行的建立标志着现代银行业的兴起和高利贷的垄断地位被打破。现代银行的
　　形成途径主要包括(　　)。

　　A. 由原有的高利贷银行转变形成　　　　B. 政府出资设立

　　C. 按股份制形式设立　　　　　　　　　D. 政府与私人部门合办

　　E. 私人部门自由设立

2. 商业银行的功能主要有(　　)。

　　A. 信用中介　　　　　B. 支付中介　　　　C. 信用创造

　　D. 信息中介　　　　　E. 金融服务

3. 现代商业银行的发展趋势是(　　)。

　　A. 业务全能化　　　　B. 资本集中化　　　C. 服务流程电子化

　　D. 网络银行快速发展　E. 全球化

4. 商业银行的经营原则是(　　)。

　　A. 安全性　　　　　　B. 社会性　　　　　C. 流动性

　　D. 政策性　　　　　　E. 盈利性

5. 商业银行的组织制度形式目前主要有(　　)。

　　A. 单元制　　　　　　B. 分行制　　　　　C. 二元制

　　D. 持股公司制　　　　E. 连锁银行制

6. 商业银行广义的负债业务主要包括(　　)。

　　A. 存款负债　　　　　B. 资本负债

　　C. 借入负债　　　　　D. 现金负债　　　　E. 自有资本

7. 商业银行资产业务主要内容有(　　)。

　　A. 现金资产　　　　　B. 贷款　　　　　　C. 贴现业务

　　D. 存款　　　　　　　E. 证券投资

8. 商业银行的表外业务主要有( )。

   A. 贷款承诺与贷款销售　　B. 金融期货与金融期权　　　C. 远期与互换

   D. 委托收款与财务管理　　E. 开立备用信用证

9. 商业银行经营管理的理论是随着经济和金融的发展不断演变的,资产管理是商业银行的
传统管理办法。资产管理的重点是流动性的管理,其理论发展阶段包括( )。

   A. 商业贷款理论　　　B. 资产转移理论　　　C. 购买理论

   D. 预期收入理论　　　E. 销售理论

10. 在《巴塞尔协议》中将银行主要资本划分为两类,它们是( )。

   A. 补充资本　　　　　B. 债务资本　　　　　C. 核心资本

   D. 附属资本　　　　　E. 债权资本

三、简述题

1. 简述商业银行的性质以及它与其他金融机构的区别。

2. 简述商业银行的职能。

3. 简述商业银行经营的原则。

四、论述题

1. 结合实际,谈谈如何有效地协调商业银行经营"三性"原则的关系。

2. 试论发展我国商业银行中间业务和表外业务的意义。

3. 试述商业银行资产负债管理理论的发展脉络。

第六章
金融市场

扫码查看视频

学习目的和要求

学习本章,应准确识记本章的基本概念,领会本章的基本理论。理解金融市场的基本含义与构成要素;了解金融市场的种类;理解金融市场的功能。

导入案例

国际金融市场创新

金融创新是指在金融领域各种金融要素重新组合以实现利润目标或效率目标的过程,包括新的金融工具、新的金融市场、融资方式、新的支付清算手段以及新的金融组织形式与管理方法等内容。它是一个连续不断的过程,但又带有突发性,在某个时期集中出现。现在所指的国际金融创新通常是第二次世界大战以后,特别是20世纪70年代以来在西方国家金融活动中,种种创造变革的出现。金融市场创新主要途径体现在如下几个方面。

一、金融产品创新

金融产品创新指金融业在社会经济和经济体制的发展与变革中适时地创造新的多样化的金融产品工具。比如推出在支付方式、期限性、安全性、流动性、利率、收益等方面具有新的特征的有价证券、汇票、金融期货等交易对象。

二、金融技术创新

金融技术创新指在融资过程中各种新的资金营运和管理技术的引入,使金融交易成本大幅度降低,有效地规避风险,交易速度大大提高,信息处理技术及网络金融日臻完善等。

三、金融市场创新

金融市场创新指金融业紧跟现代化社会经济的发展,为谋求自身的生存和发展以及实现利润最大化目标,通过金融产品和金融技术的创新积极扩展金融业务范围,创造新的金融市场,不断开拓新的融资空间所做的努力。

例如,欧洲股票市场。欧洲股票是指由一家跨国辛迪加同时在若干个全国性股票交易所发行的股票。

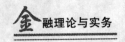

四、金融制度创新

金融制度创新指各国金融当局调整金融政策、放松金融管制、改革金融监管制度和金融业治理结构等所导致的金融创新活动,如推进金融自由化,建立新的组织机构,实行新的管理方法来维持金融体系的稳定等。

资料来源:生柳荣:当代金融创新。

第一节　金融市场概述

一、金融市场的含义

金融市场是指以金融资产为交易对象、以金融资产的供给方和需求方为交易主体形成的交易机制及其关系的总和。可以通过如下三个要点理解这一概念:

一是金融资产的交易场所既可以是有形的亦可以是无形的;

二是金融资产的供给方和需求方(资金供给者和资金需求者)形成的供求关系会在金融市场中得到反映;

三是金融资产交易过程中的运行机制,特别是价格机制(利率、汇率、证券价格等),是影响金融市场健康运行的主要因素。

远在金融市场形成以前,信用工具便已产生。它是商业信用发展的产物。但是由于商业信用的局限性,这些信用工具只能存在于商品买卖双方,并不具有广泛的流动性。随着商品经济的进一步发展,在商业信用的基础上,又产生了银行信用和金融市场。银行信用和金融市场的产生和发展反过来又促进了商业信用的发展,使信用工具成为金融市场上的交易工具,激发了信用工具潜在的重要性。在现代金融市场上,虽然信用工具仍是主要的交易工具,但具有广泛流动性的还有反映股权或所有权关系的股票以及其他金融衍生商品,它们都是市场上金融交易的工具,因而统称为金融工具。

在市场经济条件下,市场在配置资源中起着基础性作用。市场体系分为产品市场和要素市场,而金融市场是要素市场的重要组成部分。在现代市场经济中,各种交易活动都要通过资金的流动来实现,因此金融市场在整个市场体系中起着举足轻重的作用。

二、金融市场的产生与发展

(一)国外金融市场的产生与发展

1. 国外金融市场的形成

真正的金融市场,是在商品经济高度发达的资本主义生产方式的基础上得以形成和发展的。

在中世纪,清算制度的产生大大减少了货币的兑换,方便了大宗商品的交易,节约了交易成本。随着清算制度的产生,汇票也随之产生。国际贸易需要的货币兑换和汇兑业务的繁荣,促成了银行业的发展。意大利的佛罗伦萨等地区,最先建立了银行。意大利还出现了最初的保险业务,海上保险是当时最重要的保险业务,目的是为了避免航海贸易的损失。

17世纪初,阿姆斯特丹建立了最早的现代意义上的证券交易所。阿姆斯特丹证券交易所的建立,标志着金融市场的正式形成。

2. 国外金融市场的发展

英国于18世纪完成了工业革命。1773年,伦敦证券交易所成立。但在成立初期,伦敦的金融市场并没有发挥非常大的作用,因为"南海泡沫事件"的影响,英国政府颁布了"泡沫法"。直到1824年,"泡沫法"才被废除。此时,英国的金融市场才真正开始发挥应有的作用。从17世纪到第一次世界大战以前,伦敦一直是国际贸易和世界金融的中心。

美国最早的证券交易所是1790年成立的费城证券交易所,但美国最著名的证券交易所还要数纽约证券交易所。1792年,纽约的24名商人在华尔街签订了《梧桐树协议》,约定每天都进行露天股票交易。后来,露天交易转移到一家咖啡馆进行。1817年,纽约证券交易所正式成立。纽约证券交易所尽管最初仅仅是一家露天交易所,但今天却是全世界最重要的证券交易机构。第一次世界大战结束后,英国由于战争的大量消耗,经济受到重创,而美国却在战争中,通过对英国和法国的融资,大发横财。此后,美国便取代了英国成为新的世界金融霸主。

1929—1933年,美国爆发了前所未有的金融危机,危机很快也传至西方世界的其他国家,最终引起了世界范围的金融危机。这一事件,导致美国成立证券交易委员会,开始对资本市场进行严格的监管;同时颁布了《格拉斯-斯蒂格尔法案》,将银行业和证券业相分离。这次事件实际上使得美国的资本市场在其金融体系中的地位得到了更进一步的提高。

第二次世界大战之后,美国的经济实力更是远远超过西方各国。战后,以美元为中心的布雷顿森林体系的建立,使得美元取代英镑,成为主要的国际结算货币和储备货币。国际性的资金借贷和资金筹集也集中在纽约。

现今,占据国际金融市场统治地位的仍然是美国,但其他金融强国,如英国、法国、德国、日本、瑞士的力量也不容小视。

美国和英国的金融体系是市场主导型。在这一类国家中,金融市场在国家金融体系中占据着主导地位,企业的融资主要依靠金融市场的直接融资。而法国和德国的金融体系是银行主导型。在这类国家中,金融中介(主要是银行)在国家金融体系中占据着主导地位,企业的融资主要依靠银行的间接融资,银行与企业的关系非常紧密。

(二)中国金融市场的产生与发展

1872年,由李鸿章等人举办的轮船招商局发行股票,这是我国最早的现代股票。

1845年,上海首先出现了租界,大批国外金融企业随即进入。上海很快便成为全国的金融中心。当时,中国全国性的银行中,有一半的总行设在上海,而且上海的对外贸易占全国总量的一半。

新中国成立后,主要金融机构都收归国有。计划经济体制建立之后,我国实行高度集中的金融体制("大一统"的金融体制),金融(银行)作为财政的附属品,只发挥调拨资金的作用。金融市场也基本处于停滞状态。

改革开放以后,随着市场经济体制的确立,金融市场作为市场经济体系重要组成部分的地位也得到确认。同时,随着经济结构的多元化发展和微观主体的财富不断增加,金融市场的作用也在不断加强。20世纪80年代,货币市场开始发展。1984年,我国开始允许金融机

构相互拆借资金以调剂余缺,形成同业拆借市场。1985 年,在全国范围内开展了商业汇票承兑业务,并允许商业银行向中央银行再贴现,票据市场初步形成。1991 年,全国证券交易报价系统试运行国债回购协议交易,此后经整顿,回购协议市场出现了交易所市场和银行间市场的分离。

相比于货币市场,我国资本市场的发展更加迅速。资本市场的迅速发展,首先体现在证券市场上。1981 年,我国开始发行国库券。1990 年 12 月和 1991 年 7 月,上海证券交易所和深圳证券交易所分别正式营运。2000 年,中国证监会发布并实施了证券发行上市核准制度。

与证券市场的快速发展相伴,我国基金市场的发展也十分迅速。1992 年 11 月,中国人民银行总行批准淄博乡镇投资基金开始运行,并与 1993 年开始在上海证券交易所挂牌上市,这是我国首只在交易所上市交易的投资基金。1997 年 11 月,国务院颁布了《证券投资基金管理办法》。为此,人们又习惯把 1998 年开始设立的基金称为"新基金"。自 1998 年起,我国证券投资基金试点开始,在发行"新基金"的同时,对"老基金"进行清理规范工作。"新基金"中,最早的两只封闭式基金是 1998 年 3 月设立的基金开元和基金金泰,最早的开放式基金是 2001 年 9 月设立的华安创新基金。

1994 年年初,我国取消了外汇额度管制,实行了结售汇制度,实现了汇率并轨。1996 年 4 月,银行间外汇市场正式运行,并在上海成立了中国外汇交易中心。1996 年 12 月,实现人民币经常项目下可兑换。2005 年 7 月 21 日,中国人民银行宣布汇率形成机制再次改革,开始实行以市场供求为基础、参考"一篮子"货币进行调节、有管理的浮动汇率制度。近年来,我国黄金市场发展十分迅速。

三、金融市场的构成要素

(一) 金融市场的交易主体

金融市场主要的交易主体包括资金需求者、资金供给者和金融中介。资金供给者,也即投资者,是指为了获取收益而购买金融工具的经济主体;资金需求者,也即筹资者,是指因资金短缺而在金融市场上筹集资金的经济主体;金融中介,是指为资金需求者和供给者提供中介服务,以获取相应报酬的一类特定的金融交易主体。

除投资者、筹资者和金融中介这三类最基本的交易主体之外,金融市场的交易主体还包括套期保值者、套利者和监管者等。

在金融市场上,有着众多的参与者,比如企业、居民、金融机构、政府机构、中央银行等。这些参与者,都是金融市场的交易主体,扮演着一个或多个交易主体的角色。

1. 企业

在大多数国家,企业是金融市场最重要的资金需求者,它们需要通过金融市场,筹集生产经营所需要的资金,以扩大经营规模。同时,企业也是金融市场重要的资金供给者。企业在生产经营过程中,产生资金闲置,为了保值、增值,企业也会暂时将资金的使用权转让出去,从而获取收益。除此之外,企业也有套期保值的需要,从而能够更好地规避各种风险。

2. 居民

一般来说,居民个人往往是资金的供给者。居民为了使手中的资金能够得到增值,同时将闲散的资金聚集起来以备不时之需,这都使得居民有在金融市场上投资的需要。居民通过在金融市场购买各种有价证券进行投资,可以满足日常的流动性需求,也可以获得收益。其次,居民有时还是资金的需求者。由于居民有时会面临大额消费的情况,如购买房产、汽车等,但自身又无法提供足够的货币,这时他们便会成为资金的需求者,需要从外部获得资金来满足购买的需求,最常见的形式是向银行贷款。再次,有一部分居民将闲散资金投向金融市场,有时也会成为套利者。

3. 政府机构

在大多数国家特别是我国,政府机构主导的建设工程,是基础设施建设的主要方式,这就需要政府机构能够筹集到足够的资金。从这个角度上讲,政府机构在金融市场上是非常重要的一类资金需求者。它主要通过发行财政债券、地方债券,甚至通过国际举债来筹资。政府机构有时也会扮演资金供给者的地位,例如财政收入在没有支出时往往会交给银行投资,再如政府机构参与一些金融投资。总而言之,政府机构也是金融市场的重要参与者。

4. 存款性金融机构

存款性金融机构,是通过吸收存款而获得资金,又将资金贷放给其他需要资金的经济主体,从而获取收益的金融机构。它们在金融市场上,同时扮演着金融中介、套期保值者、套利者等多种交易主体的角色。

企业作为资金的需求者,既可以向公众直接筹集资金,也可以通过间接融资的方式,即向存款性金融机构(商业银行、信用合作社等)贷款。此时,存款性金融机构便作为金融中介,服务于金融市场,它是资金供给者和需求者之间的中介和纽带。如果将其拆分来看,相对于金融市场上的资金供给者而言,存款性金融机构是资金需求者;相对于资金需求者而言,它是资金供给者。也就是说,存款性金融机构通过将一对“供给—需求”关系拆分成两对,来发挥它的中介职能。

我国的存款性金融机构,主要包括商业银行和信用合作社。其中商业银行是占据主导地位的存款性金融机构。信用合作社由于其具有规模小、经营灵活的特点,目前主要活跃于我国的农村金融市场。

5. 非存款性金融机构

非存款性金融机构,也是重要的金融中介。与存款性金融机构不同,非存款性金融机构并非是资金的中介,而是服务的中介、信息的中介。因此,通过非存款性金融机构进行的融资,属于直接融资。

1) 投资银行

投资银行是最为重要的一类非存款性金融机构,它是资本市场上从事证券的发行、买卖及相关业务的一类机构。投资银行最重要的职能是证券的发行和承销,还兼营证券的买卖。因此,一方面,它为资金需求者提供筹资服务;另一方面,它还充当证券买卖活动的经纪人或交易商。目前,投资银行除了证券发行承销和买卖之外,它往往还提供公司理财、企业并购、风险管理、咨询等服务,在资本市场上充当着相当重要的角色。在我国,投资银行一般被称作证券公司

2) 保险公司

保险公司是提供保险服务的金融机构,它通过收取保险费的方法,建立保险基金,依据

保险合同,对被保险人遭受的经济损失进行补偿。保险公司可以分为人寿保险公司和财产保险公司两大类。一般来说,人寿保险公司保险费来源和支出比较稳定,而财产保险公司的保险费来源和支付具有偶然性和不确定性。这样的差别,决定了两类公司资金运用方向的不一致。人寿保险公司的投资往往追求较高的收益,投资周期长,这样使得人寿保险公司成为金融市场重要的一类资金供给者。在一些西方国家,人寿保险公司是最为活跃的一类机构投资者。财产保险公司相比于人寿保险公司而言,更加重视资金的流动性,因此其投资方向更为谨慎,投资周期相对较短。

3) 投资基金

投资基金是集合众多投资者资金,并将资金进行组合投资的金融中介机构。投资基金的资金来源是分散的,而投资策略也往往会投向多样化的证券组合。除上面提到的一些典型的非存款性金融机构外,养老基金、信托公司等金融机构,也都是金融市场的重要参与者。

6. 中央银行

中央银行是金融市场上非常特殊的一类参与者。中央银行是一国金融市场重要的监管者,它参与金融市场交易的目的是为了实施货币政策、调控货币供应,为国家的宏观经济目标服务。中央银行以公开市场业务的方式参与金融市场活动,在货币市场通过买卖政府债券投放和回笼基础货币,以影响货币供应量和市场利率;同时在外汇市场买卖本国或外国货币,以维持汇率的稳定。此外,为了调节外汇储备,中央银行也会参与国际金融市场的交易,并投资于外国政府债券或进行金融衍生工具交易。由此可见,中央银行也会在金融市场上扮演资金的供给者和需求者两种角色。然而,中央银行的活动不以营利为目的,而是为了调节金融市场上其他经济主体的行为。

(二) 金融市场的交易对象

金融市场的交易对象是金融资产。金融资产是代表未来收益或资产合法要求权的凭证,因此也被称作金融工具。一般而言,一切可以在金融市场上进行交易、具有现实价格和未来估价的金融工具都是金融资产。其最突出的特征是,相比于实物资产而言,金融资产不仅能够取得收益,而且更加容易转化为货币。早期的金融资产只包括债务性和权益性资产,这些资产统称为原生性金融资产。随着金融市场的发展和金融创新的推动,现代金融资产除原生性金融资产外,还包括远期、期货、期权和互换等衍生性金融资产。金融资产一般具有以下特征。

1. 期限性

金融资产一般都有固定的偿还期限。例如,贷款到期必须还本付息。

2. 收益性

金融资产可以取得收益,或是价值增值。这相当于投资者让渡资金使用权的回报。无论是股息、利息,还是买卖的价差,都是金融资产的收益。衡量金融资产收益能力的指标是收益率,也就是净收益和本金的比率。

3. 流动性

金融工具的变现能力,即转变为现实购买力货币的能力。金融工具的变现能力越强,成本越低,其流动性就越强;反之,流动性越弱。偿还期限、发行人的资信程度、收益率水平等是影响金融工具流动性强弱的主要因素。偿还期限与金融工具的流动性呈反向变动关系,而发行人的资信程度和收益率水平则与金融工具的流动性呈正向变动关系；偿还期越长，流动性越弱；偿还期越短，流动性越强。因此，短期金融工具的流动性要强于长期金融工具；金融工具发行者的信誉状况越好，金融工具的流动性越强；反之，流动性越弱。

4. 风险性

这是指购买金融工具的本金和预定收益遭受损失可能性的大小。购买任何一种金融工具都会有风险。风险主要来源于两个方面：一是金融工具的发行者不能或不愿履行按期偿还本金、支付利息的约定，从而给金融工具的持有者带来损失的可能性；二是由于金融市场上金融工具交易价格的波动而给金融工具的持有者带来损失的可能性。

（三）金融市场的交易机制

金融市场的交易机制，是金融资产交易过程中所产生的运行机制，其核心是价格机制。价格机制，是指在竞争过程中，与供求相互联系、相互制约的市场价格的形成和运行机制。金融市场要发挥作用，必须通过价格机制才能顺利实现。这是因为：

价格是金融信息的传播者，价格变动情况是反映金融市场活动状况的一面镜子，是金融市场运行的"晴雨表"。

价格是人们经济交往的纽带，金融资产在各个经济单位、个人之间的不停流转，必须通过价格机制才能实现。

价格是人们经济利益关系的调节者，在金融市场中，任何价格的变动，都会引起不同部门、地区、单位、个人之间经济利益的重新分配和组合。

金融资产的价格一般体现在利率、汇率、资产价格这类金融市场所特有的价格形式上，而这些价格形式往往又有其各自复杂的价格形成机制。

（四）金融交易的组织方式

一般来说，金融市场交易主要有两种组织方式：场内交易方式和场外交易方式。

按照一定的交易价格针对某种金融工具展开交易时，如果是在交易所内完成的，即为场内交易方式，也叫交易所交易方式；凡是在交易所之外的交易都称为场外交易方式，也称为柜台交易方式。

四、金融市场的新趋势

随着科技发展和金融创新的加剧，金融市场出现了一些新的变化趋势。

（一）资产证券化

资产证券化是指把流动性较差的资产，如金融机构的长期固定利率贷款、企业的应收账款等，通过商业银行或投资银行的集中及重新组合，以这些资产做抵押发行证券，以实现相关债权的流动化。

资产证券化的最主要特点，是将原来不具有流动性的融资形式变成流动性的市场性融资。资产证券化主要有三大积极作用：首先，对投资者来说，资产证券化为他们提供了更多的投资产品，能够使其投资组合更加丰富；其次，对于金融机构来说，资产证券化可以改善资金周转效率，规避风险，增加收入；再次，资产证券化能够增加市场的活力。但是，资产证券化也带了巨大的风险。资产证券化并没有消除原有资产的固有风险，只是将风险分散或者

转移给其他机构或投资者而已。

（二）金融自由化

20 世纪 70 年代以来，西方国家掀起了金融自由化的浪潮。这些国家开始逐渐放松金融管制，甚至将一些管制取消。金融自由化浪潮兴起的原因是多方面的，既是经济自由主义思潮兴起的结果，也有金融创新的推动，也有资产证券化和金融全球化的影响。金融自由化主要表现在五个方面：一是减少甚至取消国与国之间对金融机构活动范围的限制，国家之间相互开放本国的金融市场；二是放松外汇管制，使资本流动更加便利；三是放松对金融机构的限制，逐渐允许混业经营；四是利率市场化；五是鼓励金融创新，支持新金融工具的交易。

金融自由化，导致了金融竞争的进一步加剧，促进了金融业经营效率的提高，降低了交易成本，促进了资源的优化配置。但是，金融自由化也对金融市场的稳定性提出了挑战，同时也增大了金融监管当局的工作难度。

（三）金融全球化

目前，国际金融市场之间的联系日益密切，正在逐渐形成一个不可分割的整体。金融全球化，既包括市场交易的全球化，也包括市场参与者的全球化。不论是货币市场、资本市场，还是外汇市场，其金融交易的范围都逐渐扩展到世界市场的范围。而且市场参与者也更加丰富，不但有大银行和各国政府，也有普通的金融企业和私人投资者，国际金融交易的准入门槛也越来越低。

金融全球化促进了国际资本的流动，给投资者带来更加丰富的投资机会，有利于资源在全球范围内的配置，有利于促进全球经济的发展。然而，金融全球化使得金融监管变得十分困难，更使得各国金融市场的联系变得密不可分，一旦某国金融市场出现问题，危机便会很快地传导至世界范围。2007 年的全球性金融危机，本来仅是发生在美国的"次贷危机"，正是由于金融全球化，危机很快地席卷全球。

（四）金融工程化

金融工程，指用工程学的思维和工程技术来思考金融问题，是一种对金融问题的创造性解决方式。数学建模、仿真模拟、网络图解，都是金融工程的典型运用。科学技术的进步，特别是电子计算机的运用，是金融工程得以发展的重要保证。金融工程，是高科技在金融领域的运用，它能够带动金融创新，最终提高金融市场的效率。

第二节 金融市场的种类与功能

一、金融市场的种类

（一）按交易标的物划分

按照金融市场交易标的物划分是金融市场最为常见的划分方法。按照这一划分方法，金融市场分为货币市场、资本市场、外汇市场和黄金市场。

1. 货币市场

货币市场又名短期金融市场、短期资金市场，是指融资期限在一年或一年以下，也即作为交易对象的金融资产其期限在一年或一年以下的金融市场。该市场所容纳的金融工具,主要是短期信用工具。从资金需求上讲,它满足了筹资者的短期资金需求;从资金供给上讲,它满足了闲置资金投资的要求。相对于资本市场而言,货币市场具有期限短、交易量大、流动性强、风险小、电子化程度高和公开性强等特点。

货币市场主要包括同业拆借市场、票据市场、回购市场和货币市场基金等。此外,短期政府债券、大额可转让定期存单等短期信用工具的买卖,以及央行票据市场和短期银行贷款也属于货币市场的业务范围。稍后将在"货币市场"部分进行具体的讨论。

2. 资本市场

资本市场又名长期金融市场、长期资金市场,是指融资期限在一年以上,也即作为交易对象的金融资产期限在一年以上的金融市场。这一市场包括所有关系到提供和需求长期资本的机构和交易。资本市场的作用并非满足短期资金需要,而是用以满足中长期投资的需要。相对于货币市场而言,资本市场的期限更长,流动性也相对较弱,风险性也更强。资本市场主要包括股票市场、债券市场和基金市场等。此外,中长期存贷款,也属于资本市场的业务范围。稍后将在"资本市场"部分进行具体的讨论。

3. 外汇市场

外汇市场实际上是以不同种货币计值的两种票据之间的交换。狭义的外汇市场指银行间的外汇交易市场,又称批发外汇市场。广义的外汇市场有着更加广泛的市场参与者,包括银行、商业公司、中央银行、投资银行、对冲基金、散户、货币发行机构、发钞银行、跨国组织、政府等;广义的外汇市场不仅包括批发市场,也包括外汇零售市场。

4. 黄金市场

黄金市场即进行黄金交易的市场。由于黄金是重要的国际储备工具和国际结算工具,因此这一市场有着重要的意义。黄金市场早在 19 世纪初就已经形成,但由于黄金非货币化日趋明显,该市场的地位有所下降;20 世纪 70 年代以后,黄金期货交易的发展十分迅速。目前世界上主要的黄金市场在伦敦、纽约、苏黎世、芝加哥和中国香港地区等。

(二) 按交易对象的交割方式划分

按照交易对象的交割方式,可以将金融市场分为即期交易市场和远期交易市场。即期交易市场是指在交易确立后,若干个交易日内办理资产交割的金融市场。而远期交易市场是指交易双方约定在未来某一确定的时间,按照确定价格买卖一定数量金融资产的金融市场。

(三) 按交易对象是否依赖于其他金融要素划分

按照交易对象是否依赖于其他金融要素,可以将金融市场分为原生金融市场和衍生金融市场。

原生金融市场,即交易原生金融工具的市场。原生金融工具,又名原生性金融产品、基础性金融工具,它体现了实际的信用关系。例如,债券的债权债务凭证,以及股票、基金等所有权凭证,是基本的金融工具。

衍生金融市场,是交易衍生金融工具的市场。衍生金融工具,又名金融衍生品、衍生性金融资产,这类金融工具的回报是根据其他一些金融要素的表现状况衍生出来的。这里的

金融要素,既包括原生金融工具,也包括一些其他要素,如汇率、利率、指数等。衍生品既可以用来转移风险,也可以用于投机。常见的衍生品有期权、期货、远期、互换等。稍后将在"金融衍生工具市场"部分进行具体的讨论。

（四）按交易对象是否新发行划分

按照交易对象是否新发行,可以将金融市场划分为初级市场和次级市场。

初级市场,又称发行市场、一级市场,是指进行金融资产发行活动的市场。金融资产的发行有公募和私募两种形式,公募是将金融资产向社会公众发行,私募是将金融资产向机构投资者发行。次级市场,又名流通市场、二级市场,是指发行之后的金融资产进行买卖的市场,是金融资产流动性得以形成的市场。二级市场的交易,可以通过场内市场完成,也可以通过场外交易完成。场内市场,一般而言就是证券交易所;场外交易,又称柜台交易、店头交易,指在证券交易所之外进行证券买卖。

次级市场可以用来衡量一国金融市场的发达程度,如我国基本没有人寿保险、按揭贷款的次级市场。又如,原本只有未上市公司的证券才需要进行场外交易,而现在一些本来在交易所上市的证券,也转移到场外进行交易,这便形成了第三市场。再如,随着金融市场的发展,越来越多的机构投资者希望能够避开证券经纪人,直接进行交易,这便形成了第四市场。

二、金融市场的功能

金融市场作为现代经济的核心,在整个国民经济运行过程中发挥着重要的功能,表现在如下四个方面。

（一）聚敛功能

所谓聚敛功能,就是金融市场能够引导小额分散资金,汇聚成能够投入社会再生产的资金集合功能。在这里,金融市场起着资金"蓄水池"的作用。不同经济部门的资金收入和支出在时间上并不总是对称的,一些部门可能会存有闲置资金,而另一些部门可能会有融资缺口。金融市场为两者的相互融通提供了便利。因此,这一功能又被称作融通功能。金融市场是资金供求双方融通资金的场所;资金融通是金融市场的基本功能,也是金融市场的初始功能。

在金融市场上,有资金剩余的经济主体,即资金供给者,可以通过购买金融产品的方式,将过剩资金融通给资金短缺的资金需求者;而有资金缺口的经济主体,即资金需求者,可以通过出售金融资产的方式,筹集所需资金。金融市场借助货币资金和金融产品这两种媒介,沟通了资金供给者和需求者,方便其调节资金余缺。在经济中,各经济主体自身的资金是相对有限的,零散的资金是无法满足大规模投资要求的。金融市场的聚敛功能,能够将社会储蓄转化为社会投资。这里的储蓄,并非日常生活中的银行储蓄,而是指推迟当前消费的行为,实质上就是社会各经济主体的资金盈余。投资则是经济主体以营利为目的的,对资本的经营和运用。大额投资往往需要借入资金。一般而言,一个经济主体不会既是资金的盈余者,又同时是资金的需求者。因此,储蓄与投资的主体也并非相同。因此,金融市场在促进储蓄向投资转化时,就必须通过提供多种可供金融市场参与者选择的金融产品来实现。

金融市场之所以具有资金的聚敛功能,在很大程度上是由于金融市场创造了金融资产的流动性。金融市场的这一功能又被称作流动性创造。金融工具的一大特点,就是可以在金融市场上以较低的损失迅速获得现金。流动性是指金融资产迅速转化为现金的能力,如果一项金融资产越容易变现,那么这项资产的流动性就越强。在所有金融资产中,现金的流动性是最强的,它能够随时随地的用来购买其他资产;但现金的收益率是所有金融资产中最低的,而且面对通货膨胀,其购买力还会下降。因此,投资者往往会在金融资产的持有中,尽量做到收益率与流动性两方面都不忽视,保持两者的平衡。金融市场的流动性,是金融市场正常运转的基础。

发达的金融市场可以提供多种多样的金融工具和交易方式,为金融市场参与者提供尽可能多的选择,满足他们的各种偏好。在高效的金融市场上,资金需求者可以很方便地通过直接或间接的融资方式获取资金,资金供给者可以根据自己的收益风险偏好和流动性要求选择合适的投资工具,实现收益的最大化。金融市场的聚敛功能,能够挖掘资金的潜力,提高资金的利用效率,加速资金的流通,促进经济的发展。

(二)配置功能

金融市场的配置功能,主要表现在资源配置、财富再分配、风险再分配三个方面。金融市场的资源配置功能是指金融市场促使资源从低效率的部门转移到高效率的部门,从而使整个社会的资源利用效率得到提高。金融市场的存在,沟通了资金需求者和资金供给者,为双方提供了投融资的途径,同时有利于降低双方的交易成本。而市场上的闲置资金数量往往是短缺的,为了实现收益的最大化,资金需求者和供给者双方都要通过市场竞争做出抉择。资金供给者,即投资者,要将资金投向收益最高的项目;资金需求者,即筹资者,要选择成本最小的融资方式。这样一来,市场上的资金自然就会流向经济效益高、发展潜力大的部门和企业,以及价格低、收益高的金融工具。金融市场的竞争,使得有限的资金流向了效率最大化的地方,使得社会资源得到了优化配置。

金融市场也具有财富再分配的功能。财富是指各经济主体持有全部资产的价值之和。当金融产品的市场价格发生变化时,经济主体所持有的金融资产价值就会发生变化,这将最终影响经济主体的财富。金融产品价格波动时,一部分主体的财富随金融产品价格的升高而增加;另一部分主体的财富随金融产品价格的下跌而减少。这样便导致了社会财富的再分配。

金融市场同时也是风险再分配的场所。金融资产的投资和回报往往不是在同一时期发生的,这一时间间隔的存在,导致了金融资产的投资存在不确定性,也即存在风险。各类金融资产,由于其特性、机理的不同,导致了其内在的风险也不尽相同;不同的风险,可以满足不同风险承受能力的投资者的需要。风险规避者可以选择风险较小的金融资产,风险偏好者可以选择风险较大的金融资产。比如一家上市公司,为了筹集资金,既发行了股票,也发行了债券。较为乐观或者偏好风险的投资者可以购买股票,因为股票的收益高,同时风险也大;而较为保守的投资者可以购买债券,因为债券的收益虽低,但风险也小。这种风险的分配,无论是对于投资者而言,还是对于筹资的公司而言,都是有益处的。

金融市场在实现资源配置的同时,也在进行着风险的配置。伴随着资金的转移,投资活动中的风险从风险承担能力较低的投资者转移到更加乐意承担风险的投资者身上,这是金融市场的风险配置功能。如果有投资者认为所持有的金融资产的风险过高,难以承受,那么他可以将其卖出;如果他希望能够承担更大的风险以获得更高的收益率,那么他可以买入高风险的金融资产。可以说,金融市场上金融资产交易的过程,实际上也是一个将金融资产按照不同风险特征重新分配的过程。

(三)调节功能

金融市场具有调节宏观经济的功能。金融市场通过资金聚敛和资金融通将资金供给者和需求者联系在一起,其运行机制通过对资金供给者和需求者的影响而发挥作用。金融市场对宏观经济,既有直接调节的作用,也有间接调节的作用。

社会资源的配置是通过市场机制进行的。社会对某种产品的需求状况首先通过价格信号反映出来,然后又通过价格信号作用于企业,促使其调整产品的价格和数量,从而达到供给和需求的平衡。金融市场的调节功能也是基于这一机制。在金融市场上的直接融资活动中,投资者为了自身的利益,必然会谨慎地选择合适的投资项目。如果投资项目符合市场需求、效益高、有较好的发展潜力,它相应的证券价格就会上涨,这样就会吸引到更多资金的进入,从而继续支持该项目的发展;反之,如果投资项目不符合市场的要求、效益差、缺乏发展潜力,它对应的证券价格就会下跌,这样该项目的筹资就会发生困难,发展就会受到抑制。

推而广之,如果某个行业或部门的发展前景良好,盈利能力强,自然会得到金融市场的支持;某个行业或部门缺乏发展潜力,则难以在金融市场上获得融资。这就是金融市场的直接调节功能。它实际上是金融市场通过其特有的引导资本形成及合理配置资源的机制,首先对微观经济产生影响,进而影响到宏观经济的一种自发调节机制。此外,金融市场还具有间接调节宏观经济的功能。政府可以通过金融市场的运行,对宏观经济实施间接的调控。

首先,金融市场能够为宏观经济的政策制定提供信息。金融市场上的金融交易,能够将各经济主体的金融活动汇集在一起,从而达到信息集中和信息处理的目的,这称作金融市场的信息提供功能。金融市场的运行状况,在经过收集和分析之后,是有关部门制定政策的依据。

其次,货币政策的实施离不开金融市场。货币政策,是政府调控宏观经济的重要政策,主要调控工具有存款准备金、再贴现、公开市场操作等。货币政策的实施要以金融市场的存在、金融部门及企业成为金融市场的主体为前提。实施货币政策时,通过金融市场可以调节货币供应量、传递政策信息,改善政策实施的效果。

再次,财政政策的实施也需要金融市场的配合。政府通过国债的发行及运用等方式对各经济主体的行为进行引导和调节,而国债的流通则需要金融市场的协助。

(四)反映功能

金融市场的反映功能,主要体现在下面四个方面。

1. 反映微观经济的运行状况

证券买卖大部分都在证券交易所进行,因此人们可以随时通过这个有形的市场了解到各种证券的交易行情,并据此做出投资决策。在一个有效的市场中,证券价格的变化,反映了企业的经营管理状况和发展前景。市场要求证券上市公司定期或不定期公布经营状况和财务报表,来帮助广大投资者及时有效地了解及推断上市公司及其相关企业、行业的发展前景。某一企业的经营状况以及公众的预期,可以很快地从证券价格的变化中反映出来。由此可见,金融市场是反映微观经济运行状况的指示器。

2. 反映国民经济运行状况

一方面,金融市场的行情直接反映了国民经济的整体运行状况。当整体国民经济形势良好时,金融市场也会活跃繁荣;而当整个国民经济状况不佳时,金融市场也会表现出萧条的局面。另一方面,金融市场的交易价格反映了货币供应量的状况。货币的紧缩和放松均是通过金融市场进行的,实施货币政策时,金融市场也会出现波动,表现出紧缩或放松的程度。总之,金融市场会反馈宏观经济信息,有助于有关部门的政策制定。因此,金融市场常被称作是国民经济的"晴雨表"和"气象台"。

3. 显示企业的发展动态

由于证券交易的需要,金融市场有大量专门人员长期从事商情研究和分析,并且他们每日与各类工商业企业直接接触,能够了解企业的发展状态。

4. 反映世界经济发展状况

随着各国经济开放程度的不断扩大,金融市场具有一体化、国际化、全球化趋势,整个世界金融市场联成一体,信息传递四通八达,迅速及时,从而能够及时反映世界各国经济发展、变化动向。

本章练习题

一、单项选择题

1. 金融市场的构成要素不包括(　　)。
   A. 市场参与主体　　　　　　　　B. 交易的组织方式
   C. 交易数量　　　　　　　　　　D. 金融工具

2. 一般情况下,发行人的资信程度和收益率水平与金融工具的流动性呈(　　)变动关系。
   A. 正向　　　　B. 反向　　　　C. 无关　　　　D. 不确定

3. 购买金融工具的本金和预定收益可能会遭受损失,这指的是金融工具的(　　)特征。
   A. 期限性　　　　B. 风险性　　　　C. 流动性　　　　D. 收益性

4. 下列金融工具属于货币市场工具的是(　　)。
   A. 股票　　　　B. 公司债券　　　　C. 中长期公债　　　　D. 商业票据

5. 下列债券中,风险在各种债券中最低的是(　　)。
   A. 金融债券　　　　B. 政府债券　　　　C. 信用债券　　　　D. 抵押债券

6. 通常规定可赎回债券在发行后至少(　　)年内不允许赎回。
   A. 2　　　　B. 3　　　　C. 4　　　　D. 5

7. 金融市场分为发行市场和流通市场的依据是(　　)。
   A. 按交割方式划分　　　　　　　B. 按有无固定场所划分
   C. 按市场中金融工具期限的长短划分　　D. 按金融资产的发行和流通特征划分

8. 最古老的金融市场是(　　)。
   A. 票据市场　　　　B. 证券市场　　　　C. 黄金市场　　　　D. 外汇市场

9. 金融市场,尤其是股票市场通常被称为国民经济的晴雨表,是公认的国民经济信号系统。

这体现了金融市场的(　　)功能。

A. 风险转移功能

B. 资金配置功能

C. 对宏观经济的调控功能

D. 对宏观经济的反映功能

二、多项选择题

1. 金融市场的参与主体有(　　)。

　　A. 各类金融机构　　　B. 居民个人　　　C. 中央银行

　　D. 工商企业　　　　　E. 政府部门

2. 金融工具的特征有(　　)。

　　A. 收益性　　　　　　B. 风险性　　　　C. 流动性

　　D. 期限性　　　　　　E. 永久性

3. 购买任何一种金融工具都会有风险,其风险主要来源于(　　)。

　　A. 操作风险　　　　　B. 信用风险　　　C. 汇率风险

　　D. 市场风险　　　　　E. 流动性风险

4. 下列属于原生金融工具的有(　　)。

　　A. 期货　　　　　　　B. 期权　　　　　C. 票据

　　D. 股票　　　　　　　E. 债券

5. 按市场中交易的标的物划分,金融市场可分为(　　)。

　　A. 票据市场　　　　　B. 证券市场　　　C. 外汇市场

　　D. 黄金市场　　　　　E. 衍生工具市场

三、简述题

1. 简述金融市场的基本含义。

2. 简述金融工具的基本特征。

3. 简述发行市场与流通市场的关系。

四、论述题

试述金融市场的功能。

第七章
货币市场

扫码查看视频

学习目的和要求

学习本章,应准确识记本章的基本概念,领会本章的基本理论,并能应用基本理论对现实金融问题进行一定的分析。掌握货币市场的特点与功能;了解货币市场各个子市场的运行机制,掌握货币市场各个子市场的作用。

导入案例

中国货币市场基准利率——上海银行间同业拆放利率

中国人民银行借鉴国际经验推动了报价制中国货币市场基准利率——上海银行间同业拆放利率(Shibor)的建立。Shibor是由信用等级较高的银行组成报价团自主报出的人民币同业拆借出利率计算确定的算术平均利率,是单利、无担保、批发性利率。目前对社会公布的Shibor品种包括隔夜、1周、2周、1个月、3个月、6个月、9个月及1年共8个品种。

Shibor报价银行团现由18家商业银行组成。报价银行是公开市场一级交易商或外汇市场做市商,在中国货币市场上人民币交易相对活跃、信息披露比较充分的银行。中国人民银行成立Shibor工作小组,依据《上海银行间同业拆放利率(Shibor)实施准则》确定和调整报价银行团成员、监督和管理Shibor运行、规范报价行与指定发布人行为。

全国银行间同业拆借中心受权Shibor的报价计算和信息发布。每个交易日根据各报价行的报价,剔除最高、最低各4家报价,对其余报价进行算术平均计算后,得出每一期限品种的Shibor,并于11:00对外发布。

2017年的报价银行团组成包括:国开行、工商银行、农业银行、中国银行、建设银行、交通银行、邮储银行、招商银行、中信银行、光大银行、华夏银行、兴业银行、浦发银行、民生银行、广发银行、北京银行、上海银行、汇丰银行(中国)。

第一节　货币市场概述

一、货币市场的含义

货币市场是一年期以内的短期金融工具交易所形成的供求关系及其运行机制的总和。货币市场的活动主要是为了保持资金的流动性,以便随时可以获得现实的货币。它一方面满足资金需求者的短期资金需要,另一方面也为资金有余者的暂时闲置资金提供能够获取盈利机会的出路。在货币市场中,短期金融工具的存在及发展是其发展的基础。短期金融工具将资金供应者和资金需求者联系起来,并为中央银行实施货币政策提供操作手段。在货币市场上交易的短期金融工具,一般期限较短。正因为这些工具期限短,可随时变现,有较强的货币性,所以,短期金融工具又有"准货币"之称。

一个有效率的货币市场应该是一个具有广度、深度和弹性的市场。货币市场的广度是指货币市场参与者的多样化;深度是指货币市场交易的活跃程度;货币市场的弹性则是指货币市场在应付突发事件及大手笔成交之后价格的迅速调整能力。在一个具有广度、深度和弹性的货币市场上,市场容量大,信息流动迅速,交易成本低廉,交易活跃且持续,能吸引众多的投资者和投机者参与。

货币市场就其结构而言,可分为同业拆借市场、银行承兑汇票市场、商业票据市场、大额可转让定期存单市场、回购市场、短期政府债券市场及货币市场共同基金的市场等若干个子市场。

二、货币市场的特点

货币市场中短期金融工具主要有银行同业资金、回购协议、商业票据、银行承兑汇票、国库券、大额可转让定期存单等。货币市场的特点主要有交易期限短、流动性强、安全性高、交易额大四个。

(一)交易期限短

交易期限短是货币市场交易对象最基本的特征。市场资金主要用于弥补资金需求者临时性的资金不足,以解决短期资金周转需要,并为资金盈余者的暂时闲置资金提供能够获取盈利的机会。所以,在市场上交易的金融工具一般期限较短,最长的不超过 1 年,大多数为3 至 6 个月,最短的交易期限只有半天。

(二)流动性强

货币市场金融工具偿还期限的短期性决定了其较强的流动性。此外,货币市场通常具有交易活跃的流通市场,这意味着金融工具首次发行后可以很容易地找到下一个购买者,这进一步增强了货币市场的流动性。

(三)安全性高

货币市场金融工具发行主体的信用等级较高,只有具有高资信等级的企业或机构才有资格进入货币市场来筹集短期资金。也只有这样的企业或机构发行的短期金融工具才会被主要追求安全性和流动性的投资者所接受。同时,货币市场交易对象期限短、流动性强、不确定因素较少,因此交易双方遭遇损失的可能性也较小,吸引了众多的投资者参与。

(四)交易额大

货币市场是一个批发市场。大多数交易的数额都比较大,个人投资者难以直接参与市场交易。

三、货币市场的功能

(一)短期资金融通功能

市场经济条件下的各种经济行为主体客观上有资金盈余方和资金不足方之分,从期限上可分为一年期以上的长期性资金余缺和一年期以内的短期性资金余缺两大类,相对于资本市场为中长期资金的供需提供服务,货币市场则为季节性、临时性资金的融通提供了可行之径。相对于长期投资性资金需求来说,短期性、临时性资金需求是微观经济行为主体最基本的也是最经常的资金需求,因为短期的临时性、季节性资金不足是由于日常经济行为的频繁性所造成的,是必然的、经常的,这种资金缺口如果不能得到弥补,就连社会的简单再生产也不能维系,或者只能使商品经济处于初级水平,短期资金融通功能是货币市场的一个基本功能。

(二)管理功能

货币市场的管理功能主要是指通过其业务活动的开展,促使微观经济行为主体加强自身管理,提高经营水平和盈利能力。

同业拆借市场、证券回购市场等有利于商业银行业务经营水平的提高和利润最大化目标的实现。同业拆借和证券回购是商业银行在货币市场上融通短期资金的主渠道。充分发达的同业拆借市场和证券回购市场可以适时有度地调节商业银行准备金的盈余和亏缺,使商业银行无须为了应付提取或兑现而保有大量的超额准备金,从而将各种可以用于高收益的资产得以充分运用,可谓"一举两得"。为此,商业银行要运用科学的方法进行资金的流动性管理,这使商业银行资产负债管理跃上一个新的台阶。

票据市场有利于以盈利为目的的企业加强经营管理,提高自身信用水平。票据市场从票据行为上可以分为票据发行市场、票据承兑市场、票据贴现市场,从签发主体上可以分为普通企业票据和银行票据。只有信誉优良、经营业绩良好的主体才有资格签发票据并在发行、承兑、贴现各环节得到社会的认可和接受,不同信用等级的主体所签发和承兑的票据在权利义务关系上有明显的区别,如利率的高低、票据流动能力的强弱、抵押或质押的金额的大小,等等。所以,试图从票据市场上获得短期资金来源的企业必须是信誉优良的企业,而只有管理科学、效益优良的企业才符合这样的条件。

(三)政策传导功能

货币市场具有传导货币政策的功能。众所周知,市场经济国家的中央银行实施货币政策主要是通过再贴现政策、法定存款准备金政策、公开市场业务等的运用来影响市场利率和调节货币供应量以实现宏观经济调控目标的,在这个过程中货币市场发挥了基础性作用。

1. 同业拆借市场是传导中央银行货币政策的重要渠道

中央银行通过同业拆借市场传导货币政策借助于对同业拆放利率和商业银行超额准备

金的影响。首先,同业拆放利率是市场利率体系中对中央银行的货币政策反映最为敏感和直接的利率之一,成为中央银行货币政策变化的"信号灯"。这是因为,在发达的金融市场上,同业拆借活动涉及范围广、交易量大、交易频繁,同业拆放利率成为确定其他市场利率的基础利率。国际上已形成在同业拆放利率的基础上加减协议幅度来确定利率的方法,尤其是伦敦同业拆借利率更成为国际上通用的基础利率。中央银行通过货币政策工具的操作,首先传导影响同业拆放利率,继而影响整个市场利率体系,从而达到调节货币供应量和调节宏观经济的目的。其次,就超额准备而言,发达的同业拆借市场会促使商业银行的超额准备维持在一个稳定的水平,这显然给中央银行控制货币供应量创造了一个良好的条件。

2. 票据市场为中央银行提供了宏观调控的载体和渠道

票据市场为中央银行执行货币政策提供了重要载体。首先,再贴现政策必须在票据市场实施。一般情况下,中央银行提高再贴现率,会起到收缩票据市场的作用,反之则扩展票据市场。同时,中央银行通过票据市场信息的反馈,适时调整再贴现率,通过货币政策中介目标的变动,达到货币政策最终目标的实现。另外,随着票据市场的不断完善和发展,票据市场的稳定性不断增强,会形成一种处于均衡状态下随市场规律自由变动的、供求双方均能接受的市场价格,反映在资金价格上就是市场利率,它无疑是中央银行利率政策的重要参考。其次,多种多样的票据是中央银行进行公开市场业务操作的工具之一,中央银行通过买进或卖出票据投放或回笼货币,可以灵活地调节货币供应量,以实现货币政策的最终目标。

3. 国库券等短期债券是中央银行进行公开市场业务操作的主要工具

公开市场业务与存款准备金政策和再贴现政策相比有明显优势,它使中央银行处于主动地位,其规模根据宏观经济的需要可大可小,交易方法和步骤可以随意安排,不会对货币供给产生很大的冲击。同时,其操作的隐蔽性不会改变人们的心理预期,因此易于达到理想的效果。但是,开展公开市场业务操作需要中央银行具有相当规模、种类齐全的多种有价证券,其中国债尤其是短期国债是主要品种。因为国债信用优良、流动性强,适应了公开市场业务操作的需要,同时,公开市场业务操作影响的主要是短期内货币供应量的变化,所以对短期债券和票据要求较多。因此,具有普遍接受性的各种期限的国库券成为中央银行进行公开市场业务操作的主要工具。

(四) 促进资本市场尤其是证券市场发展的功能

货币市场和资本市场作为金融市场的核心组成部分,前者是后者规范运作和发展的物质基础。首先,发达的货币市场为资本市场提供了稳定充裕的资金来源。从资金供给角度看,资金盈余方提供的资金层次是由短期到长期、由临时性到投资性的,因此货币市场在资金供给者和资本市场之间搭建了一个"资金池",资本市场的参加者必不可少的短期资金可以从货币市场得到满足,而从资本市场退出的资金也能在货币市场找到出路。因此,货币市场和资本市场就如一对"孪生兄弟",不可偏废于任何一方。其次,货币市场的良性发展减少了由于资金供求变化对社会造成的冲击。从长期市场退下来的资金有了出路,短期游资对市场的冲击力大减,投机活动达到了最大可能的抑制。因此,只有货币市场发展健全了,金融市场上的资金才能得到合理的配置,从世界上大多数发达国家金融市场的发展历程中可以总结出"先货币市场,后资本市场"是金融市场发展的基本规律。

第二节　同业拆借市场

同业拆借市场,也可以称为同业拆放市场,是指金融机构之间以货币借贷方式进行短期资金融通活动的市场。同业拆借的资金主要用于弥补短期资金的不足、票据清算的差额以及解决临时性的资金短缺需要。同业拆借市场交易量大,能敏感地反映资金供求关系和货币政策意图,影响货币市场利率,因此,它是货币市场体系的重要组成部分。

一、同业拆借市场的形成和发展

同业拆借市场产生于存款准备金政策的实施,伴随着中央银行业务和商业银行业务的发展而发展。为了控制货币流通量和银行的信用扩张,美国最早于 1913 年以法律的形式规定,所有接受存款的商业银行都必须按存款余额计提一定比例的存款准备金,作为不生息的支付准备存入中央银行,准备数额不足就要受到一定的经济处罚。美国规定,实际提取的准备金若低于应提取数额的 2%,就必须按当时的贴现率加 2%的利率交付罚息。由于清算业务活动和日常收付数额的变化,总会出现有的银行存款准备金多余,有的银行存款准备金不足的情况,存款准备金多余的银行,一般愿意尽可能地对多余部分加以利用,以获取利息收益,而存款准备金不足的银行,又必须按规定加以补足。这样,在存款准备金多余和不足银行之间,客观上就存在互相调剂的要求,同业拆借市场便应运而生。1921 年,在美国纽约形成了以调剂联邦储备银行会员银行的准备金头寸为内容的联邦资金市场,实际上是美国的同业拆借市场。在英国,伦敦同业拆借市场的形成,则是建立在银行间票据交换过程的基础之上的。各家银行在轧平票据交换的差额时,有的银行头寸不足,从而就有必要向头寸多余的银行拆入资金,由此使不同银行之间出现经常性的资金拆借行为。

在经历了 20 世纪 30 年代第一次资本主义经济危机之后,西方各国普遍强化了中央银行的作用,相继引入法定存款准备金制度作为控制商业银行信用规模的手段。与此相适应,同业拆借市场也得到了较快发展。在经历了较长时间的发展过程之后,当今西方国家的同业拆借市场,无论在交易内容、开放程度方面,还是在融资规模、功能作用方面,都发生了深刻的变化。拆借交易不仅发生在银行之间,还出现在银行与其他金融机构之间。以美国为例,同业拆借市场形成之初,市场仅局限于联储的会员银行之间。后来,互助储蓄银行和储蓄贷款协会等金融机构也参与了这一市场。20 世纪 80 年代以后,外国银行在美分支机构也加入了这个市场。市场参与者的增多,使得市场融资规模也迅速扩大。

二、同业拆借市场的交易原理

同业拆借市场主要是银行等金融机构之间相互借贷在中央银行存款账户上的准备金余额,用以调剂准备金头寸的市场。一般来说,任何银行可用于贷款和投资的资金数额只能小于或等于负债额减法定存款准备金余额。然而,在银行的实际经营活动中,资金的流入和流出是经常化的和不确定的,银行时时处处要保持在中央银行准备金存款账户上的余额恰好等于法定准备金余额是不可能的。如果准备金存款账户上的余额大于法定准备金余额,即拥有超额准备金,那么就意味着银行有资金闲置,也就产生了相应的利息收入的损失;如果银行在准备金存款账户上的余额等于或小于法定准备金余额,在出现有利的投资机会,而银行又无法筹集到所需资金时,银行就只有放弃投资机会,或出售资产,收回贷款等。为了解决这一矛盾,有多余准备金的银行和存在准备金缺口的银行之间就出现了准备金的借贷。这种准备金余额的买卖活动就构成了传统的银行同业拆借市场。

随着市场的发展,同业拆借市场的参与者也开始呈现出多样化的格局,交易对象也不仅限于商业银行的准备金了,它还包括商业银行相互间的存款以及证券交易商和政府拥有的活期存款。拆借的目的除满足准备金要求外,还包括轧平票据交换的差额、解决临时性、季节性的资金要求等。但它们的交易过程都是相同的。

同业拆借市场资金借贷程序简单快捷,借贷双方可以通过电话直接联系,或与市场中介人联系,在借贷双方就贷款条件达成协议后,贷款方可直接或通过代理行经中央银行的电子资金转账系统将资金转入借款方的资金账户上,数秒钟即可完成转账程序。当归还贷款时,可用同样的方式划转本金和利息,有时利息的支付也可通过向贷款行开出支票进行支付。

三、同业拆借市场的参与者

同业拆借市场的主要参与者首推商业银行。商业银行既是主要的资金供应者,又是主要的资金需求者。由于同业拆借市场期限较短,风险较小,许多银行都把短期闲置资金投放于该市场,以及时调整资产负债结构,保持资产的流动性。特别是那些市场份额有限、承受经营风险能力脆弱的中小银行,更是把同业拆借市场作为短期资金运用的经常性的场所,力图通过该市场提高资产质量,降低经营风险,增加利息收入。

非银行金融机构也是金融市场上的重要参与者。非银行金融机构(如证券商、互助储蓄银行、储蓄贷款协会等)参与同业拆借市场的资金拆借,大多以贷款人身份出现在该市场上,但也有需要资金的时候,如证券商的短期拆入。

此外,外国银行的代理机构和分支机构也是同业拆借市场的参与者之一。市场参与者的多样化,使商业银行走出了过去仅仅重新分配准备金的圈子,同业拆借市场的功能范围有了进一步的扩大,并促进了各种金融机构之间的密切联系。

同业拆借市场中的交易既可以通过市场中介人,也可以直接联系交易。市场中介人指为资金拆入者和资金拆出者之间媒介交易以赚取手续费的经纪商。同业拆借市场的中介人可以分为两类:一是专门从事拆借市场及其他货币市场子市场中介业务的专业经纪商,如日本的短资公司就属这种类型;另一类是非专门从事拆借市场中介业务的兼营经纪商,大多由商业银行承担。这些大中型商业银行不仅充当经纪商,其本身也参与该市场的交易。

四、同业拆借市场的拆借期限与利率

同业拆借市场的拆借期限通常以1~2天为限。短至隔夜,多则1~2周,一般不超过1个月,当然也有少数同业拆借交易的期限接近或达到1年的。同业拆借的拆款按日计息,拆息额占拆借本金的比例为"拆息率"。拆息率每天不同,甚至每时每刻都有变化,其高低灵敏地反映着货币市场资金的供求状况。

在国际货币市场上,比较典型的,有代表性的同业拆借利率有三种,即伦敦银行同业拆放利率(LIBOR)、新加坡银行同业拆借利率和香港银行同业拆借利率。伦敦银行同业拆借

利率,是伦敦金融市场上银行间相互拆借英镑、欧洲美元及其他欧洲货币时的利率。由报价银行在每个营业日的上午 11 时对外报出,分为存款利率和贷款利率两种报价。资金拆借的期限为 1、3、6 个月和 1 年等几个档次。自 20 世纪 60 年代初,该利率即成为伦敦金融市场借贷活动中的基本利率。目前,伦敦银行同业拆放利率已成为国际金融市场上的一种关键利率,一些浮动利率的融资工具在发行时,也以该利率作为浮动的依据和参照物。相比之下,新加坡银行同业拆借利率和香港银行同业拆借利率的生成和作用范围是两地的亚洲货币市场,其报价方法与拆借期限与伦敦银行同业拆放利率并无差别,但它们在国际金融市场上的地位和作用,则要差得多。

五、我国的同业拆借市场

我国的同业拆借市场起步于 1984 年,中国人民银行专门行使中央银行职能后,确立了新的"统一计划、划分资金、实贷实存、相互融通"信贷资金管理体制,鼓励金融机构利用资金的行际差、地区差和时间差进行同业拆借。1986 年是我国同业拆借市场真正启动的一年,1996 年 1 月全国统一的同业拆借市场网络开始运行,标志着我国同业拆借市场进入一个新的规范发展时期。2007 年 1 月 4 日上海银行间同业拆放利率(Shibor)的正式运行,标志着中国货币市场基准利率培育工作的全面启动。

知识拓展

同业拆借月报统计

一、按交易品种统计

按交易品种统计如表 7-1 所示。

表 7-1 中国同业拆借月报(2018 年 6 月数据)

品 种	加权利率(%)	成交笔数(笔)	成交金额(亿元)
IBO001	2.621 7	10 135	87 491.86
IBO007	3.512 0	2 455	9 189.74
IBO014	3.880 8	213	609.95
IBO021	4.597 7	71	132.45
IBO1M	4.346 1	71	150.71
IBO2M	4.842 2	129	178.52
IBO3M	5.404 4	113	161.10
IBO4M	4.844 8	23	20.14
IBO6M	4.848 0	70	77.85
IBO9M	4.925 7	7	18.70
IBO1Y	5.176 4	65	82.30
合 计	2.731 6	13 352	98 113.33

二、按机构类别交易统计

按机构类别交易统计如表7-2所示。

表7-2　按交易机构统计(2018年6月数据)

机构类型	成交笔数(笔)	成交金额(亿元)	加权平均利率(%)	余额(亿元)
大型商业银行	2 167	21 886.93	2.718 7	2 513.21
股份制商业银行	6 441	86 600.19	2.615 0	1 877.59
城市商业银行	4 390	35 146.38	2.690 4	2 219.58
外资机构	3 985	8 815.94	2.741 2	928.23
农村商业银行和合作银行	3 184	10 653.69	2.858 9	2 473.56
其他	6 537	33 123.53	3.045 2	4 679.53
合计	26 704	196 226.65	2.731 6	14 691.70

资料来源:上海银行间同业拆放利率网站。

第三节　回购协议市场

回购协议市场是指通过回购协议进行短期资金融通交易的市场。所谓回购协议指的是在出售证券的同时,和证券的购买商签订协议,约定在一定期限后按原定价格或约定价格购回所卖证券,从而获取即时可用资金的一种交易行为。从本质上说,回购协议是一种抵押贷款,其抵押品为证券。

一、回购协议交易原理

回购协议的期限从一日至数月不等。当回购协议签订后,资金获得者同意向资金供应者出售政府债券和政府代理机构债券以及其他债券以换取即时可用的资金。一般地,回购协议中所交易的证券主要是政府债券。回购协议期满时,再用即时可用资金做相反的交易。从表面上看,资金需求者通过出售债券获得了资金,而实际上,资金需求者是从短期金融市场上借入一笔资金。对于资金借出者来说,它获得了一笔短期内有权支配的债券,但这笔债券到时候要按约定的数量如数交回。所以,出售债券的人实际上是借入资金的人,购入债券的人实际上是借出资金的人。出售一方允许在约定的日期,以原来买卖的价格再加若干利息购回该证券。这时,不论该证券的价格是升还是降,均要按约定价格购回。在回购交易中,若贷款或证券购回的时间为一天,则称为隔夜回购,如果时间长于一天,则称为期限回购。图7-1为回购协议交易原理示意图。

金融机构之间的短期资金融通,一般可以通过同业拆借的形式解决,不一定要用回购协议的办法。有一些资金有余部门不是金融机构,而是非金融行业、政府机构和证券公司等,它们采用回购协议的办法可以避免对放款的管制。此外,回购协议的期限可长可短,比较灵活,也满足了部分市场参与者的需要。期限较长的回购协议还可以套利,即在分别得到资金和证券后,利用再一次换回之间的间隔期进行借出或投资,以获取短期利润。

还有一种逆回购协议,实际上与回购协议是一个问题的两个方面。它是从资金供应者的角度出发相对于回购协议而言的。回购协议中,卖出证券取得资金的一方同意按约定期限以约定价格购回所卖出的证券。在逆回购协议中,买入证券的一方同意按约定期限以约定价格出售其所买入证券。从资金供应者的角度看,逆回购协议是回购协议的逆进行。

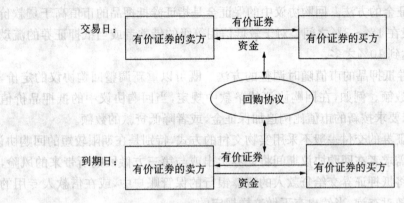

图 7-1 回购协议交易原理示意图

二、回购市场及风险

回购协议市场没有集中的有形场所,交易以电讯方式进行。大多数交易由资金供应方和资金获得者之间直接进行,但也有少数交易通过市场专营商进行。这些专营商大多为政府证券交易商,他们和获得资金的一方签订回购协议,并同供应资金的另一方签订逆回购协议。

大银行和政府证券交易商是回购协议市场的主要资金需求者。银行利用回购协议市场作为其资金来源之一。作为资金获得者,它有着与众不同的优势:首先,它持有大量的政府证券和政府代理机构证券,这些都是回购协议项下的正宗抵押品。其次,银行利用回购协议所取得的资金不属于存款负债,不用缴纳存款准备金。政府证券交易商也利用回购协议市场为其持有的政府证券或其他证券筹措资金。回购协议中的资金供给方很多,如资金雄厚的非银行金融机构、地方政府、存款机构、外国银行及外国政府等。其中资金实力较强的非银行金融机构和地方政府占统治地位。对于中央银行来说,通过回购交易可以实施公开市场操作,所以,回购市场是其执行货币政策的重要场所。回购协议中回购价格的计算公式为

$$i = P \times r \times T/360$$
$$P_R = P + i$$

其中,P 为本金;r 为证券商和投资者所达成的回购时应付的利率;T 为回购协议的期限;i 为应付利息;P_R 为回购价格。

例如,证券持有人甲向乙卖出 100 份公司证券,每份证券的出售价格是 800 元,甲与乙签订回购协议,协议中规定约定利息是 50 元,证券持有人甲在距离债券到期日 90 天回购,则回购价格为

回购价格=售出价格+约定利息=800+50=850(元)

尽管回购协议中使用的是高质量的抵押品,但是交易的双方当事人也会面临信用风险。

回购协议交易中的信用风险来源如下：如果到约定期限后交易商无力购回政府债券等证券，客户只有保留这些抵押品。但如果适逢债券利率上升，则证券价格就会下跌，客户所拥有的债券价值就会小于其借出的资金价值；如果债券的市场价值上升，交易商又会担心抵押品的收回，因为这时其市场价值要高于贷款数额。减少信用风险的方法有如下两种：

（1）设置保证金的方法。回购协议中的保证金是指证券抵押品的市值高于贷款价值的部分，其大小一般在1％～3％之间。对于较低信用等级的借款者或当抵押证券的流动性不高时，差额可能达到10％之多。

（2）根据证券抵押品的市值随时调整的方法。既可以重新调整回购协议的定价，也可以变动保证金的数额。例如，在回购协议的条款中规定，当回购协议中的抵押品价值下跌时，回购协议可以要求按新的市值比例追加保证金，或者降低贷款的数额。

回购协议中证券的交付一般不采用实物交付的方式，特别是在期限较短的回购协议中。但为了防范资金需求者在回购协议期间将证券卖出或与第三方做回购所带来的风险，一般要求资金需求方将抵押证券交给贷款人的清算银行的保管账户中，或在借款人专用的证券保管账户中以备随时查询，当然也有不做这样规定的。

三、回购利率的决定

在回购市场中，利率是不统一的，利率的确定取决于多种因素，这些因素主要有四个。

（一）用于回购的证券的质地

证券的信用度越高，流动性越强，回购利率就越低；否则，利率就会相对来说高一些。

（二）回购期限的长短

一般来说，期限越长，由于不确定因素越多，因而利率也应高一些。但这并不是一定的，实际上利率是可以随时调整的。

（三）交割的条件

如果采用实物交割的方式，回购利率就会较低，如果采用其他交割方式，则利率就会相对高一些。

（四）货币市场的利率水平

回购协议的利率水平不可能脱离货币市场其他子市场的利率水平而单独决定，否则该市场将失去其吸引力。它一般是参照同业拆借市场利率而确定的。由于回购交易实际上是一种用较高信用的证券特别是政府证券作抵押的贷款方式，风险相对较小，因而利率也较低。

第四节 国库券市场

财政部发行的短期债券一般称为国库券。值得注意的是，在我国不管是期限在一年以内还是一年以上的由政府财政部门发行的政府债券，均有称为国库券的习惯。但在国外，期限在一年以上的政府中长期债券称为公债，一年以内的证券才称为国库券。中长期债券市场问题，将在后续"债券市场"部分进行具体的分析。

一、国库券的发行

国库券以贴现方式发行,投资者的收益是证券的购买价与证券面额之间的差额。

(一) 国库券的发行目的

1. 满足政府短期资金需要

政府部门弥补长期收支差额,可通过发行中长期公债来筹措。但政府收支也有季节性的变动,每一年度的预算即使平衡,其间可能也有一段时间资金短缺,需要筹措短期资金以资周转。这时,政府部门就可以通过发行短期债券以保证临时性的资金需要。此外,在长期利率水平不稳定时,政府不宜发行长期公债,因为如果债券利率超过将来实际利率水平,则政府将承担不应承担的高利率。而如果预期利率低于将来实际利率水平,则公债市场价格将跌至票面之下,影响政府公债的销售。在这种情况下,最好的办法就是先按短期利率发行国库券,等长期利率稳定后再发行中长期公债。

2. 为中央银行提供公开市场业务工具

国库券是中央银行进行公开市场操作的极佳品种,是连接财政政策与货币政策的契合点。目前,由于政府短期证券的发行数额增长很快,其在货币政策调控上的意义,有时超过了平衡财政收支的目的。

(二) 发行方式

1. 新国库券大多通过拍卖方式发行

投资者可以两种方式来投标。

(1) 竞争性方式,竞标者报出认购国库券的数量和价格,所有竞标根据价格从高到低排队。

(2) 非竞争性方式,由投资者报出认购数量,并同意以中标的平均竞价购买。竞标结束时,发行者首先将非竞争性投标数量从拍卖总额中扣除,剩余数额分配给竞争性投标者。发行者从申报价最高的竞争性投标开始依次接受,直至售完。当最后中标标位上的投标额大于剩余招标额时,该标位中标额按等比分配原则确定。

竞争性招标又可以分为荷兰式招标方式或美国式招标方式。按荷兰式招标时,所有中标者都按最低中标价格获得国库券。按美国式招标时,中标者按各自申报价格(收益率)获得国库券。非竞争性投标者则按竞争性投标的平均中标价格来认购。

2. 国库券通过拍卖发行的优点

(1) 传统的认购方式下,财政部事先设置好新发行证券的息票和价格,实际上出售之前就决定了发行收益,若认购金额超过发行额,可足额发行,若认购金额少于发行金额,则只能部分发行。采用拍卖方式,较认购方式简单,耗时也少。在拍卖过程中,市场决定收益,因而不存在发行过多或不足的问题。财政部仅决定国库券的供应量,其余皆由市场决定。

(2) 采用拍卖方式发行,也为财政部提供了灵活的筹资手段。因为财政部负债中的少量变化可简单地通过变动每周拍卖中的国库券的供应来实现。

二、国库券的市场特征

同其他货币市场信用工具不同,国库券交易具有一些较明显的投资特征。这些特征对投资者购买国库券具有很大影响。国库券有违约风险小、流动性强、面额小三个投资特征。

(一) 违约风险小

由于国库券是国家的债务,因而它被认为是没有违约风险的。相反,即使是信用等级最高的其他货币市场票据,如商业票据、可转让存单等,都存在一定的风险,尤其在经济衰退时期。国库券无违约风险的特征增加了对投资者的吸引力。

国库券的这一特征还间接地影响到投资者对国库券的需求,因为各种法令和条例赋予了国库券在投资者中的特殊地位。对商业银行和地方政府来说,利用国库券可以解决其他形式的货币市场票据如商业票据和银行承兑票据所无法解决的问题。例如,银行利用国库券可以很容易地与企业及地方政府等部门进行回购协议交易。

(二) 流动性强

国库券的第二个特征是具有高度的可流通性。这一特征使得国库券能在交易成本较低及价格风险较低的情况下迅速变现。国库券之所以具有这一特征,是由于它是一种在高组织性、高效率和竞争市场上交易的短期同质工具(Short-term and Homogeneous Instrument)。当然,当投资者需要资金时,究竟是出卖国库券还是通过其他手段来筹集资金,很大程度上取决于其所需资金的期限及筹集资金的机会成本问题,它包括对风险的考虑、通信费用等从属性交易成本及报价和出价之差额所形成的成本。

(三) 面额小

相对于其他货币市场票据来说,国库券的面额较小。在美国,1970 年以前,国库券的最小面额为 1 000 美元。1970 年年初,国库券的最小面额升至 1 000 美元~10 000 美元,目前为 10 000 美元。其面额远远低于其他货币市场票据的面额(大多为 10 万美元)。对许多小投资者来说,国库券通常是他们能直接从货币市场购买的唯一有价证券。

三、国库券收益计算

国库券通常采用贴现发行方式,即政府以低于国库券面值的价格向投资者发售国库券,国库券到期后按面值支付,面值与购买价之间的差额即为投资者的利息收益。国库券的收益率计算方法为

$$i = \frac{F-P}{P} \times \frac{360}{n} \times 100\%$$

其中,i 为国库券投资的年收益率;F 为国库券面值;P 为国库券购买价格;n 为距离到期日的天数。

例如,一张面额 10 000 美元、售价 9 818 美元、到期期限 182 天(半年期)的国库券,其年收益率为

$$i = \frac{10\,000 - 9\,818}{9\,818} \times \frac{360}{182} \times 100\% = 3.7\%$$

第五节 票据市场

一、商业票据市场

商业票据是大公司为了筹措资金,以贴现方式出售给投资者的一种短期无担保承诺凭证。美国的商业票据属本票性质,英国的商业票据则属汇票性质。由于商业票据没有担保,仅以信用做保证,因此能够发行商业票据的一般都是规模巨大、信誉卓著的大公司。商业票据市场就是这些信誉卓著的大公司所发行的商业票据交易的市场。

(一)商业票据的历史

商业票据是货币市场上历史最悠久的工具,最早可以追溯到19世纪初。早期商业票据的发展和运用几乎都集中在美国,发行者主要为纺织品工厂、铁路、烟草公司等非金融性企业。大多数早期的商业票据通过经纪商出售,主要购买者是商业银行。20世纪20年代以来,商业票据的性质发生了变化。汽车和其他耐用消费品的进口产生了消费者对短期季节性贷款的需求。这一时期产生了大量的消费信贷公司,以满足消费品融资购买的需要。而其资金来源则通过发行商业票据来进行。首家发行商业票据的大消费信贷公司是美国通用汽车承兑公司,它发行商业票据主要为购买通用汽车公司的汽车融资。通用汽车承兑公司进行的改革是将商业票据直接出售给投资者,而不通过商业票据经纪商销售。

20世纪60年代,商业票据的发行迅速增加。其原因有三:

(1)持续8年的经济增长。这段时间企业迅速增加,资金短缺,从银行贷款的费用增加,于是企业便转向商业票据市场求援。

(2)联储体系实行紧的货币政策。1966年和1969年,那些过去使用银行短期贷款的公司发现由于Q项条例利率上限的限制使银行无法贷款给他们。这样,许多公司转向商业票据市场寻找替代的资金来源。

(3)银行为了满足其资金需要,自己发行商业票据。为逃避Q项条例的限制,银行仅在1969年就发行了110多亿美元的商业票据。

历史上,商业银行是商业票据的主要购买者。自20世纪50年代初期以来,由于商业票据风险较低、期限较短、收益较高,许多公司也开始购买商业票据。现在,商业票据的主要投资者是保险公司、非金融企业、银行信托部门、地方政府、养老基金组织等。商业银行在商业票据的市场需求上已经退居次要地位,但银行在商业票据市场上仍具有重要作用。这表现在商业银行代理发行商业票据、代保管商业票据以及提供商业票据发行的信用额度支持等。由于许多商业票据是通过"滚动发行"偿还,即发行新票据取得资金偿还旧票据,加之许多投资者选择商业票据时较为看重银行的信用额度支持,因此,商业银行的信用额度对商业票据的发行影响极大。

(二)商业票据市场的要素

1. 发行人

商业票据的发行视经济及市场状况的变化而变化。一般说来,高利率时期发行数量较少,资金来源稳定时期、市场利率较低时,发行数量较多。商业票据的发行人包括金融性和非金融性公司。金融性公司主要有三种:附属性公司、与银行有关的公司及独立的金融公司。第一类公司一般是附属于某些大的制造公司,如前述的通用汽车承兑公司。第二类是银行持股公司的下属子公司,其他则为独立的金融公司。非金融性公司发行商业票据的频次较金融公司少,发行所得主要解决企业的短期资金需求及季节性开支如应付工资及缴纳税收等。

2. 面额及期限

同其他货币市场信用工具一样,发行者利用商业票据吸收了大量资金。在美国商业票据市场上,虽然有的商业票据的发行面额只有 25 000 美元或 50 000 美元,但大多数商业票据的发行面额都在 100 000 美元以上。二级市场商业票据的最低交易规模为 100 000 美元。据统计,商业票据市场上每个发行者平均拥有 1.2 亿美元的未到期的商业票据,一些最大的单个发行者拥有的未到期的商业票据达数十亿美元之多。

商业票据的期限较短,一般不超过 270 天。市场上未到期的商业票据平均期限在 30 天以内,大多数商业票据的期限在 20~40 天。

3. 销售

商业票据的销售渠道有二:一是发行者通过自己的销售力量直接出售;二是通过商业票据交易商间接销售。究竟采取何种方式,主要取决于发行者使用这两种方式的成本高低。非金融性公司主要通过商业票据间接交易商销售,因为他们的短期信用需求通常具有季节性及临时性,建立永久性的商业票据销售队伍不合算。但有一些规模非常大的公司则通过自己的下属金融公司直接销售,在这样的大公司中,其未到期的商业票据一般在数亿美元以上,其中大多数为大金融公司和银行持股公司。

尽管在投资者急需资金时,商业票据的交易商和直接发行者可在到期之前兑现,但商业票据的二级市场并不活跃。这主要是因为商业票据的期限非常之短,购买者一般都计划持有到期。另一个原因是商业票据是高度异质性的票据,不同经济单位发行的商业票据在期限、面额和利率等方面各有不同,其交易难以活跃。

4. 信用评估

美国主要有四家机构对商业票据进行评级,它们是穆迪投资服务公司、标准普尔公司、德莱·费尔普斯信用评级公司和费奇投资公司。商业票据的发行人至少要获得其中的一个评级,大部分获得两个。商业票据的评级和其他证券的评级一样,也分为投资级和非投资级。美国证券交易委员会认可两种合格的商业票据:一级票据和二级票据。一般说来,要想成为一级票据,必须有两家评级机构对所发行的票据给予了"1"的评级,成为二级票据则必须有一家给予了"1"的评级,至少还有一家或两家的评级为"2"。二级票据为中等票据,货币市场基金对其投资会受到限制。

5. 发行商业票据的非利息成本

同发行商业票据有关的非利息成本有:

(1)信用额度支持的费用。一般以补偿余额的方式支付,即发行者必须在银行账号中保留一定金额的无息资金。有时则按信用额度的 0.375% 至 0.75% 一次性支付。后一种方法近年来较受商业票据的发行者欢迎。

(2)代理费用。主要是商业银行代理发行及偿付的费用。

（3）信用评估费用。它是发行者支付给信用评估机构的报酬。在美国,国内出票人每年支付 5 000～25 000 美元,国外出票人还要多支付 3 500～10 000 美元。

6. 投资者

在美国,商业票据的投资者包括中央银行、非金融性企业、投资公司、政府部门、私人抚恤基金、基金组织及个人。另外,储蓄贷款协会及互助储蓄银行也获准以其资金的 20% 投资于商业票据。投资者可以从三个方面购买商业票据:从交易商手中购买;从发行者那里购买;购买投资商业票据的基金份额。

二、银行承兑票据市场

在商品交易活动中,售货人为了向购货人索取货款而签发的汇票,经付款人在票面上承诺到期付款的"承兑"字样并签章后,就成为承兑汇票。经购货人承兑的汇票称商业承兑汇票,经银行承兑的汇票即为银行承兑汇票。由于银行承兑汇票由银行承诺承担最后付款责任,实际上是银行将其信用出借给企业,因此,企业必须缴纳一定的手续费。这里,银行是第一责任人,而出票人则只负第二手责任。以银行承兑票据作为交易对象的市场即为银行承兑票据市场。

银行承兑汇票是为方便商业交易活动而创造出的一种工具,在对外贸易中运用得较多。当一笔国际贸易发生时,由于出口商对进口商的信用不了解,加之没有其他的信用协议,出口方担心对方不付款或不按时付款,进口方担心对方不发货或不能按时发货,交易就很难进行。这时便需要银行信用从中做保证。一般地,进口商首先要求本国银行开立信用证,作为向国外出口商的保证。信用证授权国外出口商开出以开证行为付款人的汇票,可以是即期的也可是远期的。若是即期的,付款银行(开证行)见票付款。若是远期汇票,付款银行(开证行)在汇票正面签上"承兑"字样,填上到期日,并盖章为凭。这样,银行承兑汇票就产生了。

为了进一步解释银行承兑汇票的产生过程,这里结合一笔进出口贸易来加以说明。假设甲国进口商要从乙国进口一批汽车,并希望在 90 天后支付货款。进口商要求本国银行按购买数额开出不可撤销信用证,然后寄给外国出口商。信用证中注明货物装运的详细要求并授权外国出口商按出售价格开出以进口方开证行为付款人的远期汇票。汽车装船后,出口商开出以甲国开证行为付款人的汇票,并经由乙国通知行将汇票连同有关单据寄往甲国开证行,要求承兑。甲国开证行审核无误后,在汇票正面加盖"承兑"图章,并填上到期日。承兑后,这张远期汇票便成为甲国(进口国)开证银行的不可撤销负债。开证行承兑后将承兑过的汇票交由乙国的通知行退还给开出汇票的出口商。出口商收到汇票后,可要求通知行贴现,取得现款,等于提前收回货款。乙国通知行取得汇票后,可持有至到期日向甲国承兑行(开证行)收款,也可以将汇票拿到金融市场上出售。

从上面这个简单的例子可以看出,在国际贸易中运用银行承兑汇票至少具有如下三个方面的优点:

出口商可以立即获得货款进行生产,避免由货物装运引起的时间耽搁。

由于乙国银行以本国货币支付给出口商,避免了国际贸易中的不同货币结算上的麻烦及汇率风险。

由于有财力雄厚、信誉卓著的银行对货款的支付做担保,出口商无须花费财力和时间去调查进口商的信用状况。

三、中央银行票据市场

中央银行票据是中央银行向商业银行发行的短期债务凭证,其实质是中央银行债券。中央银行发行票据的目的不是为了筹集资金,而是为了减少商业银行可以贷放的资金量,进而减少市场中的货币量,因此,发行中央银行票据是中央银行进行货币政策操作的一项重要手段。

中央银行票据的发行丰富了公开市场业务操作工具。但是,大规模的中央银行票据的发行使中央银行背上了沉重的利息负担。所以,当一国国库券市场发展起来后,应该逐渐减少中央银行票据的发行,直至取消。

第六节 大额可转让定期存单市场

一、大额可转让定期存单市场概述

大额可转让定期存单(Negotiable Certificates of Deposits,简称 CDs),是 20 世纪 60 年代以来金融环境变革的产物。由于 20 世纪 60 年代市场利率上升而美国的商业银行受 Q 条例的存款利率上限的限制,不能支付较高的市场利率,大公司的财务主管为了增加临时闲置资金的利息收益,纷纷将资金投资于安全性较好,又具有收益的货币市场工具,如国库券、商业票据等等。这样,以企业为主要客户的银行存款急剧下降。为了阻止存款外流,银行设计了大额可转让定期存单这种短期的有收益票据来吸引企业的短期资金。这种存单形式的最先发明者应归功于美国花旗银行。

同传统的定期存款相比,大额可转让定期存单具有以下几点不同:

定期存款记名,不可流通转让;而大额定期存单则是不记名的,可以流通转让。

定期存款金额不固定,可大可小;而可转让定期存单金额较大,在美国,向机构投资者发行的 CD 面额最少为 10 万美元,二级市场上的交易单位为 100 万美元,但向个人投资者发行的 CD 面额最少为 100 美元。在中国香港最少面额为 10 万港元。

定期存款利率固定;可转让定期存单利率既有固定的,也有浮动的,且一般来说比同期限的定期存款利率高。

定期存款可以提前支取,提前支取时要损失一部分利息;可转让存单不能提前支取,但可在二级市场流通转让。

大额定期存单一般由较大的商业银行发行,主要是由于这些机构信誉较高,可以相对降低筹资成本,且发行规模大,容易在二级市场流通。

知识拓展

Q 条例

Q 条例的内容是:银行对于活期存款不得公开支付利息,并对储蓄存款和定期存款的利率设定最高限度,即禁止联邦储备委员会的会员银行对它所吸收的活期存款(30 天以下)支付利息,并对上述银行所吸收的储蓄存款和定期存款规定了利率上限。当时,这一上限规定为 2.5%,此利率一直维持至 1957 年都不曾调整,而此后却频繁进行调整,它对银行资金的来源去向都产生了显著影响。

20 世纪 60 年代,美国通货膨胀率提高,市场利率开始明显上升,有时已经超过存款利率的上限。证券市场的不断发展,金融国际化、投资多样化又导致银行存款大量流向证券市场或转移至货币市场,造成金融中介的中断和"金融脱媒"现象的发生,且愈演愈烈,Q 条例约束和分业经营的限制,使银行处于一种不公平的竞争地位。各存款类机构都出现经营困难,一些储蓄协会和贷款协会出现了经营危机,银行信贷供给能力下降,全社会信贷供给量减少。此时,人们不得不考虑 Q 条例的存废问题。

从 20 世纪 70 年代起,美国提出了解除利率管制的设想。1970 年 6 月,根据美国经济发展和资金供求的实际情况,美联储首先将 10 万美元以上、3 个月以内的短期定期存款利率市场化,后又将 90 天以上的大额存款利率的管制予以取消。同时,继续提高存款利率的上限,以此来缓和利率管制带来的矛盾。但是,这种放松利率管制的办法并不能从根本上解决 Q 条例限制带来的现实问题,短期资金仍然大量从银行和其他存款机构流出,"金融脱媒"现象没有得到有效遏制,现实要求政府和金融管理当局必须从法律上和制度上考虑利率的全面市场化。1986 年 1 月,取消了所有存款形式对最小余额的要求,同时取消了支付性存款的利率限制。1986 年 4 月,取消了存折储蓄账户的利率上限。对于贷款利率,除住宅贷款、汽车贷款等极少数例外,也一律不加限制。至此,Q 条例完全终结,利率市场化得以全面实现。

资料来源:邢莹莹:美国放松 Q 条例始末。

二、大额可转让定期存单的种类

按照发行者的不同,大额存单可以分为四类。

(一) 国内存单

国内存单是四种存单中最重要也是历史最悠久的一种,它由美国国内银行发行。存单上注明存款的金额、到期日、利率及利息期限。向机构发行的面额为 10 万美元以上,二级市场最低交易单位为 100 万美元。国内存单的期限由银行和客户协商确定,常常根据客户的流动性要求灵活安排,期限一般为 30 天到 12 个月,也有超过 12 个月的。流通中未到期的国内存单的平均期限为 3 个月左右。

初级市场上国内存单的利率一般由市场供求关系决定,也有由发行者和存款者协商决定的。利息的计算通常按距到期日的实际天数计算,一年按 360 天计。利率又有固定和浮动之分。在固定利率条件下,期限在一年以内的国内存单的利息到期时偿还本息。期限超过一年的,每半年支付一次利息。如果是浮动利率,则利率每一个月或每三个月调整一次,主要参照同期的二级市场利率水平。

国内存单以记名方式或无记名方式发行,大多数以无记名方式发行。

(二) 欧洲美元存单

欧洲美元存单是美国境外银行发行的以美元为面值的一种可转让定期存单。欧洲美元存单由美国境外银行(外国银行和美国银行在外的分支机构)发行。欧洲美元存单市场的中心在伦敦,但欧洲美元存单的发行范围并不仅限于欧洲。

欧洲美元存单最早出现于 1966 年,它的兴起应归功于美国银行条例,尤其是 Q 条例对国内货币市场筹资的限制。由于银行可以在欧洲美元市场不受美国银行条例的限制为国内放款筹资,欧洲美元存单数量迅速增加。美国大银行过去曾是欧洲存单的主要发行者,1982年以来,日本银行逐渐成为欧洲存单的主要发行者。

(三) 扬基存单

扬基存单也叫"美国佬"存单。扬基存单是外国银行在美国的分支机构发行的一种可转让的定期存单。其发行者主要是西欧和日本等地的著名的国际性银行在美分支机构。扬基存单期限一般较短,大多在三个月以内。

早期由于扬基存单发行者资信情况不为投资者了解,只有少数扬基存单由发行者直接出售给同其建立了关系的客户,大多数扬基存单通过经纪商销售。以后随着外国银行的资信逐渐为美国投资者所熟悉,扬基存单也广为人们接受,这时发行者直接以零售形式出售扬基存单变得更为普遍。外国银行发行扬基存单之所以能在美国立足基于如下两个方面的原因:一是这些银行持有美国执照,增加了投资者对扬基存单的安全感。二是其不受联储条例的限制,无法定准备金要求,使其同国内存单在竞争上具有成本优势。因为外国银行在美国发行证券一般都比美国国内银行支付更高的利息,但由于扬基存单在准备金上的豁免,使得其成本同国内存单的成本不相上下,甚至更低。

(四) 储蓄机构存单

这是出现较晚的一种存单,它是由一些非银行金融机构(储蓄贷款协会、互助储蓄银行、信用合作社)发行的一种可转让定期存单。其中,储蓄贷款协会是主要的发行者。储蓄机构存单或因法律上的规定,或因实际操作困难而不能流通转让。因此其二级市场规模很小。

三、大额可转让定期存单的市场特征

(一) 利率和期限

20 世纪 60 年代,可转让存单主要以固定利率的方式发行,存单上注明特定的利率,并在指定的到期日支付。这在当时利率稳定时深受投资者欢迎。那些既注重收益又要求流动性的投资者购买短期可转让存单,而那些更注重收益的投资者则购买期限稍长的存单。

20 世纪 60 年代后期开始,金融市场利率发生变化,利率波动加剧,并趋于上升。在这种情况下,投资者都希望投资于短期的信用工具,可转让存单的期限大大缩短。20 世纪 60年代存单的期限为 2 个月左右,1974 年以后缩短为 2 个月左右。

(二) 风险和收益

对投资者来说,可转让存单的风险有两种:一是信用风险,二是市场风险。信用风险指发行存单的银行在存单期满时无法偿付本息的风险。在美国,虽然一般的会员商业银行必须在联邦存款保险公司投保,但由于存单发行面额大,而每户存款享受的最高保险额只有10 万美元,因此存单的信用风险依然存在,更不用说没有实行存款保险制度国家的银行所发行的存单了。而且,由于近年来国际金融风波不断,信用风险还有加大的趋势。市场风险指的是存单持有者急需资金时,存单不能在二级市场上立即出售变现或不能以较合理的价格出售。尽管可转让存单的二级市场非常发达,但其发达程度仍比不上国库券市场,因此并非完全没有市场风险。

一般地说,存单的收益取决于三个因素:发行银行的信用评级、存单的期限及存单的供求量。另外,收益和风险的高低也紧密相连。可转让存单的收益要高于同期的国库券收益,主要原因是国库券的信用风险低并且具有免税优惠。另外,国库券市场的流动性也比存单市场高。在四种存单之间,欧洲存单的利率高于国内存单,一般高 $0.2\% \sim 0.3\%$。扬基存单的利率和欧洲美元存单的利率差不多。平均来说,扬基存单的利率略低于欧洲存单利率。这有两个原因:一是扬基存单受美国法令和条例保护,因而投资者不用承担国外政治或国家风险;二是交易商从事扬基存单交易比欧洲存单交易更容易、成本更低。储蓄存单由于其很少流通,因而利率无法与以上三种存单比较。

四、大额可转让定期存单的投资者

大企业是存单的最大买主。对于企业来说,在保证资金流动性和安全性的情况下,其现金管理目标就是寻求剩余资金的收益的最大化。企业剩余资金一般用途有两种:一种用于应付各种固定的预付支出,如纳税、分红及发放工资等;一种用于意想不到的应急。企业可将剩余资金投资于存单,并将存单的到期日同各种固定的预期支出的支付日期联系起来,到期以存单的本息支付。至于一些意外的资金需要,则可在企业急需资金时在二级市场上出售存单来获取资金。

金融机构也是存单的积极投资者。货币市场基金在存单的投资上占据着很大的份额。其次是商业银行和银行信托部门。银行可以购买其他银行发行的存单,但不能购买自己发行的存单。此外,政府机构、外国政府、外国中央银行及个人也是存单的投资者。

五、大额可转让定期存单价值分析

大额可转让定期存单,对许多投资者来说,既有定期存款的较高利息收入特征,又同时有活期存款的可随时获得兑现的优点,是追求稳定收益的投资者的一种较好选择。

对银行来说,发行存单可以增加资金来源而且由于这部分资金可视为定期存款而能用于中期放款。发行存单的意义不仅在于增加银行存款,更主要是由发行存单所带来的对银行经营管理方面的作用。存单发行使银行在调整资产的流动性及实施资产负债管理上具有了更灵活的手段。

存单市场在很大程度上是通过存单交易商维持的。存单交易商的功能主要有两个:一是以自己的头寸买进存单后再零售给投资者;二是支持存单的二级市场——为存单的不断买卖创造市场。交易商购买存单的资金头寸主要是通过回购协议交易进行的。由于存单较政府证券的风险要大,因而以存单做抵押进行回购协议交易时,买回存单的价格要高于买回政府债券的价格。在美国,存单交易商的数量一度超过 30 家,但今天只有很少的交易商为存单做市。因此,存单的流动性大为降低。

本章练习题

一、单项选择题

1. 货币市场上金融工具的最长期限是（　　）。
   A. 10 天　　　　　　　　　　　　　　B. 1 天
   C. 1 个月　　　　　　　　　　　　　　D. 1 年

2. 商业银行等金融机构资产负债管理的核心是（　　）。
   A. 流动性管理　　　　　　　　　　　　B. 风险管理
   C. 资产管理　　　　　　　　　　　　　D. 负债管理

3. 在我国，企业集团财务公司、证券公司、保险资产管理公司拆入资金的最长期限为（　　）。
   A. 1 年　　　　　　　　　　　　　　　B. 7 天
   C. 3 个月　　　　　　　　　　　　　　D. 1 个月

4. 在回购协议的交易中，交易双方最关注的因素是（　　）。
   A. 回购价格　　　　　　　　　　　　　B. 售出价格
   C. 回购利率　　　　　　　　　　　　　D. 约定利息

5. 短期政府债券最早出现于（　　）。
   A. 英国　　　　　　　　　　　　　　　B. 美国
   C. 法国　　　　　　　　　　　　　　　D. 日本

6. 商业票据的最长期限不超过（　　）。
   A. 200 天　　　　　　　　　　　　　　B. 120 天
   C. 60 天　　　　　　　　　　　　　　D. 270 天

7. 大额可转让定期存单市场的主要筹资者是（　　）。
   A. 商业银行等存款性金融机构　　　　　B. 中央银行
   C. 投资银行　　　　　　　　　　　　　D. 保险公司

二、多项选择题

1. 大额可转让定期存单的典型特征是（　　）。
   A. 面额大　　　　　　B. 不记名
   C. 记名　　　　　　　D. 二级市场发达　　　　E. 二级市场不发达

2. 货币市场的基本特征是（　　）。
   A. 交易额小　　　　　B. 交易额大
   C. 交易期限短　　　　D. 流动性强　　　　　　E. 安全性高

3. 我国信贷资金管理体制的内容包括（　　）。
   A. 统一计划　　　　　B. 划分资金　　　　　　C. 实贷实存
   D. 相互融通　　　　　E. 现金管理

4. 回购协议市场的参与者主要有(　　)。
　　A. 中央银行　　　　　B. 商业银行　　　　　C. 非金融企业
　　D. 地方政府　　　　　E. 中央政府
5. 国库券的典型特征是(　　)。
　　A. 高收益性　　　　　B. 高安全性　　　　　C. 高流动性
　　D. 高风险性　　　　　E. 交易额大

三、计算题

李某以 980 元的价格购买了 1 张 80 天期的面额为 1 000 元的国库券,李某准备持有此张国库券到期,那么他获得的年收益率是多少?

四、简答题

1. 简述货币市场的功能。
2. 简述国库券流通市场的主要参与者及其目的。
3. 什么是同业拆借市场。
4. 回购协议的含义。
5. 大额可转让定期存单。

五、论述题

试述我国票据市场快速发展的原因。

第八章

资本市场

扫码查看视频

学习目的和要求

学习本章,应准确识记本章的基本概念,领会本章的基本理论,并能应用基本理论对现实金融问题进行一定的分析。了解资本市场的参与者;掌握债券、股票的发行价格与方式;了解债券、股票流通市场的组织形式;理解市场利率与债券交易价格之间的关系;掌握债券收益率的衡量指标;了解债券投资的风险与信用评级;了解公开发行股票的运作程序;理解股票内在价值评估的方法;了解股票投资分析方法;理解证券投资基金的含义与特点;了解证券投资基金的种类;掌握基金净值的计算方法;了解开放式基金认购、申购和赎回。

导入案例

国美集团香港借壳上市过程

2000 年 6 月,国美电器的董事长黄光裕先是分别通过两家海外离岸公司供股的方式先后收购了京华自动化(后改为中国鹏润)的股份,从而控制了该上市公司。

2000 年 9 月至 2002 年 2 月,京华自动化先后三次配售股票并以股票形式购买黄光裕的物业。至此,黄光裕持有京华自动化 85.6% 的股份,根据联交所收购准则,触发无条件收购,黄光裕通过转让股份的形式,最终将个人持股比例降到74.5%。

2002 年 7 月,京华自动化改名为中国鹏润。

2003 年年初,黄光裕开始重组电器零售业务,将各地区 94 家门店的全部股权装入"国美电器"。为了规避商务部关于组件中外合资商业零售企业外方股份比例必须在 65% 以下的限制,黄光裕成立了独资公司"北京鹏润亿福网络技术有限公司",由鹏润亿福持有 65% 股份,黄光裕直接持有 35% 的股份。

2004 年 4 月,鹏润亿福把股权全部出售给 BVI 公司的 Ocean Town,由另一家BVI 公司 Gome Holding 全资持有(Gome Holding 由黄光裕个人独资持有)。

2004 年 6 月,中国鹏润通过 Gome Holding 手中买下 Ocean Town,成为国美电器的第一大股东。

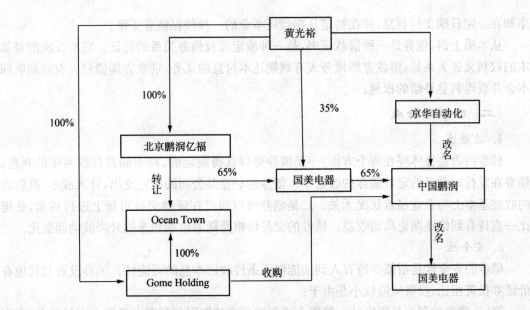

图 8 - 1 国美借壳上市

在此案例中,黄光裕先是收购了京华自动化,然后将国美集团借京华自动化,也就是中国鹏润的"壳"上市。经调查背景得知,国美急于上市的原因是其头号对手苏宁电器即将上市,而国美 IPO 上市至少历时 9 个月,为了提前比死对头上市获取市场融资,所以国美集团只能采用借壳快速上市的办法才能与苏宁同步上市。

在上市的过程中,当黄光裕控制京华自动化之后,几次增发公众股以增加股权比例,加强对壳公司的实际控制力度。在持有京华公司 85.6% 的股份之后,通过转让的方式将个人持股比例降低至 74.5%,这一做法既是使持股合法化,保住了公司的上市,而且还一股独大掌握着对上市公司的绝对权力。而后黄光裕为了规避外方股份比例的限制,成立了独资公司"北京鹏润亿福网络技术有限公司",而之所以选用IT 高科技产业,也是为了借用国家在税法对高科技实行的"三免三减半"的制度,回避了因出售股权索要支付的高额税金。选择在资本发达的香港上市,也是因为相对于内陆,香港上市的制度和标准较为宽松,可实现快速上市的目的。

最终中国鹏润改名为国美电器顺利进军海外市场,不仅融得大量资金,扩大了生产规模也使公司的声名享誉海内外,同时成就了国美今后的发展壮大。

资料来源:新浪财经:国美香港借壳上市案例分析。

第一节 债券市场

一、债券的性质和特点

(一)债券的性质

债券是政府、金融机构、公司等经济主体为筹集资金,按照法定程序发行,承诺按一定利

率和在一定日期支付利息,并在特定日期偿还本金的一种债权债务凭证。

从本质上讲,债券是一种借款证书,是一种确定债权债务关系的凭证。它所反映的最基本的权利义务关系是:借款方即债务人有到期还本付息的义务,贷款方即债权人有到期收回本金并获得利息补偿的权利。

(二) 债券的特点

1. 收益性

债券的收益性体现在两个方面:一是债券可以获得固定的、高于储蓄存款利率的利息。债券在发行时就已约定好债券的收益率。债券的利息是公司的固定支出,计入成本,投资者的收益基本上与企业经营状况无关。二是债券可以通过在证券交易市场上进行买卖,获得比一直持有到偿还期更高的收益。债券的交易价格是随着市场利率的升降波动而变化。

2. 安全性

债券的安全性是指债券持有人到期能够无条件收回本息的可能性。债券投资与其他有价证券投资相比,投资风险较小是由于:

第一,债券的利率是固定的。筹资人必须按预定的期限和利率向投资人支付利息,直到期满为止,债券利率不受银行利率变动的影响。

第二,本利安全。一方面,债券本金的偿还和利息的支付有法律保障,一些国家的商法、公司法、财政法、信托法等都有确保债券还本付息的明确规定;另一方面,投资人可以根据债券的评级对债券风险的大小及安全程度做出判断。

第三,各国对债券的发行数量都有一定的限制。债券的发行者要经过有关部门的严格选择,一般只有信誉较高的筹资人才能获准发行债券。民间企业发行的公司债券大多都有担保或抵押,所以还本付息也是有保障的。

债券的安全性是相对的安全性,这并不意味债券投资没有风险。

3. 流动性

债券的流动性指它能够迅速转变为货币,而又不在价值上蒙受损失的一种能力。债券具有较强的流动性是由于:第一,债券是一种有价证券,在期满前任何债券的第二和第三持有者,理应享有同最初持有者同等的权利,这使债券在期满前的买卖更为灵活。第二,债券的利率固定,这有利于计算债券的收益率。因此,投资人需用现金时,既可以到证券交易市场上将债券卖出,也可以到银行等金融机构将债券作为抵押品而取得一笔抵押贷款。

4. 偿还性

债券的偿还性指债券必须规定到期期限,由债务人按期向债权人支付利息并偿还本金。

二、债券的主要种类

债券的种类繁多,各具特色。随着人们融资需要的多样化,不断产生各种新形式的债券。根据不同的分类标准,可对债券进行不同的分类。

(一) 按照发行主体分类

按照发行主体,可把债券分为政府债券、金融债券和公司债券。这是一种最主要、最常用的分类方式。

1. 政府债券

政府债券是指中央政府和地方政府为弥补财政赤字或扩大公共开支而发行的一种债权债务凭证。政府债券通常分为中央政府债券和地方政府债券。

2. 金融债券

金融债券是银行和其他非银行金融机构为扩大贷款额而发行的债权债务凭证。发行这种债券的金融机构,一般都具有雄厚的资金实力,资信度较高,债券利率也比同期存款利率高。

3. 公司债券

公司债券是由股份公司和企业发行并承诺在一定时期内还本付息的债权债务凭证。这种债券利率水平较高,但风险也较大。

(二) 按偿还期限分类

根据偿还期限的长短,债券可分为短期债券、中期债券、长期债券和永久债券。各国对短期、中期、长期债券年限的划分并不完全一致。一般的划分标准是:

短期债券。债券期限在 1 年以下的为短期债券。

中期债券。中期债券是指期限在 1 年以上、10 年以下的债券。

长期债券。长期债券是指期限在 10 年以上的债券。

(三) 按利息支付方式分类

根据利息的不同支付方式,债券一般可以分为附息债券和贴现债券。

1. 附息债券

附息债券指的是在券面上附有各期息票的中、长期债券。息票上标明利息额、支付利息的期限和债券号码等内容。息票一般以 6 个月为一期。债券持有人在息票到期时,凭借从债券剪下来的息票领取本期的利息。

2. 贴现债券

贴现债券也称贴水债券,指券面上不附息票,发行时按规定的折扣率以低于券面价值的价格发行,到期按券面价值偿还本金的债券,其发行价格与券面价值的差价即为利息。事实上,这是一种以利息预付方式发行的债券,因此这种债券也叫贴息债券。

(四) 按持有人收益方式不同分类

根据债券持有人的收益方式不同,债券可分为固定利率债券、浮动利率债券、累进利率债券、参加分红公司债券、转换债券、附新股认购权债券等。

1. 固定利率债券

固定利率债券是从发行时起,到期满还本时止,利率始终不变的债券。这种债券的发行利率不因金融市场实际利率水平的变动而变动,不受企业经营状况的影响,按规定的时间、规定的利率偿付利息。发行固定利率债券,是为了保障投资者在偿还期内获得固定的利息收入,具有收益稳定的特点。

2. 浮动利率债券

浮动利率债券是发行时约定在偿还期内对利率进行调整的债券。当物价上涨率和金融市场利率发生变化时,债券利率也随之进行调整,以保护投资者的利益。浮动利率债券是在

利率波动幅度大,预测利率趋势对投资者不利的情况下,为适应投资者回避或减少利率变动风险,实现保值的心理需要而设计的。浮动利率债券的利率一般是3个月或半年调整一次,因此利息也大多是3个月或半年支付一次。

3. 累进利率债券

累进利率债券是指按投资者持有同一债券期限长短计息的债券,债券期限越长,其利率就越高;反之,则利率越低。这种债券有利于调动投资者的积极性,刺激投资者长期持有债券,它一般适用于中长期债券。

4. 参加分红公司债券

参加公司分红债券也称参加债券,是指债券持有人除了可以得到事先规定的利息外,还可以在公司的收益超过应付利息时,与股东共同参加对公司盈余的分配。这种债券将公司债券与股票的特点融为一体,与其他债券相比,它的利率较低,但它在分红时,可望取得更多的收益。

5. 转换债券

转换债券也称可转换公司债券,是可以兑换成股票和其他债券的公司债券。这种债券在发行时就附有专门的条款,规定债权人可选择对自己有利的时机,请求将这种债券兑换成公司的股票和公司的其他债券。如果债权人不希望转换成股票和其他债券,则可以继续持有直至到期或在必要时售出。可转换债券具有二重性,它既是固定利率债权,又是潜在的股东。这种做法对公司来说,有利于增加自有资金,增强财力;对投资者来说,因其兼有债券收益安全稳定和股票预期增值的双重好处,所以也很受欢迎。当股利收入高于债券收入时,将公司债券兑换成股票对债权人有利。可转让债券可以流通转让,其价格受股票价格的影响。股票价格越高,可转换债券的价格也随之上升,反之则下降。

6. 附新股认购权债券

附新股认购权债券是指赋予投资人购买公司新股份权利的债券。发行公司在发行债券时规定,持券人可以在规定的时间内,按预先规定的价格和数量认购公司的股票。持券人购买公司的股票后便成为公司的股东,但不因此丧失公司债权人的资格。附新股认购权债券有分离型和非分离型两种。分离型的附新股认购权债券是在债券之外另发行新股认购权证券。非分离型新股认购权债券是不能单独转让新股份认购权的债券。附新股认购权债券把债券与股票巧妙地结合起来,它使债券的持有者既可以得到债券的固定利息,又可以在股票价格上获利。

(五) 按有无抵押担保分类

根据有无抵押担保,债券可分为信用债券、抵押债券、抵押信托债券和担保债券等。

1. 信用债券

信用债券也称无抵押担保债券,是仅凭债券发行者的信用而发行的,既没有抵押品,也没有担保人做担保的债券。这类债券,一般包括国债和地方政府债和金融债券。少数信用良好、资本雄厚的大公司也可发行信用债券。但在发行债券时必须签订契约,对发行者的有关行为进行约束限制,以保障投资者的利益。

2. 抵押债券

抵押债券是发行者以不动产(土地、房屋、机器、设备等)为抵押品而发行的债券。在实践中,有以同一不动产为抵押品的多次发行债券的情况。这时,按发行次序又可分为第一抵押债券和第二抵押债券。第一抵押债券对于抵押品有第一留置权,第二抵押债券对于抵押品有第二留置权,即在第一抵押债清偿后以其余额偿付本息。第一抵押又称优先抵押,第二抵押又称一般抵押。

3. 抵押信托债券

抵押信托债券是以公司拥有的其他有价证券,如股票和其他债券作为担保品而发行的债券。一般来说,发行这种债券的公司是一些合资附属机构,以总公司的证券作为担保。作为担保的有价证券通常委托信托人保管,当该公司不能按期清偿债务时,即由受托人处理其证券并代为偿债,以保护债权人的合法利益。

4. 有担保债券

有担保债券也称保证债券,是由第三者担保偿还本息的债券。常常是发行人因自身信誉不够,而由第三者(通常是政府或大银行)给予担保所发行的债券。担保人一经具保,即成为第二债务人,在债券的发行人到期不能还本付息时,有关债务便由担保人承担。

三、债券发行和交易市场

(一)债券发行市场

债券发行市场(初级市场)是组织新债券发行的市场,其基本功能是将政府、金融机构和工商企业为筹集资金而发行的债券分散发行到投资者手中。

1. 债券发行价格

债券的发行价格可分为三种:一是平价发行,即按票面面值发行;二是折价发行,即以低于票面值的价格发行;三是溢价发行,即以高于票面值的价格发行。

2. 债券的发行方式

债券的发行方式有两种:

(1) 公募发行。又称公开发行,是由承销商组织承销团将债券销售给不特定的投资者的发行方式。其优点是面向公众投资者,发行面广,投资者众多,筹集的资金量大,债权分散,不易被少数大债权人控制,发行后上市交易也很方便,流动性强。但公募发行的要求很高,手续复杂,需要承销商参与,发行时间长,费用较私募发行高。

(2) 私募发行。又称定向发行或私下发行,即面向少数特定投资者发行债券。私募发行有时不需要承销商参与,由债券发行人与某些机构投资者,如人寿保险公司、养老基金、退休基金等直接接触,洽谈发行条件和其他具体事务。有时承销商也参与私募发行的操作,为债券发行人寻找投资者。私募发行手续简单、发行时间短、效率高,投资者往往已事先确定,不必担心发行失败,因而对债券发行者比较有利,但私募发行的债券流动性比较差,所以投资者一般要求其提供比公募发行更高的收益率。

(二)债券流通市场

债券流通市场是指已发行债券买卖转让的市场。债券一经认购,即确立了一定期限的债权债务关系,但通过债券流通市场,投资者可以转让债权,把债券变现。

1. 场内交易市场

证券交易所是专门进行证券买卖的场所,如我国的上海证券交易所和深圳证券交易所。

在证券交易所内买卖债券所形成的市场,就是场内交易市场。场内交易市场是债券流通市场较为规范的形式。债券投资者要进入证券交易所参与债券交易,必须遵循证券交易所制定的交易程序:开户、委托、成交、交割、过户。

2. 场外交易市场

场外交易市场是指在证券交易所以外进行债券交易的市场。柜台市场是场外交易市场的重要组成部分。此外,场外交易市场还包括银行间交易市场,以及一些机构投资者通过电话、电脑等通信手段形成的市场等。

(三)债券的交易价格

债券的交易价格是指债券在流通市场买卖的价格,债券的交易价格反映在行情表上主要有开盘价、最新价、最高价、最低价、收盘价等。一天的交易中,最高的成交价为最高价、最低的成交价为最低价;当天开市的第一笔交易价为开盘价,闭市前的最后一笔成交价为收盘价。交易价格的高低从理论上讲,与债券的票面值、票面年息、市场利率、偿还期有关。

计算其交易价格的理论公式为

$$P_b = \frac{C}{(1+r)} + \frac{C}{(1+r)^2} + \frac{C}{(1+r)^3} + \cdots + \frac{C}{(1+r)^T} + \frac{F}{(1+r)^T}$$

其中,C 为票面年息;F 为债券的面值;T 为距到期日的年限;P_b 为债券的交易价格;r 为当期市场利率。

因为票面值、票面年息、偿还期在债券发行时就被确定了,所以市场利率的变动是引起债券价格波动最关键的因素。当然,现实市场交易中债券的实际交易价格还与债券的供求状况、人们对未来通货膨胀率和货币政策的预期等因素有关。

(四)债券收益率的衡量指标

一般情况下,衡量债券收益率的指标有:名义收益率、现时收益率、持有期收益率和到期收益率。

1. 名义收益率

名义收益率即为债券的票面收益率,是债券的票面年收益与票面额的比率。它是衡量债券收益最简单的一个指标。

名义收益率＝票面年利息÷票面额×100％

假设某一债券的票面额为 100 元,5 年偿还期,年息 6 元,则该债券的名义收益率为 6％。其计算方法为

名义收益率＝6÷100×100％＝6％

2. 现时收益率

现时收益率是债券的票面年收益与当期市场价格的比率,其计算公式为

现时收益率＝票面年利息÷当期市场价格×100％

若上例中债券的市场价格为 105 元,则该债券的现时收益为

现时收益率＝6÷105＝5.71％。

现时收益率只是部分反映了债券的收益,因为它只考虑了利息收益,而没有考虑当期买入价格与未来价格之间的差异,即没有考虑资本利得(卖价大于买价的差额)或资本利失(买

价大于卖价的差额)。

3. 持有期收益率

从买入债券到卖出债券之间所获得的收益率,在此期间的收益不仅包括利息收益,还包括债券的买卖差价。其计算公式为

$$持有期收益率 = \left(\frac{卖出价格 - 买入价格}{持有年数} + 票面年息\right) \div 买入价格 \times 100\%$$

若上例中,如果他是在债券发行后一年买入的,那么,他 4 年的资本利失为 5 元,平均到每年为 1.25 元($=5 \div 4$)。将资本利失与票面年利息收入一同考虑,可得出债券的持有期收益率为

$(6 - 1.25) \div 105 \times 100\% = 4.52\%$。

4. 到期收益率

即采用复利法计算的以当期市场价格买入债券持有到期能够获得的收益率,是衡量债券收益率重要的指标。

(五)债券投资风险与信用评级

1. 债券投资风险

债券投资风险指债券投资者不能获得预期收益的可能性。债券投资面临的风险来源系包括利率风险、价格变动风险、通货膨胀风险、违约风险、流动性风险、汇率风险等。

(1)利率风险。由于利率的变动而带来的债券收益的不确定性就是债券的利率风险。

(2)价格变动风险。债券市场价格的变化与投资者的预测一致时,会给投资者带来资本的增值;如果不一致,投资者的资本必将遭到损失。

(3)通货膨胀风险。投资债券的实际收益率等于名义收益率减去通货膨胀率。

(4)违约风险,是指债券的发行人不能按时还本付息的可能性。

(5)流动性风险。债券的流动性是指其变现能力。

(6)汇率风险。由于汇率变动引起的风险称为汇率风险。

其中违约风险与流动性风险属于非系统风险。利率风险、通货膨胀风险、价格变动风险、汇率风险则属于系统风险。所谓系统性风险是指由于全局性的共同因素引起的投资收益的可能变动,这种因素以同样的方式对所有证券的收益产生影响。可针对不同的风险类别采取相应的防范措施,最大限度地避免风险对债券价格的不利影响。非系统性风险是指由某一特殊的因素引起,只对个别或少数证券的收益产生影响的风险,可通过投资分散化来降低风险。

2. 债券的信用评级

由专门的信用评级机构对各类企业和金融机构发行的债券按其按期还本付息的可靠程度进行评估,并标示其信用程度的等级。对债券进行评级可方便投资者进行债券投资决策、减少信誉高的发行人的筹资成本。

目前国际上公认的最具权威性的信用评级机构有美国标准·普尔公司和穆迪投资者服务公司。表 8-1 为标准普尔公司的信用等级标准。

表 8-1　标准·普尔公司的信用等级标准

评级等级	评级符号	评级说明
投资级别	AAA	偿还债务能力极强(Extremely Strong),为标准普尔授予的最高评级级别
	AA	偿还债务能力很强(Very Strong)
	A	偿还债务能力强(Strong),但略微易受外在环境及经济状况变动的不利因素所影响
	BBB	具有适当(Adequate)偿债能力,但还债能力较可能因不利经济状况而减弱。其中,"BBB-"为市场参与者认为的最低投资级评级
投机级别	BB	相对于其他投机级级别评级,违约的风险更低。但持续存在的重大不稳定因素,或不利的商业、金融、经济状况,可能导致发债人没有足够能力偿还债务。其中,"BB+"为市场参与者认为的最高投机级评级
	B	违约可能性较"BB"级高,发债人目前仍有能力偿还债务,但不利的商业、金融、经济条件可能削弱发债人偿还债务的能力和意愿
	CCC	目前有可能违约,发债人能否履行财务承诺将取决于商业、金融、经济条件是否有利。当遭遇不利的商业、金融或经济环境时,发债人可能会违约
	CC	违约的可能性高。违约尚未发生,但预计会实际发生
	C	目前违约的可能性高,且最终违约追偿比率预计低于其他更高评级的债务
	D	发债人未能按期偿还债务,或违反推定承诺;也可在破产申请已被提交或采取类似行动时使用

资料来源:新浪财经:标普信用评级。

四、我国的债券市场

我国的债券市场形成了包括银行间市场、交易所市场和商业银行柜台市场三个基本子市场在内的市场体系。

(一)银行间市场

这是我国债券市场的主体,债券存量和交易量约占全市场的 90%。这一市场的参与者是各类机构投资者,属于大宗交易市场,实行双边谈判成交,逐笔结算。银行间市场投资者的证券账户直接开立在中央结算公司,实行一级托管;中央结算公司还为这一市场的交易结算提供服务。

(二)交易所市场

它是债券市场的另一重要部分,属于集中撮合交易的零售市场,实行净额结算。交易所市场实行两级托管体制,其中,中央结算公司为一级托管人,负责为交易所开立代理总账户,中国债券登记结算公司为债券二级托管人,记录交易所投资者账户,中央结算公司与交易所投资者没有直接的权责关系。交易所交易结算由中国证券登记结算公司负责。

(三)商业银行柜台市场

它是银行间市场的延伸,也属于零售市场。实行两级托管体制,其中,中央结算公司为一级托管人,负责为承办银行开立债券自营账户和代理总账户,承办银行为债券二级托管人,中央结算公司与柜台投资者没有直接的权责关系。与交易所市场不同的是,承办银行日终需将余额变动数据传给中央结算公司,同时中央结算公司为柜台投资人提供余额查询服务,成为保护投资者权益的重要途径。

2017 年我国债券发行量统计见表 8－2。

表 8－2　2017 年我国债券发行量统计

债券类别	面额(亿元)	同比(%)
合计	135 795.45	−3.99%
1. 政府债券	82 242.73	−8.53%
1.1　记账式国债	36 716.50	33.68%
1.2　储蓄国债(电子式)	1 945.29	−2.34%
1.3　地方政府债	43 580.94	−27.92%
2. 政策性银行债	32 014.78	−4.35%
2.1　国家开发银行	16 194.88	9.75%
2.2　中国进出口银行	5 449.50	−13.91%
2.3　中国农业发展银行	10 370.40	−16.26%
3. 政府支持机构债券	2 460.00	75.71%
4. 商业银行债券	8 641.23	38.69%
4.1　普通债	3 817.00	4.38%
4.2　次级债	0.00	
4.3　混合资本债	0.00	
4.4　二级资本工具	4 824.23	87.46%
5. 非银行金融机构债券	734.00	−18.90%
6. 企业债券	3 730.95	−37.04%
6.1　中央企业债券	30.00	−70.00%
6.2　地方企业债券	3 700.95	−36.47%
6.2.1　普通企业债	3 500.25	−35.00%
6.2.2　集合企业债	0.00	−100.00%
6.2.3　项目收益债	200.70	−48.59%
7. 资产支持证券	5 971.76	67.68%
8. 中期票据	0.00	
9. 外国债券	0.00	−100.00%
9.1　国际机构债券	0.00	−100.00%
10. 其他债券	0.00	

资料来源:据和讯财经、财政部网站资料综合整理。

第二节　股票市场

一、股票的概念及特征

（一）股票的含义

股票是指股份有限公司在筹集资本金时向出资人发行的，用以证明其股东身份和权益的一种所有权凭证。股票的持有者就是股份公司的股东，股票详细阐述了公司与股东的约定关系，并阐明风险共担、收益共享和企业管理的责任与权力。它既是一种集资方式，又是企业产权的存在形式，代表着资产所有权。

股票代表着其持有者对股份公司的所有权。这种所有权是一种综合权力，如参加股东大会、投票表决、参与公司的重大决策、收取股息或分享红利等。同一类别的每一份股票所代表的公司所有权是相等的。每个股东所拥有的公司所有权份额的大小，取决于其持有的股票数量占公司总股本的比重。

股票一般可以通过买卖方式有偿转让，股东能通过股票转让收回其投资，但不能要求公司返还其出资。股东与公司之间的关系不是债券债务关系。股东是公司的所有者，以其出资额为限和公司一起承担风险、分享收益。

（二）股票的特征

1. 不可偿还性

股票是一种无偿还期限的有价证券，投资者认购了股票后，就不能再要求退股，只能到二级市场出售。股票的转让只意味着公司股东的改变，并不减少公司资本。从期限上看，只要公司存在，它所发行的股票就存在，股票的期限等于公司存续的期限。

2. 参与性

股东有权出席股东大会，选举公司董事会，参与公司重大决策。股票持有者的投资意志和享有的经济利益，通常是通过行使股东参与权来实现的。股东参与公司决策的权利大小，取决于其所持有的股份的多少。从实际情况中看，只要股东持有的股票数量达到左右决策结果所需的实际多数时，就能掌握公司的决策控制权。

3. 收益性

股东凭其持有的股票，有权从公司领取股息或红利，获取投资的收益。股息或红利的大小，主要取决于公司的赢利水平和公司的赢利分配政策。股票的收益性，还表现在股票投资者可以获得价差收入或实现资产保值增值。通过低价买入和高价卖出股票，投资者可以赚取价差利润。

4. 流通性

股票的流通性是指股票在不同投资者之间的可交易性。流通性通常以可流通的股票数量、股票成交量以及股价对交易量的敏感程度来衡量。股票的流通市场上吸引大量投资者、股价不断上涨的行业和公司，可以通过增发股票，不断吸收大量资本进入生产经营活动，获得优化资源配置的效果。

5. 价格波动性和风险性

股票在交易市场上作为交易对象,有自己的市场行情和市场价格。由于要受到公司经营状况、供求关系、银行利率、大众心理等多种因素的影响,股票价格波动有很大的不确定性。正是这种不确定性,有可能使股票投资者遭受损失。价格波动的不确定性越大,投资风险也越大。因此,股票是一种高风险的金融产品。

知识拓展

2016 年证券市场概况统计表

表 8-3 2016 年 12 月份证券市场概况统计表

	2015 年	2016 年 12 月	比 2015 年
期末境内上市公司数(A、B 股)(家)	2 827	3 052	7.96%
期末境内上市外资股(B 股)(家)	101	100	−0.99%
期末境外上市公司数(H 股)(家)	229	241	5.24%
期末股票总发行股本(A,B,H 股亿股)	49 997.26	55 820.50	11.65%
其中:流通股本(亿股)	44 026.44	48 206.26	9.49%
期末股票市价总值(A、B 股亿元)	531 304.20	508 245.11	−4.34%
其中:股票流通市值(亿元)	417 925.40	393 266.27	−5.90%
股票成交金额(亿元)	182 388.19	98 288.01	—
日均股票成交金额(亿元)	7 929.92	4 467.64	—
期末上证综合指数(收盘)	3 539.18	3 103.64	−12.31%
期末深证综合指数(收盘)	2 308.91	1 969.11	−14.72%
期末平均市盈率(静态)			
上海	18.94	18.03	−4.80%
深圳	62.36	52.20	−16.30%
期末证券投资基金只数(只)	2 723	—	—
交易所上市证券投资基金成交金额(亿元)	2 315.49	903.69	—

资料来源:中国证券监督管理委员会网站。

二、股票的分类

(一)普通股

普通股是指在公司的经营管理、赢利及财产的分配上享有普通权利的股份,代表满足所有债权偿付要求及优先股东的收益权与求偿权要求后,对企业赢利和声誉财产的索取权。

1. 普通股构成和权利

普通股构成公司资本的基础,是股票的一种基本形式,也是发行量最大、最为重要的股

票。目前在上海和深圳证券交易所上市交易的股票,都是普通股。

普通股股票持有者按其所持有股份比例享有以下基本权利:

(1) 公司决策参与权。普通股股东有权参与股东大会,并有建议权、表决权、选举权和被选举权,也可以委托他人代表其行使其股东权利。

(2) 利润分配权。普通股股东有权从公司利润分配中得到股息。普通股的股息是不固定的,由公司赢利状况及其分配政策决定。普通股股东必须在优先股股东取得固定股息之后才有权享受股息分配权。

(3) 优先认股权。如果公司需要扩张而增发普通股股票时,现有普通股股东有权按其持股比例,以低于市价的某一特定价格优先购买一定数量的新发行股票,从而保持其对企业所有权的原有比例。

(4) 剩余资产分配权。当公司破产或清算时,若公司的资产在偿还欠债后还有剩余,其剩余部分按先优先股股东,后普通股股东的顺序进行分配。

2. 普通股一般分类

1) A 股和 B 股

A 股即人民币普通股,是由我国境内公司发行,以人民币标明面值,供境内机构、组织或个人以人民币认购和交易的记名式普通股股票。A 股市场于 1990 年成立。

B 股又称为人民币特种股,是我国内地公司发行的股票,在国内证券交易所上市,以美元或者港元在境内进行买卖的记名式普通股。B 股市场于 1992 年建立,2001 年 2 月 19 日前,仅限外国投资者买卖。2001 年 2 月 19 日后,B 股市场对国内投资者开放。

在我国香港特别行政区,A、B 股是指两种面值不同但投票权相同的普通股。其中,面值大的称为 A 股,面值小的称为 B 股。A、B 股的派息比率与面值呈正比,如一股面值为 1 港元的 A 股派息将是一股面值为 0.5 港元的 B 股派息的 2 倍。

在英国,A、B 股是指两种面值相同但投票权不相同的普通股。其中,A 股又称为无表决权股票,该种股票的特点是其持有人在公司年会上没有投票权,或者投票权受到限制;B 股的特点是其持有人享有充分的投票权。但是,在派息和公司破产分配剩余财产等方面,A、B 股持有人具有同等的权利。

在美国,普通股若分为 A、B 股,那么,A 股的持有人有投票权,而 B 股的持有人则没有投票权或投票权受到限制,这一点恰好和英国的做法相反。

2) H 股

H 股是公司注册地在境内,但在中国香港发行和上市的外资股,以港币标明面值。H 股是由外国人,中国台湾、港澳的法人、自然人和其他组织以外币认购和买卖的特种股票。香港的英文名称是 Hong Kong,取其字首,即为 H 股。

3) N 股

N 股现指注册地在境内,在纽约证券交易所发行和上市的外资股。纽约的第一个英文字母是 N。"N 股"表达的仅是约定俗成的含义。

3. 按股票风格分类

1) 绩优股

在我国,投资者衡量绩优股的主要指标是每股税后利润和净资产收益率。一般而言,每股税后利润在全体上市公司中处于中上地位,公司上市后净资产收益率连续三年显著超过10％的股票当属绩优股之列。

在国外,绩优股主要指的是业绩优良且比较稳定的大公司股票。这些大公司经过长时间的努力,在行业内达到了较高的市场占有率,形成了经营规模优势,利润稳步增长,市场知名度很高。

绩优股具有较高的投资回报和投资价值,其公司拥有资金、市场、信誉等方面的优势,对各种市场变化具有较强的承受和适应能力。绩优股的股价一般相对稳定且呈长期上升趋势。绩优股总是受到投资者,尤其是从事长期投资的稳健型投资者的青睐。

2)垃圾股

与绩优股相对应,垃圾股指的是业绩较差的公司的股票。这类上市公司或者由于行业前景不好,或者由于经营不善等,有的甚至进入亏损行列。其股票在市场上的表现萎靡不振,股价走低,交投不活跃,年终分红也差。投资者在考虑选择这些股票时,要有比较高的风险意识,切忌盲目跟风投机。

绩优股和垃圾股不是天生的和绝对的。绩优股公司决策失误,经营不当,其股票可能沦落为垃圾股;而垃圾股公司经过资产重组和经营管理水平的提高,抓住市场热点,打开市场局面,也有可能将其股票变为绩优股。这样的例子在我国股票市场上比比皆是。

股票市场中绩优股和垃圾股并存的格局警示着上市公司,上市并不意味着公司从此高枕无忧,股票市场容不得滥竽充数,是绩优股还是垃圾股,依赖于上市公司本身的努力。

3)蓝筹股

蓝筹股是指由经营业绩良好,运作稳定成熟,金融实力强大,能定期分派股利,并在某一行业中处于支配地位的大公司所发行的普通股。其红利稳定而优厚,股价呈上涨趋势,是一种热门股票,普遍受到投资者欢迎。

4)红筹股

红筹股是与蓝筹股相关的一个概念,在我国证券市场上有着特定的含义,它是指最大控股权直接或间接隶属于中国内地有关部门或企业,在香港注册并在香港联合交易所(简称联交所)上市的公司所发行的股票。它产生于20世纪90年代初期的香港股票市场。

红筹股的定义方法有两种:一种观点认为应按业务范围来区分;另一种观点认为应按权益多寡来划分。

5)成长股

成长股是指发行这种股票的公司正处于上升阶段,其销售额和收益额都在迅速增长,并且其增长速度快于整个国家及其所在行业增长水平的有限公司所发行的股票。这些公司为了谋求进一步的发展,往往将公司净利润的大部分作为再投资,用于公司扩大再生产,因而通常对股东只支付较低的股息和红利。但是,由于公司再生产能力强,发展势头好,随着公司的成长,股市看好,股票价格稳步上升,投资者可望从中获取较高的收益。

6)周期股

周期股是指那些收益随着商业周期性波动而波动的公司所发行的股票。这类股票的特点是:在经济繁荣景气时,公司利润上升,股票收益增加,股票价格也上升;在经济不景气时则相反。例如,钢铁、机器制造、建材等公司的股票。

融理论与实务

7）防守股

防守股是与周期股相对应的一种股票，指的是在商业条件普遍恶化时，其收益和红利仍高于其他股票的平均水平的股票。这类股票的特点是面对经济衰退的局面和恶化的经济条件，其收益具有稳定性。一般来说，公用事业、医药用品、水电、煤气行业、交通等公司发行的股票就属于这一类。

8）投机股

投机股是指那些变化快，价格很不稳定、前景很不确定的股票。这类股票价格波动频繁，风险性很大，投机性很强。但是，由于其在短期内价格上涨下跌幅度很大，往往能够吸引一些专门从事证券投机的人或敢于冒险的股票投机者。

9）概念股

概念股是指适合某一时代潮流的公司所发行的，或与某一热点题材相关的股票。股价随市场热点变换而呈现较大起伏的普通股。

（二）优先股

优先股是公司在筹集资金时，给予投资者某些优先权的股票。这种优先权主要表现在两个方面。

其一，优先股有固定的股息，不随公司业绩好坏的波动，并且可以先于普通股股东领取股息。

其二，当公司破产进行财产清算时，优先股股东对公司剩余财产的要求权优先于普通股股东。但优先股一般不参加公司的红利分配，持股人也无表决权，不能借助表决权参加公司的经营管理。因此，优先股与普通股相比较，虽然收益和决策参与权有限，但风险较小。

优先股起源于欧洲，英国在 16 世纪就已发行过优先股。但在以后几百年内，由于生产力水平不高，一般公司为了便于管理，只发行普通股，很少发行优先股。进入 20 世纪后，随着经济发展和技术进步，为了筹集急需的巨额资金，优先股就有了适宜生长的土壤。

公司发行优先股主要出于以下考虑：清偿公司债务；帮助公司渡过财政难关；既增加公司资产，又不影响普通股股东的控制权。

一些国家的公司法规定，优先股只能在公司增募新股或清理债务等特殊情况下才能发行。我国 2013 年推出优先股，优先股的推出由证监会牵头，银监会、财政部、国务院法制办、人大法工委等联合积极推进，相关细则由上交所在拟定，农业银行和浦发银行作为试点首批发行优先股。

三、股票与债券的区别

（一）性质不同

债券是一种债权债务凭证，它表明发行人与持有人之间存在债务与债权的关系。债券持有者是债券发行人的债权人，与发行者只是一种借贷关系。而股票是一种所有权凭证，股票的持有者是股份公司的股东，股票所表示的是对公司的财产所有权，持有者享有参加经营管理的权利。

（二）发行主体不同

债券的发行主体既可以是股份公司，也可以是非股份公司；既可以是以营利为目的的经济组织,也可以是不以营利为目的的非经济组织。因此,中央政府、地方政府、金融机构和公司企业都可以作为债券的发行主体。而股票只有股份有限公司才能发行。可见,债券的使用范围比股票更广泛。

（三）期限不同

债券一般在发行时都明确规定偿还期限,期满时发行人必须偿还。有的债券在发行若干时间之后,但还未到偿还期之前,即开始部分地偿还本金。当然,无期公债和永久性公债是个例外,这种公债不规定到期时间,债权人也不能要求清偿,只能定期支取利息。而股票是一种永久性的证券,它一经购买,则不能退股,投资人只能通过市场转让的方式收回资金。

（四）价格稳定性不同

由于债券的利息率固定、票面金额固定、偿还期限固定,其收益事先可以预测,因此它的市场价格相对稳定。而股票收益的多少是不固定,它会随着企业的经营状况和利润多少而发生变化。除此之外,股票价格还受国内外局势、公众心理以及供求状况等多种因素影响,涨跌频繁并且幅度较大。

（五）风险程度不同

无论公司经营好坏,债券持有者均可以按照规定定期获得利息,本金在公司破产清偿时可以优先得到偿还。但股票持有者,获取股利的多少要随公司的经营状况而变化。

（六）会计处理不同

发行债券被视为公司负债,其利息支出是公司的固定支出,可计入成本,冲减利润。而股票是股份公司筹集的资金,列入资本,股票的股息和红利则是公司利润的一部分。

四、股票的发行市场

股票的发行市场是指股份公司直接或通过中介机构向投资者出售新发行股票的市场。

（一）股票的发行方式

与债券的发行方式相同,也有公募和私募两种。另外,已存在的股份有限公司增发股票,还可以采取优先认购股权方式,也称配股,它给予现有股东以低于市场价值的价格优先购买一部分新发行的股票。

（二）公开发行股票的运作程序

1. 选择承销商

公开发行股票一般都需要承销商的参与。投资银行通常充当承销商这个角色。承销商的作用主要有:与发行人就有关发行方式、日期、发行价格、发行费用等进行磋商,达成一致;编制向主管机构提供的有关文件;在股票发行数量很大时,组织承销团,筹划组织召开承销会议,承担承销团发行股票的管理,协助发行人申办有关法律方面的手续;向认购人交付股票并清算价款,包销未能售出的股票,做好发行人的宣传工作和促进其股票在流通市场的流动性。

2. 准备招股说明书

招股说明书是股份公司公开发行股票计划的书面说明,是投资者决定是否购买该股票的主要依据。招股说明书包括公司的财务信息和公司经营历史的陈述,高级管理人员的状况,筹资目的和使用计划,公司内部悬而未决的问题,如诉讼等。

3. 发行定价

发行定价是股票发行的一个关键环节,如果定价过高,会使股票的发行数量减少,进而使发行公司不能筹到所需资金;如果定价过低,发行公司会蒙受损失。股票的发行价格主要有平价发行、溢价发行和折价发行三种。决定股票发行价格高低的主要因素有两个:一是股票发行公司的业绩状况,如果业绩优良则价高,反之价低;二是股票发行时股票流通市场的状况,如果流通市场处于上升态势,交投活跃,则股票发行的价格往往较高,反之则较低。

4. 认购与销售股票

承销商销售股票时有包销和代销两种方式。包销是指承销商以低于发行定价的价格把股份公司发行的股票全部买进,再将其转卖给投资者的发行方式。包销发行方式中,承销商承担很大的风险,因而需要较高的承销费用。代销是指承销商代理股票发行公司发行股票,在合同规定的承销期内,承销商按照规定的发行条件,尽力推销股票,在承销结束时,将未售出的股票全部退还给发行公司的股票发行方式。在代销方式中,承销商不承担销售风险,因此代销佣金较低。

五、股票的流通市场

(一) 股票上市交易

公开发行的股票达到一定的条件后可以进入证券交易所进行交易,这种行为被称为股票上市交易,相应的股份公司被称为上市公司。股票的上市交易可以提高上市公司的声望和知名度,提高股票的流动性。

股票上市的一般程序通常为:股份公司达到上市的条件后由保荐人保荐,向证券交易所提出上市申请,由证券交易所设立的上市委员会对上市申请进行审议。审议通过后,股票发行公司要与证券交易所签订上市协议书,并将股东名册送交证券公司或证券登记公司备案。之后,其股票可以进入证券交易所挂牌交易。

(二) 股票交易价格

1. 不同交易制度下的价格决定方式

证券交易所的两种基本交易制度分别是做市商交易制度和竞价交易制度。我国证券交易所实行的是竞价交易制度。

(1) 做市商交易制度,也称报价驱动制度,是指证券交易的买卖价格均由做市商给出,证券买卖双方并不直接成交,而是向做市商买进或卖出证券。做市商的利润主要来自买卖差价。

(2) 竞价交易制度,也称委托驱动制度,买卖双方直接进行交易或将委托通过各自的经纪商送到交易中心,由交易中心进行撮合成交。

2. 股票价值评估

从总体来说,股票的市场交易价格总是围绕着股票的内在价值在一定的区间内上下波动。股票市场中,人们之所以卖出自己手中的股票,通常是认为该股票的价值被高估了,同样,买入某只股票的投资者,通常认为该股票的价值被市场低估了。由此可见,对股票内在价值的评估,对于投资者制定正确的投资选择十分重要。

（1）现金流贴现法。

$$V = \frac{D_1}{(1+r)^1} + \frac{D_2}{(1+r)^2} + \cdots = \sum_{t=1}^{\infty} \frac{D_t}{(1+r)^t}$$

其中,D_t 为第 t 年的股息红利;r 为与股票风险相匹配的贴现率;V 为股票的内在价值。

（2）市盈率估值法。

$$V = 每股盈利 \times 市盈率$$

知识拓展

我国股票市场交易统计

表 8-4 2016 年我国股票交易情况统计

日 期	交易天数	股票成交金额（亿元）	日均成交金额（亿元）	股票成交数量（亿股）	日均成交数量（亿股）	交易印花税（亿元）
2016.01	20	108 234.22	5 411.69	8 266.33	413.32	108.23
2016.02	16	78 185.38	4 886.59	6 207.81	387.99	78.19
2016.03	23	133 981.16	5 825.27	10 404.02	452.35	133.98
2016.04	20	114 353.47	5 717.67	8 145.06	407.25	114.35
2016.05	21	90 706.10	4 319.34	6 533.19	311.10	90.71
2016.06	20	114 724.86	5 736.24	7 780.53	389.03	114.72
2016.07	21	127 256.94	6 059.85	8 979.43	427.59	127.26
2016.08	23	111 766.98	4 859.43	8 396.96	365.09	111.77
2016.09	20	82 633.00	4 132.00	6 212.00	311.00	82.63
2016.10	16	77 246.00	4 828.00	5 908.00	369.00	77.25
2016.11	22	129 886.53	5 903.93	9 738.98	442.68	129.89
2016.12	22	98 288.01	4 467.64	7 628.85	346.77	98.29
2016 年累计	**244**	**1 267 262.64**	**5 193.70**	**94 201.17**	**386.07**	**1 267.26**

资料来源:国证券监督管理委员会网站。

六、股票投资分析

（一）基本面分析

1.宏观经济分析

股票市场的表现是宏观经济的先行指标,宏观经济的走向决定股票市场走势。因此,股票市场是宏观经济的"晴雨表"。宏观经济因素是决定股票市场长期走势的唯一因素。

国内生产总值(GDP)是一国宏观经济成就的反映,从长期看,在上市公司的行业结构与该国产业结构基本一致的情况下,股票平均价格的变动与 GDP 的变化趋势是吻合的。

经济周期包括衰退、危机、复苏和繁荣四个阶段。一般来说,在经济衰退时期,股票价格会逐渐下跌;到危机时期,股价跌至最低点;而经济复苏开始时,股价又会逐步上升;到繁荣时,股价则上涨至最高点。股票市场价格的变动周期虽然大体上与经济周期相一致,但在时间上并不会与经济周期相同。从时间看,股票市场走势比经济周期走势提前约 1 个月到半年,股票市场的走势对宏观经济运行具有预警作用。

货币政策、财政政策是政府调控宏观经济的基本手段,它们的变动对股票市场与股票价格有着较大的影响。宽松的货币政策会扩大社会上货币供给总量,对经济发展和股票市场交易有着积极影响。但是,货币供应太多又会引起通货膨胀,使企业发展受到影响,使实际投资收益率下降。紧缩的货币政策则相反,它会减少社会上货币供给总量,不利于经济发展,不利于股票市场的活跃和发展。另外,货币政策对人们的心理影响也非常大,这种影响对股市的涨跌又将产生极大的推动作用。扩张性的财政政策可增加社会总需求,从而提升股份公司经营业绩,促进股票市场价格上升。此外,政府对股票投资者的投资收益规定不同的税种和税率将直接影响着投资者的税后投资收入水平,对股票市场的价格有着巨大的影响作用。

2. 行业分析

行业所处生命周期的位置制约或决定着企业的生存和发展。汽车诞生以前,欧美的马车制造业曾经非常的辉煌,然而时至今日,社会上已经找不到马车的踪迹,连汽车业也进入生命周期中的稳定期了。如果某个行业已处于衰退期,则属于这个行业中的企业,不管其资产多么雄厚,经营管理能力多么强,都不能摆脱其阴暗的前景。

3. 公司分析

通过分析公司的客户、供应商、竞争者、潜在新进入者、替代品等基本竞争力量,分析公司的基本财务数据,才能对公司的基本面做出综合评价。

(二) 技术分析

1. 股票价格指数

为了判断市场股价变动的总趋势及其幅度,我们必须借助股票价格指数。股票价格指数是反映不同时点上股价变动情况的相对指标。通常是将报告期的股票价格与选定的基期价格相比,并将两者的比值乘以基期的指数值,即为报告的股价指数。我国的股票价格指数有:上证综指、深证综指、中小板指数、上证 A 股指数、上证 B 股指数、上证 50 指数、上证 180 指数、深证 A 股指数、深证 B 股指数、深证 100 指数等。

2. 股票交易技术分析

股票的技术分析是指运用市场每日波动的价位,通过图表的方式表示这些价位的走势,从而推测股价未来的走向。技术分析的理论假设主要有:

(1) 一切历史会重演。这条假设是从人的心理因素方面考虑的。在证券市场上,一个人在某种情况下按一种方法进行操作取得成功,那么以后遇到相同或相似情况,就会按同一方法进行操作;如果失败了,以后就不会按前一次的方法操作。即证券市场的某个市场行为给投资者留下的阴影或快乐是会长期存在的。

(2) 价格沿趋势移动。这一假设是进行技术分析最根本、最核心的条件。其主要思想:

股票价格的变动是按一定的规律进行的,股票价格有保持原来方向运动的惯性。正是由于这一条,技术分析师们才花费大量心血,试图找出股票价格变动的规律。既然股票价格有趋势,则股票投资应顺势而为。

(3)市场行为涵盖一切信息。这条假设是进行技术分析的基础。其主要思想就是认为任何一个影响证券市场的因素,最终都必然体现在股票价格的变动上,从而不必对影响股票价格的具体因素关心过多。如果不承认这一前提条件,技术分析所做的任何结论都是无效的,这是进行股票技术分析的理论基础。

技术分析手段主要包括 K 线图、形态分析、趋势分析、指标分析(macd、kdj、vr 指标等)如图 8 - 2 所示。

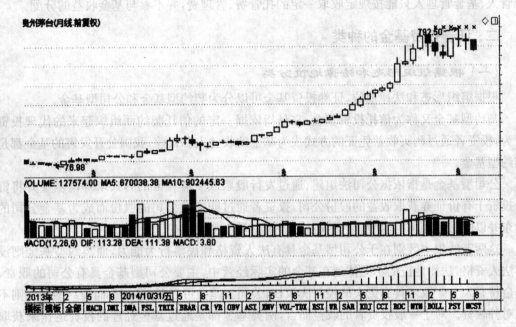

图 8 - 2 贵州茅台股票技术分析图(截至 2018 年 8 月 3 日,月线)

第三节 证券投资基金

一、证券投资基金的含义与特点

证券投资基金是指通过发售基金份额,将众多投资者的资金集中起来,形成独立资产,由基金托管人托管,基金管理人管理,以投资组合的方式进行证券投资的一种利益共享、风险共担的集合投资方式。证券投资基金的特点表现在三个方面。

(一)组合投资,分散风险

证券投资基金通过汇集众多中小投资者的小额资金,形成雄厚的资金实力,可以将资金分散投到多种证券或资产上,通过有效组合最大限度地降低非系统风险。

（二）集中管理，专业理财

基金资产由专业的基金管理公司负责管理，基金管理公司配备了大量的投资理财专业人员，他们不仅掌握了广博的投资分析和投资组合理论知识，而且在投资领域也积累了相当丰富的经验，可以更好地抓住资本市场的投资机会，创造更好的收益。

（三）利益共享，风险共担

证券投资基金实行"利益共享，风险共担"的投资原则。基金投资者是基金所有者，基金投资收益在扣除由基金承担的费用后盈余全部归基金投资者所有，并依据各投资者所持有的基金份额比例进行分配。同样，投资风险也由基金投资者承担。为基金提供服务的基金托管人、基金管理人只能按规定收取一定的托管费、管理费，并不参与基金收益的分配。

二、证券投资基金的种类

（一）根据组织形态和法律地位分类

根据组织形态和法律地位，证券投资基金可以分为契约型基金和公司型基金。

契约型基金又称为信托投资基金，它是指依据一定的信托契约而组织起来的代理投资行为，投资者通过购买收益凭证的方式成为基金的收益人。目前，我国公开发售的基金都是契约型基金。

公司型基金是指依据公司法组建、通过发行股票或受益凭证的方式来筹集基金并将资金投资于有价证券获取收益的股份公司，投资者通过购买该公司的股份而成为基金公司的股东并以股份比例承担风险、享受收益。公司型基金主要存在于美国。

这两者的根本区别在于公司型基金具有法人资格和民事行为能力，而契约型基金则没有法人资格，法律地位的不同体现在基金的实际经营中，主要公司型基金具有公司的职责，基金持有人——股东具有更大的经营决策权，公司型基金可以对外融资，而契约型基金则不能对外融资。对于一般投资者的收益而言，两类基金都是通过基金经理的投资运作来获取收益，类型不同对双方的收益能力并没有实质性的影响。

（二）根据投资运作和变现的方式分类

根据投资运作和变现的方式不同，证券投资基金可以分为封闭式基金和开放式基金。

开放式基金是指基金可以无限地向投资者追加发行基金份额，并且随时准备赎回发行在外的基金份额，因此基金份额总数是不固定的。而封闭式基金的基金份额总数固定，且规定封闭期限，在封闭期限内投资者不得向基金管理公司提出赎回，而只能寻求在二级市场上挂牌转让。

（三）根据投资目标分类

根据投资目标的不同，证券投资基金可以分为成长型基金、收入型基金、平衡型基金。

成长型基金是以追求资本的长期增值为目标的投资基金，主要投资于具有良好发展潜力，但目前盈利水平不高的企业股票，即主要投资于成长性好的股票。其特点是风险较大，可以获取的利益也较大，适合能承受高风险的投资者。

收入型基金是指以追求稳定的经常性收入为基本目标的基金，它主要投资于盈利长期稳定、分红高的质优蓝筹股和公司债券、政府债券等稳定收益证券,适合较保守的投资者。

平衡型基金界于成长型基金与收入型基金之间,它将一部分资金投资于成长性好的股票,又将一部分资金投资于业绩长期稳定的质优蓝筹股。它是既注重资本的长期增值,又注重当期收入的一类基金。

(四)根据投资对象分类

根据投资对象的不同,证券投资基金可以分为股票基金、债券基金、货币市场基金、专门基金、衍生基金、对冲基金、套利基金等。

股票基金,即基金的投资对象是股票,这是基金最原始、最基本的品种之一;债券基金,即投资于债券的基金,这是基金市场上规模仅次于股票基金的另一重要品种;货币市场基金,即投资于存款证、短期票据等货币市场工具的基金,属货币市场范畴;专门基金,是从股票基金发展而来的投资于单一行业股票的基金,也称次级股票基金;衍生基金,即投资于衍生金融工具,包括期货、期权、互换等并利用其杠杆比率进行交易的基金;对冲基金又称套期保值基金,是在金融市场上进行套期保值交易,利用现货市场和衍生市场对冲的基金,这种基金能最大限度地避免和降低风险,因而也称避险基金;套利基金是在不同的金融市场上利用其价格差异低买高卖进行套利的基金。

(五)其他基金类型

ETF 是"Exchange Traded Fund"的英文缩写,直译为"交易所交易基金",国内一般译为"交易型开放式指数基金"。ETF 是指数型基金中的一个品种。EFT 与普通股指数基金的区别在于 EFT 是在交易所上市交易,交易手续与股票完全相同。由于 EFT 简单易懂,市场接纳度高,自从 1993 年美国推出第一个 ETF 产品以来,EFT 在全球范围内发展迅猛。

LOF 是英文"Listed Open-ended Fund"的缩写,译为"上市型开放式基金"。它是开放式基金中的一个类型,该类型的基金发行结束后,投资者既可以在指定网点申购与赎回基金份额,也可以在交易所买卖该基金。不过投资者如果是在指定网点申购的基金份额,想要上网抛出,须办理一定的转托管手续;同样,如果是在交易所网上买进的基金份额,想要在指定网点赎回,也要办理一定的转托管手续。

FOF 是英文"Fund Of Fund"的缩写,译为"基金中基金",是金融机构推出的一种理财产品组合。它投资于各种不同类型的基金,并根据市场波动情况及时调整和优化基金组合,力争使基金组合能达到一个有效的配置。

三、基金净值与基金的业绩

(一)基金净值的含义

基金净值也称为基金资产净值,是指某一时点上基金资产的总市值扣除负债后的余额。

基金单位净值又称为基金份额净值,即基金单位资产净值,是指每一基金单位(份额)所代表的基金资产净值。

$$基金单位净值=(总资产-总负债)÷基金总份数$$
$$=基金资产净值÷基金总份额基金累计单位净值$$
$$=基金单位净值+基金成立后累计单位派息金额$$

（二）基金净值与业绩

基金单位净值表示了单位基金内含的价值,但基金单位净值的高低并不代表基金业绩的好坏,基金净值增长能力才是判断基金业绩的关键。一般来说,若是基金成立已经有一段相当长的时间,且基金在存续期间分红少,则基金的净值就会相对高些。如果基金成立的时间较短,或是基金在存续期间分红多,则基金的单位净值就相对低些。但基金的累计单位净值就可以反映出基金的业绩,因为国内基金发行时的单位净值一般为1元,若基金累计单位净值高,则说明基金在前期获得更多的增值;相反,则基金在前期所获得的增值少。如果把基金累计单位净值与基金存续时间结合起来,就更能准确地反映基金的获利能力。若两只基金同时发行,经过一段时间后其中一只基金的累计单位净值要远高于另一只,则前一只基金的获利能力或业绩相对较好。

四、基金的收益与费用

基金单位净值在一定时期内增长快,则基金的业绩好,基金的业绩好,则表现在一定时期内基金取得的净收益好,而基金的净收益为基金的收益扣除费用后的净额。

（一）基金的收益

基金的收益是基金资产在运作过程中产生的超过本金部分的价值。基金收益主要来源于基金投资所得红利、股息、债券利息、买卖证券价差、银行存款利息以及其他收入。

（二）基金的费用

基金的运营费用主要包括管理费、托管费。

基金管理人是基金资产的管理者和运营者,对基金资产的保值和增值起着决定性的作用。基金管理费是支付给基金管理人的管理报酬,其数额一般按照基金资产净值的一定比例从基金资产中提取。这一比例的高低与基金规模、基金类别有关。一般而言,基金规模越大,基金管理费费率越低;基金风险程度越高,其管理费费率也越高。

基金托管费指基金托管人托管基金资产所收取的费用,通常按基金资产净值的一定比例逐日计提,按月支付。基金托管费收取的比例也与基金规模、基金类型有关。一般而言,基金规模越大,基金托管费率越低;基金风险程度越高,其托管费率越高。

本章练习题

一、单项选择题

1. 投资者把手中持有的基金份额按规定的价格卖给基金管理人并收回现金的过程是(   )。
   A. 开放式基金的销售　　　　B. 开放式基金的认购
   C. 开放式基金的申购　　　　D. 开放式基金的赎回
2. 基金的累计单位净值高,则说明基金在前期(   )。
   A. 获得更多的增值　　　　　B. 获得的增值少
   C. 与获得的增值无关　　　　D. 获得的增值可多可少

3. 收入型基金适合于( )。

    A. 较保守的投资者   B. 厌恶风险的投资者

    C. 喜好风险的投资者   D. 能承受高风险的投资者

4. 成长型基金适合于( )。

    A. 风险规避者   B. 厌恶风险的投资者

    C. 能承受高风险的投资者   D. 较保守的投资者

5. 以追求资本的长期增值为目标的投资基金为( )。

    A. 对冲基金   B. 成长型基金   C. 平衡型基金   D. 收入型基金

6. 证券投资基金的投资原则是( )。

    A. 利益共享、风险共担   B. 自负盈亏、利益共享

    C. 独立运作、自负盈亏   D. 风险共担、独立运作

7. 预期每股盈利与市盈率相乘可以得出( )。

    A. 净利润   B. 毛利润   C. 股票价值   D. 股票市场价格

8. ( )是指债券发行人不能按时还本付息的可能性。

    A. 违约风险   B. 流动性风险   C. 利率风险   D. 市场风险

9. 从买入债券到卖出债券之间所获得的收益率为( )。

    A. 票面收益率   B. 现时收益率   C. 持有期收益率   D. 到期收益率

10. 由承销商组织承销团将债券销售给不特定的投资者的发行方式是( )。

    A. 承销发行   B. 包销发行   C. 私募发行   D. 公募发行

二、多项选择题

1. 债券的发行价格的种类有( )。

    A. 平价发行   B. 补价发行   C. 溢价发行

    D. 差价发行   E. 折价发行

2. 基金的运营费用主要包括( )。

    A. 申购费   B. 基金转换费   C. 管理费

    D. 托管费   E. 包销费

3. 封闭式基金与开放式基金的区别主要表现在( )。

    A. 期限不同   B. 份额限制不同   C. 交易所不同

    D. 价格形成方式不同   E. 交易对象不同

4. 根据投资目标的不同,证券投资基金可以分为( )。

    A. 对冲基金   B. 成长型基金   C. 收入型基金

    D. 平衡型基金   E. 共同基金

5. 证券投资基金的主要特点表现为( )。

    A. 组合投资、分散风险   B. 集中管理

    C. 利益共享、风险共担   D. 独立托管

    E. 专业理财

6. 一般情况下,在股票交易中,常用的技术指标有( )。

A. MACD B. KDJ C. VR

D. FOF E. LOF

7. 股票交易技术分析建立在三项合理的市场假设条件之下,分别为( )。

A. 一切历史会重演 B. 证券价格沿趋势移动

C. 市场行为涵盖一切信息 D. 市场有效性假设

E. 市场无效性假设

8. 股票交易技术分析的技术分析方法一般包括( )。

A. 形态分析 B. 趋势分析 C. 行业分析

D. 指标分析 E. 股票价格指数分析

9. 公开发行股票的运作程序有( )。

A. 清算 B. 发行定价 C. 准备招股说明书

D. 选择承销商 E. 认购与销售股票

三、简答题

1. 公开发行股票的运作程序是怎样的?

2. 证券投资基金的特点有哪些?

3. 什么是资本市场?

四、计算题

1. 某基金于 2015 年 6 月 1 日发行,发行时的基金单位净值为 1 元。至 2019 年 6 月 1 日,该基金的总资产市值为 180 亿元,总负债为 20 亿元,当日共有基金份额为 100 亿份。期间该基金共有 4 次分红,每次每份基金分红依次为 0.2 元、0.18 元、0.12 元、0.18 元。求该基金在 2019 年 6 月 1 日的单位净值与累计单位净值。

2. 假设某一债券的票面额为 10 000 元,5 年偿还期,年利息为 600 元,投资者以其市场价格 11 000 元买入,买入时该债券偿还期剩余 4 年,则该证券的持有期收益率为多少?

第九章
金融衍生工具市场

扫码查看视频

学习目的和要求

学习本章,应准确识记本章的基本概念,领会本章的基本理论,并能应用基本理论对现实金融问题进行一定的分析。了解金融衍生工具市场的产生和发展;掌握金融衍生工具的特点;理解金融衍生工具市场的功能;掌握金融远期合约的含义与特点;了解远期利率协议;理解金融期货合约的含义与特点;掌握金融期货合约的种类;理解金融期权合约的主要内容;掌握金融期权合约的种类与功能;理解金融互换的含义及原理。

导入案例

中航油事件

2003 年,中航油新加坡公司和三井住友银行等三家外国银行等进行场外期权交易,卖出看涨期权,执行价 36 美元,仓位是空头 200 万桶,于年底石油价为 20 多美元卖出,获得 200 多万美元的期权费。

到了 2004 年的第一季度,中航油的逻辑认为原油现货并未短缺,根据供给需求理论原油价格仍存在下跌空间,因此继续看跌,然而石油价格却一路上涨,2004 年上半年,已出现 580 万美元账面亏损。

为了掩盖账面亏损,而不是及时止损,中航油公司决定对合约进行展期,并放大交易仓位,以此期望油价能够回跌。然而账面亏损已扩大至 3 500 万美元。于是不仅没有止损,反而将期权合约展期至 2005 年及 2006 年,并在新价位上继续卖空,交易量再次增加。

2004 年 10 月,中航油先后两次将行权价格提高到 45 美元/桶和 48 美元/桶,同时将头寸从 200 多万桶放大到最后的 5 200 万桶,翻了将近 25 倍,公司账面亏损已达 1.8 亿美元,公司现金全部消耗殆尽。

同时由于国际油价的猛涨,公司必须加大保证金,为此新加坡公司不得不向母公司中航油集团请求援助。而中航油集团不仅没有责令新加坡公司迅速斩仓,反而决定对其实施救助。10 月 20 日,中航油集团以私募方式卖出手中所持 15% 的股份,获资 1.08 亿美元,立即交给新加坡公司补仓。

然而油价还是令人绝望地一路上升,母公司并不能无穷无尽地提供庞大的资金,所以 2004 年 10 月 26 日和 28 日,公司因无法补加一些合约的保证金而强行平仓,从而蒙受 1.32 亿美元实际亏损。接着,11 月 8 日到 25 日,公司的期权合约继续遭逼仓,虽然集团再向中航油提供 1 亿美元贷款,但此时却是螳臂当车,截至 25 日的实际亏损达 3.81 亿美元。2004 年 12 月 1 日,在亏损 5.5 亿美元后新加坡公司宣布向法庭申请破产保护令。

假如中航油公司能够一直保持资金充足,石油的价格到年底已经再次跌回 43.32 元,中航油公司不但不会损失 5.5 亿美元,反而还能赚取 3 000 多万美元。可惜的是,公司终究没能抵抗住衍生工具的杠杆带来的巨大损失,在盈利之前被平仓,从而承受了巨大的损失。

资料来源:新浪财经。

第一节　金融衍生工具的产生和发展

金融衍生工具,又称金融衍生产品,与基础性金融工具相对应,是指在一定的基础性金融工具的基础上派生出来的金融工具,一般表现为一些合约,其价值由作为标的物的基础性金融工具的价格决定。

目前,在国际金融市场上最为普遍运用的衍生工具有金融远期、金融期货、金融期权和金融互换。

一、金融衍生工具的概念和特征

(一) 金融衍生工具的概念

金融衍生工具指建立在基础产品或基础变量之上,其价格随基础金融产品的价格变动的派生金融产品。这里所说的基础产品是一个相对的概念,不仅包括现货金融产品,如债券、股票、银行定期存款单等等,也包括金融衍生工具。作为金融衍生工具的变量则包括利率、各类价格指数甚至天气(如温度)指数。

(二) 金融衍生工具的特征

1. 价值受制于基础性金融工具

金融衍生工具是由传统的基础性金融工具派生出来的。由于它是衍生物,不能独立存在,因此其价值的大小在相当程度上受制于相应的基础性金融工具价格的变动。

2. 具有高杠杆性和高风险性

金融衍生工具在运作时多采用财务杠杆方式,即采用缴纳保证金的方式进入市场交易。市场的参与者只需动用少量资金即可买卖交易金额巨大的金融合约。期货交易的保证金和期权交易中的期权费都属于这种情况。

近些年来,一些国际性大型金融机构在衍生工具交易方面的失利真实地显现了金融衍生工具交易的高风险性。例如,2008 年法国兴业银行交易员热罗姆·盖维耶尔在未经授权情况下大量购买欧洲股指期货,最终给银行造成49亿欧元损失。

3. 构造复杂,设计灵活

相对于基础性金融工具而言,金融衍生工具具有构造复杂,设计灵活的特征。

二、金融衍生工具市场的功能

创设与交易金融衍生工具的市场被称为金融衍生工具市场。金融衍生工具市场的主要功能有三个。

(一)价格发现功能

衍生工具的市场价格会伴随着交易者对交易标的物未来价格预期的改变而波动。因此,如果市场竞争是充分和有效的,那么,衍生工具的市场价格就是对标的物未来价格的事先发现,能够相对准确地反映交易者对标的物未来价格的预期。

(二)套期保值功能

套期保值是金融衍生工具市场最早具有的基本功能。所谓套期保值是指交易者为了配合现货市场交易,而在期货等金融衍生工具市场上进行与现货市场方向相反的交易,以便达到转移、规避价格变动风险的交易行为。

(三)投机获利手段

投机的目的是为了获取价差。投机者的投机行为完全是一种买空卖空的行为。当投机者预测资产价格会上升时,便做多头,买进期货等金融合约,并在价格涨到自己理想的价位时适时卖出合约平仓,从而获得价差收益;相反,当投机者预测资产价格会下跌时,做空头卖出期货等金融合约,并在价格下跌过程中适时买回相同的期货合约平仓,获取高卖低买的差价收益。综上所述,金融衍生工具市场在为市场参与者提供灵活便利避险工具的同时,也促成了巨大的世界性投机活动,加剧了国际金融市场的不稳定性。

金融衍生工具市场产生的初衷是用以规避汇率、利率等价格变动的风险,因而,风险管理是金融衍生工具市场最早具有的、最基本的功能。但是,由于衍生金融工具所具有的高杠杆效应,诱使市场投机者利用衍生工具进行大规模的投机活动。投机如果成功,可以获得很高的收益,但若失败,则会造成严重的后果,甚至危及整个国际金融市场的稳定。

因此,金融衍生工具市场的发展是一柄"双刃剑",它在为市场参与者提供灵活便利的避险工具的同时,也促成了巨大的世界性投机活动,加剧了国际金融市场的不稳定性。

三、金融衍生工具的分类

(一)按照基础工具分类

股权类衍生工具,是指以股票指数为基础工具的金融衍生工具,主要包括股票期货、股票期权、股票指数期货、股票指数期权以及上述合约的混合交易合约。

货币衍生工具,是指以各种货币作为基础工具的金融衍生工具,主要包括远期外汇合约、货币期货、货币期权、货币互换以及上述合约的混合交易合约。

利率衍生工具,是指以利率或利率的载体为基础工具的金融衍生工具,主要包括远期利率协议、利率期货、利率期权、利率互换以及上述合约的混合交易合约。

信用衍生工具,是以基础产品所蕴含的信用风险或违约风险为基础变量的金融衍生工具,用于转移或防范信用风险,是 20 世纪 90 年代以来发展最为迅速的一类衍生产品,主要包括信用互换、信用联结票据等等。

其他衍生工具。

(二)按照交易特点分类

1. 金融远期合约

合约双方同意在未来日期按照固定价格买卖基础金融资产的合约。金融远期合约规定了将来交割的资产、交割的日期、交割的价格和数量,合约条款根据双方需求协商确定。金融远期合约主要包括远期利率协议、远期外汇合约和远期股票合约。

2. 金融期货

金融期货是指买卖双方在有组织的交易所内以公开竞价的形式达成的,在将来某一特定时间交收标准数量特定金融工具的协议。主要包括货币期货、利率期货、股票指数期货和股票期货四种。

3. 金融期权

金融期权是指合约买方向卖方支付一定费用,在约定日期内(或约定日期)享有按事先确定的价格向合约卖方买卖某种金融工具的权利的契约。包括现货期权和期货期权两大类。

4. 金融互换

金融互换是指两个或两个以上的当事人按共同商定的条件,在约定的时间内定期交换现金的金融交易。可分为货币互换、利率互换和股权互换等类别。

四、金融衍生工具的产生

为了避免或减少因汇率、利率过分波动所引起的市场风险,金融衍生工具市场应运而生。1972 年 5 月,美国芝加哥商品交易所推出了外汇期货合约,这是第一笔金融期货合约在交易所内上市交易,意味着现代意义上的金融衍生工具产生。衍生金融工具市场自 20 世纪 70 年代产生以来,发展迅速。

现将金融衍生工具产生的现实背景分述如下。

(一)客观背景

金融衍生工具产生的动力来自金融市场上的价格风险。20 世纪 70 年代以后,金融环境发生了很大的变化,利率、汇率和通货膨胀呈现极不稳定和高度易变的状况,使金融市场的价格风险大增。

从汇率变动看,1973 年布雷顿森林体系崩溃后,以美元为中心的固定汇率制完全解体,西方主要国家纷纷实行浮动汇率制,加之 20 世纪 70 年代国际资本流动频繁,特别是欧洲美元和石油的冲击,使得外汇市场的汇率变动无常,大起大落。

从利率变动看,20 世纪 60 年代末开始,西方国家的利率开始上升,70 年代的两次石油危机更是使国际金融市场的利率水平扶摇直上,把金融市场的投资者和借贷者暴露在高利率风险中。20世纪60年代,西方货币学派兴起,至70年代对西方国家的领导人产生影响,西方国家普遍以货币供应量取代利率作为货币政策的中介目标,从而放松对利率的管制,利率变动频繁。

汇率、利率以及相关股市价格的频繁变动,使企业、金融机构和个人时时刻刻生活在金融市场价格变动风险之中,迫切需要规避市场风险。因此,作为新兴风险管理手段的以期货、期权和互换为主体的金融衍生工具应运而生。进入20世纪80年代后,美、英、日等发达国家不断放松金融管制,实行金融自由化措施,创造更为宽松的金融竞争环境。这一方面使得利率、汇率等市场行情更加频繁地波动,规避风险的要求进一步扩大;另一方面为新市场的创立和新业务的开展提供了更多的机会和可能,从而促进了金融衍生工具的持续发展。

(二)新技术的推动

通信技术和电子计算机信息处理技术的飞速发展及其在金融业的运用大大降低了金融交易的成本,与此同时,新兴的金融分析理论和信息处理与技术设备的结合,为开发设计和推广金融衍生工具奠定了坚实的技术基础。

(三)金融机构的积极推动

银行在巨大的市场竞争压力下拓展新的业务,受金融自由化和证券化的影响,非银行金融机构利用其新颖而富有竞争力的金融工具,与银行展开竞争。

银行国际监管的外在压力迫使银行积极实现盈利方的转移,金融衍生市场吸引了为数众多的金融机构,并因此而迅速发展起来。

(四)金融理论的推动

金融理论也直接推动了衍生工具的产生和发展。1972年12月,诺贝尔经济学奖获得者米尔顿·弗里德曼的一篇题为《货币需要期货市场》的论文为货币期货的产生奠定了理论基础。

五、我国金融衍生工具市场

我国自20世纪80年代初,开始逐步开展衍生金融工具交易。我国衍生金融工具交易试点回顾早在1984年,我国银行率先开始从事境外外汇衍生交易的代理业务,开创了我国企业参与国际衍生交易的先河。20世纪80年代末到90年代初,由于缺乏相应的金融监管等配套机制,国内一度曾出现地下衍生交易猖獗、投机盛行等现象。

1992年,上海外汇调剂中心率先创办了上海外汇期货市场,开办人民币汇率期货交易。

2004年1月31日,国务院发布九条意见,明确要求稳步发展期货市场,特别鼓励研究开发与股票和债券相关的新品种及其衍生产品。同年2月4日,中国银监会正式颁布《金融机构衍生产品交易管理暂行办法》,为金融机构从事衍生产品交易制定了专门的办法。2006年9月8日中国金融期货交易所挂牌成立,为股票指数期货的推出做出准备。2010年2月20日,证监会正式批复中国金融期货交易所沪深300股指期货合约和业务规则,至此股指期货市场的主要制度已全部发布。2010年2月22日9时起,正式接受投资者开户申请。

公布沪深 300 股指期货合约自 2010 年 4 月 16 日起正式上市交易。

我国在衍生金融工具交易试点中,交易区域最广、持续时间最长、影响最大的当属国债期货交易。1992 年 12 月 28 日,上海证券交易所率先推出国债期货交易。在随后的两年多时间里,国债期货交易得到迅速发展,到 1995 年,各地挂牌的国债期货合约已达 60 多个品种,交易量迅猛增长,市场参与者队伍日益壮大。但像"314"品种、"327"品种和"319"品种等违规事件也不断发生,最终导致了国债期货市场的关闭。

第二节　金融远期合约市场

一、金融远期合约的含义与特点

（一）金融远期合约的含义

金融远期合约是指交易双方约定在未来某一个确定的时间,按照某一确定的价格买卖一定数量的某种金融资产的合约。

金融远期合约的种类主要有远期利率协议、远期外汇合约等。

（二）金融远期合约的特点

远期合约是由交易双方通过谈判后签署的非标准化合约。

合约中的交割地点、交割时间、交割价格以及合约的规模、标的物的品质等细节都可由双方协商决定,具有很大的灵活性,可以尽可能地满足交易双方的需要。

远期合约的违约风险较高,流动性也较差。

二、远期利率协议

远期利率协议是交易双方承诺在某一个特定时期内按双方协议利率借贷一笔确定金额的名义本金的协议。

远期利率协议的买方是名义借款人,其订立远期利率协议的目的主要是为了规避利率上升的风险或者从利率上升中牟利;远期利率协议的卖方是名义贷款人,其订立远期利率协议的目的主要是为了规避利率下降的风险或者从利率下降中牟利。

（一）远期利率协议的交易流程

远期利率协议通常选择确定日的伦敦银行间同业拆放利率(Libor)作为参照利率。如果确定日的参照利率超过协议约定的利率,那么卖方就要向买方支付一笔结算金,用以补偿买方在实际借款中因利率上升而造成的损失。一般来说,实际借款利息是在贷款到期时支付的,而结算金则是在结算日支付的,因此结算金并不等于因利率上升而给买方造成的额外利息支出,而等于额外利息支出在结算日的贴现值,当协议利率低于参照利率,结算金为正数,远期利率协议卖方将支付利差金额的贴现值给买方;反之,结算金为负数,买方将支付利差金额的贴现值给卖方。远期利率协议的交易流程见图 9-1。

图 9-1 远期利率协议交易流程

远期利率协议的重要术语

合同金额(Contract Amount)——借贷的名义本金额;

合同货币(Contract Currency)——合同金额的货币币种;

交易日(Dealing Date)——远期利率协议成交的日期;

结算日(Settlement Date)——名义借贷开始的日期,也是交易一方向另一方交付结算金的日期;

确定日(Fixing Date)——确定参照利率的日期;

到期日(Maturity Date)——名义借贷到期的日期;

合同期(Contract Period)——结算日至到期日之间的天数;

合同利率(Contract Rate)——在协议中双方商定的借贷利率;

参照利率(Reference Rate)——在确定日用以确定结算金的在协议中指定的某种市场利率;

结算金(Settlement Sum)——在结算日,根据合同利率和参照利率的差额计算出来的,由交易一方付给另一方的金额。

资料来源:肖文:远期利率协议。

(二)远期利率协议结算金的计算

在远期利率协议下,如果参照利率超过合同利率,那么卖方就要支付买方一笔结算金,以补偿买方在实际借款中因利率上升而造成的损失。其计算公式为

$$结算金 = \frac{(r_r - r_k) \times A \times \frac{D}{B}}{1 + \left(r_r \times \frac{D}{B}\right)}$$

其中,r_r 为参照利率;r_k 为合同利率;A 为合同金额;D 为合同期天数;B 为一年的计息天数。

(三)远期利率协议的功能

远期利率协议最重要的功能在于通过固定将来实际支付的利率而避免了利率变动风险。签订远期利率协议后,不管市场利率如何波动,协议双方将来收付资金的成本或收益总是固定在合同利率水平上。

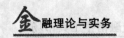

第三节　金融期货市场

一、金融期货合约的含义与特点

（一）金融期货合约的含义

金融期货合约是指交易双方同意在约定的将来某个日期按约定的条件买入或卖出一定标准数量的某种金融工具的标准化合约。

所谓金融期货的标准化合约，是指期货合约的合约规模、交割日期、交割地点等都是标准化的，即在合约上明确规定交易的规模、交割日期、交割地点等，无须双方再商定。交易双方所要做的唯一工作是选择适合自己的期货合约，并通过交易所竞价确定成交价格。价格是期货合约的唯一变量。

（二）金融期货合约的特点

金融期货合约都是在交易所内进行交易，交易双方不直接接触，而是各自跟交易所的清算部或专设的清算公司结算。金融期货合约还克服了远期合约流动性差的特点，具有很强的流动性。金融期货交易采取盯市原则，每天进行结算。所谓盯市是指在每天交易结束时，保证金账户都要根据期货价格的升跌而进行调整，以反映交易者的浮动盈亏。

（三）金融期货与金融远期的区别

期货合约和远期合约虽然都在交易时约定在将来某一时间按约定的条件买卖一定数量的某种标的物的合约，但它们存在诸多区别，主要体现在以下几个方面。

1. 合约标准化程度不同

金融期货合约属于标准化合约，除了价格外，其他诸如数量、质量、交割地点、交割时间、交割方式、合约规模等条款都是固定的；而远期交易的主要条款均需要交易双方协商决定。

2. 交易场所不同

金融期货一般在交易所内交易，而远期交易一般为场外交易，没有固定的交易场所。

3. 违约风险不同

期货合约的履行由交易所或清算公司提供担保，一旦出现违约情况将由交易所或清算公司负责清偿；而远期合约的履行仅以签约双方的信誉为担保，一旦一方无力或不愿履约时，另一方就得蒙受损失。

4. 价格确定方式不同

期货交易的价格形成机制类似公开发行的股票，是在交易所内由很多买者和卖者通过其经纪人在场内公开竞价确定的；而远期合约的交割价格是由交易双方直接谈判并私下确定的。

5. 履约方式不同

由于期货合约是标准化的，在实际中，绝大多数期货合约都是通过平仓来了结的，而非通过实物交割；绝大多数远期合约只能通过到期实物交割来履行。

6. 合约双方关系不同

期货合约的履行完全不取决于对方而只取决于交易所或清算公司,因此完全不必了解交易对方的资信情况;而远期合约的违约风险主要取决于对方的信用度,因此签约前必须对交易对方的资信情况有必要的了解。

7. 结算方式不同

期货交易是每天结算的;远期合约签订后,只有到期才进行交割清算,其间均不进行结算。

二、金融期货交易所

金融期货交易所在组织形式上有非营利性会员制和营利性公司制两种。

会员制交易所是由全体会员共同出资组建,缴纳一定会员费作为注册资本的非营利性会员制法人机构。会员制期货交易所的特点是:会员缴纳会员资格费是取得会员资格的基本条件之一;交易所的建立和营运资本由会员以缴纳会员费的形式筹得;交易所收入有结余时,会员不享有取得回报的权利;而当交易所出现亏空时,会员必须以增加会费的形式承担;交易所会员投票权分配实行一人一票制,与会员出资多少无关,因而会员相互之间享有同等的权利和义务。

公司制交易所是由投资人以入股形式组建并设置场所和设施,以股份有限公司或有限责任公司形式设立的经营交易市场的营利性企业法人。公司制交易所的主要特点是:交易所不参与合约买卖交易,但按规定对参与交易者收取交易费用,投资人从中分享收益;交易所按投资人出资多少分配投票权,实行一股一票制;交易所的经营重视盈利性,注重扩大市场规模,提高经营效率,但忽视公益性,影响市场稳定等。

目前国际上金融期货交易所的组织形式有向公司制转化的倾向。

2006年9月8日,经中国证监会批准,由上海期货交易所、郑州商品交易所、大连商品交易所、上海证券交易所和深圳证券交易所共同发起设立的中国金融期货交易所在上海成立。中国金融期货交易所采用公司制。中国金融期货交易所的成立,对于深化我国金融市场改革,完善资本市场体系,发挥金融期货市场功能,具有重要的战略意义。

知识拓展

沪深300股指期货合约表

表9-1　沪深300股指期货合约表

合约标的	沪深300指数	最低交易保证金	合约价值的8%
合约乘数	每点300元	最后交易日	合约到期月份的第三个周五,遇国家法定假日顺延
报价单位	指数点	交割日期	同最后交易日
最小变动价位	0.2点	交割方式	现金交割

合约标的	沪深300指数	最低交易保证金	合约价值的8%
合约月份	当月、下月及随后两个季月	交易代码	IF
交易时间	上午:9:30—11:30,下午:13:00—15:00	上市交易所	中国金融期货交易所
每日价格最大波动限制	上一个交易日结算价的±10%		

资料来源：上海金融期货交易所网站。

三、金融期货市场的交易规则

(一)集中交易制度

金融期货是在期货交易所或证券交易所进行集中交易。期货交易所一般实行会员制度。期货经纪商通常是期货经纪公司。期货交易的成交方式分为做市商方式和竞价方式两种。做市商方式又称报价驱动方式,竞价方式又称指令驱动方式,都要遵循"公平、公开、公正"的原则。

(二)标准化的期货合约和对冲机制

期货合约对基础金融工具的品种、交易单位、最小变动价位、每日限价、合约月份、交易时间、最后交易日、交割日、交割地点、交割方式等都做了统一规定,除某些合约品种赋予卖方一定的交割选择权外,唯一的变量是基础金融工具的交易价格。

(三)保证金及其杠杆作用

设立保证金的主要目的是当交易者出现亏损时能及时制止,防止出现不能偿付的现象。双方成交时交纳的保证金叫作初始保证金。保证金账户必须保持一个最低的水平,称为维持保证金。保证金的水平由交易所或结算所制定,一般初始保证金的比率为期货合约价值的5%～10%,但也有低至1%,或高达18%的情况。

(四)结算所和无负债结算制度

结算所是期货交易的专门清算机构,通常附属于交易所,但又以独立的公司形式组建。所有的期货交易都必须通过结算会员由结算机构进行,而不是由交易双方直接交收清算。

结算所实行无负债的每日结算制度,又称逐日盯市制度,就是以每种期货合约在交易日收盘前最后1分钟或几分钟的平均成交价作为当日结算价,与每笔交易成交时的价格做对照,计算每个结算所会员账户的浮动盈亏,进行随市清算。由于逐日盯市制度以1个交易日为最长的结算周期,对所有账户的交易头寸按不同到期日分别计算,并要求所有的交易盈亏都能及时结算,从而能及时调整保证金账户,控制市场风险。

(五)限仓制度

限仓制度是交易所为了防止市场风险过度集中和防范操纵市场的行为,而对交易者持仓数量加以限制的制度。

（六）大户报告制度

以便交易所审查大户是否有过度投机和操纵市场行为。交易所规定的大户报告限额小于限仓限额。如果会员或客户不在交易所规定的时间内自行平仓，交易所有权对其强行平仓。限仓制度和大户报告制度是降低市场风险，防止人为操纵，提供公开、公平、公正市场环境的有效机制。

（七）每日价格波动限制

即指期货合约在一个交易日中的交易价格波动不得高于或者低于规定的涨跌幅度。

四、金融期货合约的种类

依据标的物不同，金融期货可分为外汇期货、利率期货、股价指数期货。

（一）外汇期货

外汇期货是以外汇为标的物的期货合约，是金融期货中最早出现的品种。每一份外汇期货的资产标的物是一定数量的该种货币。交易者或者利用外汇期货合约来规避汇率风险，或者从事投机活动，以期望从汇率变动中获利。

（二）利率期货

其标的物是一定数量的与利率相关的某种金融工具，即各种固定利率的有价证券。利率期货主要是为了规避利率风险而产生的。固定利率有价证券的价格受到现行利率和预期利率的影响，价格变化与利率变化一般呈反向变动关系。

（三）股票价格指数期货

股票价格指数期货是金融期货中产生最晚的一个类别，是 20 世纪 80 年代金融创新中出现的最重要、最成功的金融工具之一。股票价格指数是反映整个股票市场上各种股票市场价格总体水平及其变动情况的统计指标，而股票价格指数期货即是以股票价格指数作为标的物的期货交易。

股票价格指数之所以能够成为金融期货市场上进行交易的主要对象，是因为股票价格的大幅度波动，在给股票持有者带来巨大风险的同时，也给投机者带来获得巨大收益的机会。为了规避股票风险和实现投机收益，就自然产生了股价指数期货交易。

知识拓展

外汇期货交易实例

运用外汇期货套期保值（分多头套期保值、空头套期保值），目的在于防范外汇波动风险。以多头套期保值为例：

6 月 10 日，美国进口商预计 3 个月后需付货款 2 500 万日元，目前的即期汇率是 146.70 日元/美元，该进口商为避免日元升值，便购入 2 张 9 月到期的外汇期货合约，进行多头套期保值，操作如下：

即期市场	期货市场
6 月 10 日 即期汇率 1 美元＝146.70 日元，2 500 万日元价值 170 416 美元，预计日元可能升值 9 月 10 日 1 美元＝142.35 日元，买入 2 500 万日元，付出 175 623 美元	6 月 10 日 买入 2 张日元期货合约，成交价格为 0.006 835 美元/日元，即 146.30 日元/美元，或 6 835 点 9 月 10 日 卖出对冲日元期货合约，成交价格为 7 030 点，即 142.25 日元/美元
成本增加： 175 623－170 416＝5 207（美元）	获利： (7 030－6 835)×12.5×2＝4 875（美元）

本例中，通过外汇期货交易，降低了因日元升值带来的损失，避免了外汇波动的风险。在进出口贸易中，为了避免外汇风险，常常采用外汇期货的方法回避外汇风险。

第四节　金融期权市场

一、金融期权概述

（一）金融期权的定义

期权又称选择权，是指其持有者能在规定的期限内按交易双方商定的价格购买或出售一定数量的基础工具的权利。

期权交易实际上是一种权利的单方面有偿让渡。期权的买方以支付一定数量的期权费为代价而拥有了这种权利，但不承担必须买进或卖出的义务；期权的卖主则在收取了一定数量的期权费后，在一定期限内必须无条件服从买方的选择并履行成交时的允诺。

（二）期权合约的内容

1. 期权合约买方与卖方

期权合约的买方是买进期权，付出期权费的投资者，也称期权持有者或期权多头。在支付期权费后，期权合约的买方就拥有了在合约规定的时间内行使其购买或出售标的资产的权利，当然，如果行使权利对其不利，期权合约的买方也可以放弃行使这个权利，而不用承担任何义务。

期权合约的卖方是卖出期权，收取期权费的投资者。在收取买方所支付的期权费之后，期权合约的卖方就承担了在规定时间内根据买方要求履行合约的义务，而没有任何权利。也就是说，当期权合约的买方按合约规定行使其买进或卖出标的资产的权利时，期权合约的卖方必须依约相应地卖出或买进该标的资产。

显然，在期权交易中，买卖双方在权利和义务上有着明显的不对称性，期权费正是作为这一不对称性的弥补，由买方支付给卖方的。一经支付，无论买方是否行使权利，其所付出的期权费均不退还。

2. 期权费

期权费又称权利金、期权价格或保险费,是指期权买方为获得期权合约所赋予的权利而向期权卖方支付的费用。

3. 交易单位

交易单位是指每手期权合约能代表标的的数量。

4. 执行价格

执行价格是指期权合约中确定的、期权买方在行使其权利时实际执行的价格。显然,执行价格一经确定,期权买方就必然根据执行价格和标的资产实际市场价格的相对高低来决定是否行使期权合约。

5. 到期日

到期日指一份期权合约的最终有效日期。到了到期日,如果期权合约的买方不行使权利,则意味着其自愿放弃了这一权利。

（三）金融期货与期权的区别

1. 基础资产不同

凡可作为期货交易的金融工具都可用作期权交易。可用作期权交易的金融工具却未必可以作为期货交易。只有金融期货期权,而没有金融期权期货。一般而言,金融期权的基础资产多于金融期货的基础资产。

2. 交易者权利与义务的对称性不同

金融期货交易双方的权利与义务对称。金融期权交易双方的权利与义务存在着明显的不对称性。对于期权的买方只有权利没有义务,对于期权的卖方只有义务没有权利。

3. 履约保证不同

金融期货交易双方均需开立保证金账户,并按规定缴纳履约保证金。在金融期权交易中,只有期权出售者,尤其是无担保期权的出售者才需开立保证金账户,并按规定缴纳保证金,因为他有义务没有权利;而作为期权的买方只有权利没有义务;他不需要缴纳保证金,他的亏损最多就是期权费。

4. 现金流转不同

金融期货交易双方在成交时不发生现金收付关系,但在成交后,由于实行逐日结算制度,交易双方将因价格的变动而发生现金流转,即盈利一方的保证金账户余额将增加,而亏损一方的保证金账户余额将减少。当亏损方保证金账户余额低于规定的维持保证金时,亏损方必须按规定及时缴纳追加保证金。因此,金融期货交易双方都必须保有一定的流动性较高的资产,以备不时之需。而在金融期权交易中,在成交时,期权购买者为取得期权合约所赋予的权利,必须向期权出售者支付一定的期权费,但在成交后,除了到期履约外,交易双方将不发生任何现金流转。

5. 盈亏特点不同

金融期货交易双方都无权违约,也无权要求提前交割或推迟交割,而只能在到期前的任一时间通过反向交易实现对冲或到期进行实物交割。其盈利或亏损的程度决定于价格变动的幅度。因此,金融期货交易中购销双方潜在的盈利和亏损是有限的。在金融期权交易中,期权的购买者与出售者在权利和义务上不对称,金融期权买方的损失仅限于他所支付的期

权费,而他可能取得的盈利却是无限的;相反,期权出售者在交易中所取得的盈利是有限的,仅限于他所收取的期权费,损失是无限的。

6. 套期保值的作用与效果不同

利用金融期权进行套期保值,若价格发生不利变动,套期保值者可通过执行期权来避免损失;若价格发生有利变动,套期保值者又可通过放弃期权来保护利益。而利用金融期货进行套期保值,在避免价格不利变动造成的损失的同时也必须放弃若价格有利变动可能获得的利益。

并不是说金融期权比金融期货更为有利。例如,从保值角度来说,金融期货通常比金融期权更为有效,也更为便宜,而且要在金融期权交易中真正做到既保值又获利,事实上也并非易事。

二、金融期权的分类

(一)按期权权利性质划分

按期权权利性质划分,期权可分为看涨期权和看跌期权。

看涨期权也称买权,是指赋予期权买方在给定时间或在此时间以前的任一时刻以执行价格从期权卖方手中买入一定数量的某种金融资产权利的期权合约。投资者通常会在预期某种金融资产的价格将要上涨时买入看涨期权。

看跌期权也称卖权,是指赋予期权的买方在给定时间或在此时间以前的任一时刻以执行价格卖给期权卖方一定数量的某种金融资产权利的期权合约。投资者通常会在预期某种金融资产的价格将要下跌时买入看跌期权。

(二)按期权行权时间的不同划分

按期权行权时间的不同划分,期权分为欧式期权和美式期权。

欧式期权是只允许期权的持有者在期权到期日行权的期权合约。

美式期权则允许期权持有者在期权到期日前的任何时间执行期权合约。在其他情况一定时,美式期权的期权费通常比欧式期权的期权费要高一些。

(三)按期权合约的标的物的资产划分

按期权合约的标的物的资产划分,期权可分为股票期权、外汇期权、期货期权。

股票期权是指以单一股票作为标的资产的期权合约。外汇期权是指以各种货币为标的资产的期权合约。期货期权是指以各种期货合约为资产的期权合约。

三、金融期权的风险管理功能

金融期权的风险管理功能表现在两个方面:一方面可以使期权的买方将风险锁定在一定的限度内;另一方面可以使得期权卖方在买方不行使期权时获得期权费,也可以利用期权合约规避现货市场存在的风险。

知识拓展

期权交易

假定甲支付500美元期权费向乙购买一张看涨期权合约。该合约允许甲在未来 3 个月内以每股 50 美元的价格买入 100 股通用汽车公司的股票。

A 情况：3 个月内,股价在 50 美元以下;甲不行使该期权;最大损失:500 美元期权费。

B 情况：股价上升 50 美元以上、55 美元以下;甲行使该期权,以 50 美元购入 100 股股票,并在现货市场转手卖出,从而获得差价 500 元(＝55×100－50×100)。这种情况下,甲行使期权的收益并不足以弥补他支付的期权费。显然,55 元是甲的盈亏平衡点。

C 情况：股价上升到 55 元以上。甲行使期权,有净剩余。股价上升越高,甲盈利越多;乙亏得就越多。

在期权交易中,一方所得就是另一方所失。因此,期权交易也是一种零和博弈。

第五节　金融互换市场

一、金融互换

金融互换是指交易双方利用各自筹资机会的相对优势,以商定的条件将不同币种或不同利息的资产或负债在约定的期限内互相交换,以避免将来汇率和利率变动的风险,获取常规筹资方法难以得到的币种或较低的利息,实现筹资成本降低的一种交易活动。

金融互换实现的条件有两点:第一,双方对对方的资产或负债均有需求;第二,双方在两种资产或负债上存在比较优势。自 1981 年美国所罗门兄弟公司为 IBM 和世界银行办理首笔美元与马克和瑞士法郎的货币互换业务以来,互换市场的发展非常迅猛,目前,按名义金额计算的互换交易已经成为最大的衍生交易品种。

二、利率互换

利率互换是指交易双方对两笔币种与金额相同,期限一样但付息方法不同的资金进行互相交换利率的一种预约业务。双方进行利率互换的主要原因是双方在固定利率和浮动利率市场上各自具有比较优势。

例如,A、B 公司都想借入 5 年期的 1 000 万美元的借款。A 想借入与 6 个月期 LIBOR 相关的浮动利率借款,B 想借入固定利率借款。但两家公司信用等级不同,故市场向他们提供的利率也不同。具体比较优势如表 9－2 所示。

表 9－2　利率互换

市场提供给 A、B 两公司的借款利率

	固定利率	浮动利率
A公司	10.00％	6 个月期 LIBOR＋0.30％
B公司	11.20％	6 各月期 LIBOR＋1.00％

固定利率:A－B＝－1.2　　　浮动利率:A－B＝－0.7

其中，A公司在固定利率存在比较优势，A公司想要浮动利率借款；B公司浮动利率存在比较优势，B公司想要固定利率借款。

A、B两个公司互换的结果可以节约利息成本。互换节约的成本如下：

(11.20％＋6个月期 LIBOR＋0.3％)－(10.00％＋6个月期 LIBOR＋1.00％)＝0.5％

双方可以协商互换利益的瓜分，确定分享比例。

三、货币互换

货币互换是指交易双方互相交换金额相同、期限相同、计算利率方法相同，但货币币种不同的两笔资金及其利息的业务。

货币互换的交易要点包括：交易双方以约定的协议汇率进行本金的互换；之后在协议有效期内，双方以约定的利率和本金为基础进行利息支付的互换；协议到期时，交易双方以预先商定的协议汇价将原本金换回。

货币互换与利率互换最大的区别在于，货币互换的本金在期初和期末都要交换。

本章练习题

一、单项选择题

1. 在一定的基础性金融工具的基础上派生出来的金融工具，一般表现为一些合约，其价值由作为标的物的基础性金融工具的价格决定的金融工具称为（　　）。
   A. 基础性金融工具　　B. 金融衍生工具　　C. 派生金融工具　　D. 创新金融工具

2. 在金融远期合约中，交易双方约定的成交价格为（　　）。
   A. 交割价格　　　　B. 合约价格　　　C. 交易价格　　　D. 约定价格

3. 金融远期合约中，同意以约定的价格在未来卖出标的资产的一方称为（　　）。
   A. 卖方　　　　　B. 多头　　　　C. 多方　　　　D. 空头

4. 交易双方承诺在某一特定时期内按双方协议利率借贷一笔确定金额的名义本金的协议是（　　）。
   A. 期货合约　　　B. 期权合约　　C. 远期外汇合约　　D. 远期利率协议

5. 在金融市场上，商业银行等金融机构经常用来管理利率风险的金融衍生工具为（　　）。
   A. 期货合约　　　B. 期权合约　　C. 远期利率协议　　D. 远期外汇合约

6. 交易双方同意在约定的将来某个日期按约定的条件买入或卖出一定标准数量的某种金融工具的标准化合约为（　　）。
   A. 远期利率协议　　B. 远期外汇合约　　C. 期权合约　　D. 期货合约

7. 金融期货合约的交割方式为（　　）。
   A. 全部平仓　　　B. 大部分平仓　　C. 全部实物交割　　D. 大部分实物交割

8. 金融期货中最早出现的期货是（　　）。
   A. 股价指数期货　　B. 利率期货　　C. 外汇期货　　D. 股票期货

9. 金融期货中产生最晚的期货是（　　）。

A. 外汇期货   B. 利率期货   C. 股票期货   D. 股价指数期货

10. 期权合约中买进期权,付出期权费的投资者是期权合约的(　　)。

    A. 卖方   B. 买方   C. 买方或卖方   D. 交易双方

11. 作为金融期权合约中买卖双方在权利和义务上不对称性的弥补的是(　　)。

    A. 期权费   B. 保证金   C. 保管费   D. 预付费

12. 允许期权的持有者在期权到期日前的任何时间执行期权的期权合约是(　　)。

    A. 美式期权   B. 欧式期权   C. 看涨期权   D. 看跌期权

13. 在盈亏风险承担方面,金融期权合约中的卖方(　　)。

    A. 损失可能无限,盈利可能无限   B. 损失有限,盈利有限

    C. 损失有限,盈利可能无限   D. 损失可能无限,盈利有限

14. 交易双方互相交换金额相同、期限相同、计算利率方法相同,但货币币种不同的两笔资金及其利息的业务是(　　)。

    A. 债券互换   B. 股票互换   C. 利率互换   D. 货币互换

二、多项选择题

1. 金融衍生工具的特点为(　　)。

    A. 构造简单   B. 高杠杆性   C. 高风险性

    D. 低风险性   E. 设计灵活

2. 金融远期合约的种类主要有(　　)。

    A. 远期利率协议   B. 远期外汇合约   C. 期权合约

    D. 期货合约   E. 利率互换

3. 远期利率协议的卖方订立远期利率协议的目的主要有(　　)。

    A. 规避利率下降的风险   B. 规避利率上升的风险

    C. 从利率下降中牟利   D. 从利率上升中牟利

    E. 规避各种风险

4. 金融期货市场的交易规则主要有(　　)。

    A. 交易品种为规范的、标准化的期货合约   B. 实行当日无负债结算制度

    C. 实行保证金制度   D. 实行价格限制制度

    E. 实行强行平仓制度

5. 股票价格指数期货的功能有(　　)。

    A. 套期保值   B. 投机获利   C. 资本增值

    D. 追求高额收益   E. 追求超额收益

6. 金融期权按合约的标的资产来划分,可以分为(　　)。

    A. 股票期权   B. 外汇期权   C. 期货期权

    D. 看跌期权   E. 看涨期权

7. 金融互换的种类有(　　)。

    A. 产品互换   B. 股票互换   C. 利率互换

    D. 债券互换   E. 货币互换

三、简答题

1. 金融衍生工具有哪些特点？
2. 什么是套期保值？
3. 金融远期合约有哪些特点？
4. 期货合约具有哪些特点？

四、计算题

1. 某投资者手中持有 A 股票 20 000 股，买入价为每股 10 元。该投资者预期未来 3 个月，A 股票价格波动在 9.5～9.9 之间。为了规避风险，该投资者以 4 000 元的价格出售一份 A 股票为标的资产，数量为 20 000 股的看涨期权合约，执行价定在 10.5 元。假设该期权的买卖双方都是理性的投资者，试计算说明未来 3 个月 A 股票的价格上涨超过 10.5 元与未超过 10.5 元两种情况下，期权买卖双方行权的情况及各自的收益情况。

2. A 公司 3 个月后需要一笔 500 000 000 日元的款项，由于担心未来日元兑美元升值，A 公司在期货市场应该如何操作才能规避此类风险？（假设当前现货市场日元对美元的即期汇率为 1 日元兑 0.008 293 美元，期货市场 1 日元兑 0.008 211 美元。假设 3 个月后日元升值，现货市场上 1 日元兑 0.008 095 美元，期货市场上 1 日元兑 0.008 311 美元。假设期货市场上的合约可以根据需要来设计）

五、论述题

金融衍生工具主要有哪些？主要特点是什么？

第十章
货币均衡与货币政策

扫码查看视频

学习目的和要求

学习本章,应准确识记本章的基本概念,领会本章的基本理论。了解货币需求和供给的相关理论;了解货币需求的含义;理解货币需求理论的发展;掌握现金交易方程式和剑桥方程式的区别;了解货币供给的概念和货币供给的层次;掌握货币供给的形成机制;掌握货币政策目标,理解货币政策三大基本工具;了解货币政策的时滞。

导入案例

货币需求动机

骆明和小欣是一对感情不错的情侣,今年同时从一所名牌大学毕业,骆明进了某国家机关,待遇很是不错,每个月可以拿6 500元左右工资,可惜,遇到住房政策的改革,不能分到房子了,这是美中不足。而小欣进了一家国际贸易公司,做对外贸易工作,工资和奖金加在一起,每个月大概有6 000元。看起来这对情侣的前途一片光明。不过前几天,他们为了将来存钱的问题着实大吵了一架。

骆明以为现在他们刚刚大学毕业,虽然单位都不错,工资也不低,但将来用钱的地方还很多,所以要从毕业开始,除了留下平常必需的花费以及预防发生意外事件的钱外,剩下的钱要定期存入银行,不能动用,这样可以获得稳定的利息收入,又没有损失的风险。而小欣大概是受在外企的工作环境的影响,她以为,上学苦了这么多年,一直过着很节俭的日子,现在终于自己挣钱了,考虑那么多将来干什么,更何况银行利率那么低。她说发下工资以后,先要买几件名贵服装,再美美地吃上几顿,然后她还想留下一部分钱用来炒股票,等着股市形势一好,立即进入。大学时看着别人炒股票她一直很羡慕,这次自己也要试试。但骆明却认为中国股市行情太不稳定,运行不规范,所以最好不进入股市,如果一定要做,那也只能投入很少的钱。

资料来源:李晓西:宏观经济学案例。

169

第一节 货币需求

一、货币需求

(一)货币需求的含义

货币是交易媒介,是人们财富的一种代表,货币的这种独特职能使人们产生了对它的需求。在充当交易媒介时,货币与商品相对应,因此,在一个时期内,一个经济体生产出多少商品,就需要相应数量的货币发挥媒介作用,用以实现这些商品的价值,这是实体经济运行对发挥交易媒介职能的货币产生的需求。同时,货币作为财富的一种代表,具有价值贮藏职能,人们愿意持有货币作为其资产组合的一个组成部分,用以实现投资收益的最大化,这是微观经济主体对发挥价值贮藏职能(亦称资产职能)的货币产生的需求。货币总需求是对这两类发挥不同职能货币的需求总和。

因此,货币需求是指在一定资源制约条件下,微观经济主体和宏观经济运行对执行交易媒介和资产职能的货币产生的总需求。货币需求是一种能力与愿望的统一体。把需求看作是一种有支付能力的需求,而不单纯是一种心理上的主观愿望,这是经济学的通义。货币需求以收入或财富的存在为前提,即在具备获得或持有货币的能力范围之内愿意持有的货币量。因此,货币需求不是一种无限的、纯主观的或心理上的占有欲望,不是人们无条件地"想要"多少货币的问题,人们对货币的欲望可以是无限的,但对货币的需求却是有限的。换言之,只有同时满足两个基本条件才能形成货币需求:一是必须有能力获得或持有货币;二是必须愿意以货币形式保有其资产。有能力而不愿意就不会形成对"货币"的需求;愿意而无能力只是一种不现实的幻想。

现实中的货币需求不仅仅是指对现金的需求,也包括了对存款货币的需求。现代经济中,货币的范畴已不再局限于现金,在任何一个国家,存款货币的数额已远远高于现金。既然货币需求是所有商品流通以及人们对财富的贮藏对货币产生的需求,那么,除了现金能满足这种需求外,存款货币同样能满足这种需求。

形成货币需求的基本条件:一是必须有能力获得或持有货币,二是必须愿意以货币形式保有资产。

(二)货币需求分析

理论界对货币需求的分析存在宏观和微观两种视角。

当强调货币的交易媒介职能时,往往从宏观视角对货币需求进行分析。这种视角从一个国家的社会总体出发,在分析市场需求、收入及财富指标变化的基础上,探讨一个国家在一定时期内的经济发展与商品流通所需要的货币量。当强调货币资产职能时,通常从微观视角对货币需求进行分析。这种视角从社会经济微观个体出发,分析各经济主体(个人、企业等)的持币动机和持币行为,研究一个经济主体在既定的收入水平、利率水平和其他经济条件下,所需要持有的货币量。

把货币需求的分析分为宏观分析与微观分析,只是说明分析的角度和着力点有所不同,并不意味着可以相互替代。在对货币需求进行研究时,需要将二者有机地结合起来。对货币需求进行研究时,需要将宏观分析与微观分析有机地结合起来。

宏观与微观的货币需求分析之间存在着不可分割的有机联系;宏观货币需求分析不能脱离微观货币需求,而微观货币需求分析中也包含了宏观因素的作用。

货币需求既属于宏观领域,又涉及微观范畴,单独从宏观或微观角度分析都有所缺憾。

(三) 名义货币需求与实际货币需求

名义货币需求:个人、家庭、企业等经济主体或整个社会在一定时点所实际持有的货币数量。

实际货币需求:名义货币需求在扣除了物价变动因素之后的货币余额。

对货币需求者来说,重要的是货币实际具有购买力的高低而非货币数量的多少;对全社会来说,重要的是寻求最适当的货币需求量。

(四) 货币需求的影响因素

1. 收入状况

收入状况是决定货币需求的主要因素之一。这一因素又可分解为收入水平和收入时间间隔两个方面。在一般情况下,货币需求与收入水平呈正比,这是因为人们以货币形式持有的财富是其总财富的一部分,而收入的数量往往决定着总财富的规模及其增长速度。同时,收入的数量对支出数量也有决定性影响,收入多则支出多,而支出多则需要持有的货币量也多。如果人们取得收入时间间隔越长,则人们的货币需求量就会增大;反之则相反。因为在一般情况下,收入通常是定期地取得,而支出则是经常陆续地进行,在两次收入的间隔中,人们要持有随时用于支出的货币。两次收入的间隔越长,人们需要持有的货币越多。

2. 信用的发达程度

如果在一个社会信用发达,信用制度健全,人们在需要货币的时候能容易地获得现金或贷款,那么人们所需要持有的货币就会少些,人们可以将暂时不用的货币先投资于其他金融资产,待需要使用货币时,再将其他金融资产出售以换回现金。另外,在信用制度发达的经济中,有相当一部分交易可通过债权债务的相互抵消来结算,这也减少了货币的需求量。而在信用制度不发达,融资不方便的经济中,人们要取得现金或贷款不太容易,于是人们宁愿在手头多持有些货币。一般说来,货币需求量与信用的发达程度成负相关关系。

3. 市场利率

在正常情况下,货币需求与市场利率呈负相关关系。市场利率上升,货币需求减少;当市场利率提高时,一方面会增加人们持有货币的成本,另一方面又会使有价证券价格下降,吸引投资者购买有价证券,以便在未来有价证券价格回升时,获取资本利得,所以人们将减少货币需求量。而当市场利率下降时,一方面会减少人们持有货币的机会成本;另一方面会使有价证券的价格上升,人们为避免将来证券价格下降而遭致资本损失,就会抛售有价证券,转而持有货币,从而使货币需求量增大。

4. 消费倾向

货币需求与消费倾向一般呈同方向变动关系。即消费倾向越大,所需要用作购买手段

的货币持有量就越大。

二、货币需求理论

(一) 马克思的货币需求理论

马克思的货币需求理论集中反映在其货币必要量公式中。马克思的货币必要量公式是在总结前人对流通中货币数量广泛研究的基础上,对货币需求理论从宏观角度的主要概括。

马克思的货币必要量公式以完全的金币流通为假设条件,进行了如下论证:首先,商品价格取决于商品的价值和黄金的价值,而价值取决于生产过程,所以商品是带着价格进入流通的。其次,商品数量和价格的多少,决定了需要多少金币来实现它。第三,商品与货币交换后,商品退出流通,货币却要留着流通中多次媒介商品交换,从而一定数量的货币流通几次,就可相应媒介几倍于它的商品量进行交换。这一论证可以用公式写成

$$货币必要量 = 商品价格总额 \times 货币流通数量$$

在商品价格不变时,由于流通商品量增加或货币流通速度下降,或者两种情况同时变化,货币流通量就会增加。在商品价格普遍提高时,商品流通量的减少同商品价格的上涨保持相同的比例,货币流通量不变。在商品价格普遍下降时商品量的增加或货币流通速度的降低比商品价格的跌落更快速,流通商品量就会增加。

商品流通决定货币流通,在一定时期内执行流通手段职能的货币必要量主要取决于商品价格总额和货币流通速度。

(二) 古典学派的货币需求理论

1. 费雪现金交易方程式

现金交易方程式,即费雪现金交易数量说,揭示了名义收入和货币数量与流通速度之间的关系。费雪认为,货币流通速度是由经济中影响个人交易方式的制度、技术等因素所决定的,而该类因素的变革相当缓慢,故货币流通速度可视为常数;名义收入取决于人口、资源、技术条件以及其他社会因素,该类因素在一定时期内也相当稳定。

$$MV = PT$$

流通中的通货存量(M)乘以货币流通速度(V)等于物价水平(P)乘以交易总量(T)。假定 V 和 T 不变,则 P 随 M 正比变动,这个关系构成货币数量论的基本框架。由此,可以推出费雪货币需求方程。

$$M = PT/V$$

此公式表明,决定一定时期的名义货币需求数量的因素主要是这一时期全社会一定价格水平下的总交易量与同时期的货币流通速度。从费雪的交易方程式中也可以看出,他是从宏观分析的角度研究货币需求的,而且仅着眼于货币作为交易媒介的职能。

2. 剑桥方程式

剑桥方程式是传统货币数量论的方程式之一。以马歇尔和庇古为代表的剑桥学派,在研究货币需求问题时,重视微观主体的行为。认为,处于经济体系中的个人对货币的需求,

实质是选择以怎样的方式保持自己资产的问题。决定人们持有货币多少的,有个人的财富水平、利率变动以及持有货币可能拥有的便利等诸多因素。但是,在其他条件不变的情况下,对每个人来说,名义货币需求与名义收入水平之间总是保持着一个较为稳定的比例关系。1917 年,剑桥大学教授庇古提出货币需求函数即剑桥方程式。

$$M_d = kPY$$

式中,M_d 表示名义货币需求,Y 表示实际收入,P 表示价格水平,PY 表示名义收入,k 表示人们持有的现金量占名义收入的比率,因而货币需求是名义收入和人们持有的现金量占名义收入比例的函数。

在 $M=kPY$ 的货币需求函数中,Y 是一个常数且假定它是不变的,因为国民已经充分就业,经济产量已经达到最高水平时货币的需求取决于 k 和 P 的变动。而 k 的变动取决于人们拥有的资财的选择:资财可投资于实物形态,借以从事生产,也可直接用于消费,还可保持在货币形态上。怎样选择,需要权衡利弊得失,若选择在货币形态上保存,必将增加现金余额,而现金余额的增加必然要使 k 增大。在 Y 和 M 不变的条件下,k 的增大必然使 P 减小,因为 $P=M/kY$。这表明货币的价值与 kY 呈反比,与 M 呈正比。剑桥方程式表达的经济意义被称为"现金余额说",主要是强调人们保有的现金余额对币值从而对物价的影响。此外,庇古还认为货币的供给对币值从而对物价的影响,即 P 与 M 呈正比。他曾假定 k 也是个常量,是不变的,因为在一定时期内交易方式是不变的。这样,P 的高低便取决于 M 的多少。在这一点上,剑桥方程式要表达的是:货币的价值决定于货币的供求。

3. 两个方程式的区别

剑桥方程式开创了货币需求研究的新视角。它将货币需求与微观经济主体的持币动机联系起来,从货币对其持有者效用的角度研究货币需求,从而使货币需求理论产生了质的变化。因为如果仅对货币需求进行宏观分析,那应纳入视野的就只是商品实现的需求从而所需求的只是充当交易媒介的货币。而当开始注重从微观角度考察货币需求后,则显然不只有交易的需求,还有保存财富的需求,这样,所需求的就不只是发挥交易媒介职能的货币,还包括发挥资产职能的货币,于是,货币需求的影响因素中,就纳入了更加丰富的变量,货币需求理论也被推广到了更广博更精深的层次。后来的西方经济学家正是沿着这样的逻辑思路发展货币需求理论的。

(三) 凯恩斯的货币需求理论

1. 货币需求的动机

凯恩斯详细分析了人们持币的各种动机,对人们持币的所得分析更为精确。人们偏好货币的流动性是出于交易动机、预防动机和投机动机。

(1) 交易动机,是指人们为了应付日常的商品交易而需要持有货币的动机。他把交易动机又分为所得动机和业务动机两种。所得动机主要是指个人而言,业务动机主要是指企业而言。基于所得动机与业务动机而产生的货币需求,凯恩斯称之为货币的交易需求。

(2) 预防动机,是指人们为了应付不测之需而持有货币的动机。凯恩斯认为,出于交易动机而在手中保存的货币,其支出的时间、金额和用途一般事先可以确定。但是,生活中经常会出现一些未曾预料的、不确定的支出和购物机会。为此,人们也需要保持一定量的货币在手中,这类货币需求可称为货币的预防需求。

(3)投机动机,是指由于未来利息率的不确定,人们为避免资本损失或增加资本收益,及时调整资产结构而形成的对货币的需求。因此,凯恩斯认为投机动机的货币需求是随利率的变动而相应变化的需求,它与利率呈负相关关系,利率上升,需求减少;反之,则投机动机货币需求增加。

在货币需求的三种动机中,由交易动机和预防动机而产生的货币需求均与商品和劳务交易有关,故而称为交易性货币需求(L_1)。而由投机动机而产生的货币需求主要用于金融市场的投机,故称为投机性货币需求(L_2)。

而货币总需求(L)等于货币的交易需求(L_1)与投机需求(L_2)之和。对于交易性需求,凯恩斯认为它与待交易的商品和劳务有关,若用国民收入(Y)表示这个量,货币的交易性需求是国民收入的函数,表示为$L_1=L_1(Y)$。而且,收入越多,交易性需求越多,因此,该函数是收入的递增函数。对于投机性需求,凯恩斯认为它主要与货币市场的利率(i)有关,而且利率越低,投机性货币需求越多,因此,投机性货币需求是利率的递减函数,表示为$L_2=L_2(i)$。但是,当利率降至一定低点之后,货币需求就会变得无限大,即进入了凯恩斯所谓的"流动性陷阱",这样,货币需求函数就可写成

$$L = L_1(Y) + L_2(i) = L(Y, i)$$

也就是说,货币的总需求是由收入和利率两个因素决定的。

2. 流动性陷阱

凯恩斯认为,一般情况下,由流动偏好决定的货币需求在数量上主要受收入和利率的影响。其中交易性货币需求是收入的递增函数;投机性货币需求是利率的递减函数。所以,货币需求是有限的。但是,当利率降到一定低点之后,由于利息率太低,人们不再愿意持有没有什么收益的生息资产,而宁愿以持有货币的形式来持有其全部财富。这时,货币需求便不再是有限的,而是无限大了。如果利率稍微下降,不论中央银行增加多少货币供应量,都将被货币需求所吸收。也就是说,利率在一定低点以下对货币需求是不起任何作用的。对利率不起任何作用,这就像存在着一个大陷阱,中央银行的货币供给都落入其中,在这种情况下,中央银行试图通过增加货币

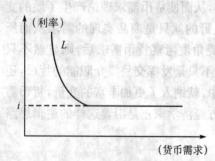

图 10-1 流动性陷阱

供应量来降低利率的意图就会落空。如图 10-1 所示,当利率降到 i 低点时,货币需求曲线 L 就会变成与横轴平行的直线,后人把这一直线部分称作"流动性陷阱"。

（四）弗里德曼的货币需求理论

弗里德曼认为,消费者对商品进行选择时必然要考虑三个因素:效用、收入水平、机会成本。人们之所以要购买某种商品,是因为它能给自己带来某种效用,如购买汽车带来方便,购买唱片得到享受,由于效用是一种主观评价,因此个人偏好对效用的影响很大。二是收入水平。有限的需求之所以不同于无穷的欲望,是因为受支付能力的限制,在一定的收入水平下,人们只能在众多的商品中选择购买有限的几种。三是机会成本。受收入的限制,人们要

购买甲商品就要失去购买其他商品的机会,甲商品购买的越多,其他商品买的就只能越少,付出的机会成本就越大,于是人们就要在购买甲商品还是其他商品之间进行比较,最终选择购买在有限的收入水平下效用最大而机会成本最小的商品。

弗里德曼认为,与消费者对商品的选择一样,人们对货币需求同样受这三类因素的影响,进而对影响货币需求的这三类因素进行了详细的分析。

1. 总财富水平

佛里德曼将总财富作为决定货币需求量的重要因素。在现实生活中,由于总财富很难估算,所以佛里德曼用收入来代表财富总额,原因在于财富可视为收入的资本化价值。但这个收入不是统计测算的现期收入,而是长期收入,即"恒久收入"。

2. 持有货币的机会成本

持有货币的机会成本是指"其他资产的预期报酬率"。弗里德曼认为,货币的名义报酬率可能等于零,也可能大于零,而其他资产的名义报酬率通常大于零。这样,其他资产的名义报酬率就成为持币的机会成本。其他资产报酬率主要包括两个部分,一部分是目前的收益,如债券的利率、股票的收益率;另一部分是预期物价变动率。显然,债券的利率、股票的收益率越高,持币的机会成本就越大,货币的需求量就越小;预期的通货膨胀率就越高,持币带来的通货贬值损失就越大,对货币的需求就越小。

3. 持有货币给人们带来的效用

持有货币可以给人们带来流动性效用,此效用的大小以及影响此效用的其他因素,如人们的嗜好、兴趣等也是影响货币需求的因素。

第二节　货币供给

一、货币供给的形成机制

货币供给,一定时期内一国银行系统向经济中投入或抽离货币的行为过程。这个过程体现为一种货币供给的形成机制。

在现代信用货币制度下,货币供给过程一般涉及中央银行、商业银行、存款人和借款者四个行为主体。其中,中央银行和商业银行起着决定性作用。

货币供给的过程可分为两个部分一是中央银行创造基础货币,二是商业银行创造存款货币。

(一) 中央银行的业务活动与基础货币

1. 中央银行的资产负债业务

(1) 持有国外资产。中央银行持有的国外资产,主要包括外汇储备、黄金储备和中央银行在国际金融机构的资产。中央银行是"国家的银行",担负着为国家管理外汇和黄金储备的责任,而黄金和外汇储备要占用中央银行资金,因而持有国外资产是中央银行的一项重要资产业务。

(2) 对政府债权。作为"国家的银行",在法律许可的情况下,中央银行可通过采取直接向政府提供短期贷款或购买政府债券等方式向政府提供资金支持,由此形成对政府的债权,具体包括中央银行持有的国库券、政府债券、财政短期贷款、对国库的贷款或法律允许的透支额等。储备货币、发行债券、政府存款是中央银行的主要负债项目。

（3）对金融机构债权。作为"银行的银行"，中央银行充当金融机构的"最后贷款者"，通过再贷款和再贴现的方式对金融机构提供资金支持。

（4）储备货币。这是中央银行最主要的负债项目之一，主要包括流通中的现金、商业银行的库存现金、商业银行等金融机构在中央银行的准备金存款等。

（5）发行债券与票据。发行债券与票据是中央银行的一项负债业务。

2. 基础货币的概念

在中国人民银行资产负债表的负债栏中，有储备货币一项。储备货币有另一个学术名称——基础货币。基础货币又称强力货币或高能货币。基础货币，是整个银行体系内存款扩张、货币创造的基础，其数额大小对货币供给总量具有决定性的作用。

3. 中央银行的资产负债业务与基础货币的收放渠道

作为货币创造的基础，基础货币数量的增加或减少对货币供给量的增加或减少有着重要的决定性作用。基础货币直接表示为中央银行的负债，中央银行可以通过资产、负债业务调控基础货币。近年来，外汇储备成为中国人民银行投放基础货币的重要渠道。

表 10-1　中国人民银行资产负债表（2018 年 5 月）　　　单位：亿元人民币

项　目	金　额	项　目	金　额
国外资产	220 168.94	储备货币	304 487.07
外汇	215 117.70	货币发行	75 912.60
货币黄金	2 541.50	其他存款性公司存款	223 565.24
其他国外资产	2 509.75	非金融机构存款	5 009.23
对政府债权	15 274.09	不计入储备货币的金融性公司存款	3 886.66
其中：中央政府	15 274.09	发行债券	
对其他存款性公司债权	97 160.50	国外负债	2 741.20
对其他金融性公司债权	5 949.94	政府存款	37 393.81
对非金融性部门债权	53.99	自有资金	219.75
其他资产	17 541.98	其他负债	7 420.95
总资产	356 149.44	总负债	356 149.44

资料来源：中国人民银行网站。

（二）商业银行的业务活动与存款货币的创造

1. 原始存款与派生存款

1）原始存款

商业银行接受的客户以现金方式存入的存款和中央银行对商业银行的资产业务而形成的准备存款。从原始存款的概念可以看出，基础货币与原始存款有着紧密的联系，或者说是对同一个事物的两种不同称谓。基础货币包括流通中的现金和商业银行等金融机构在中央银行的准备金存款。中央银行通过扩大资产业务增加基础货币的投放后,流通中的现金和商业银行的准备金存款会增加,原始存款也会随着增加。原始存款是商业银行从事贷款等资产业务的基础,是商业银行扩张信用的源泉。

2) 派生存款

在原始存款的基础上,由商业银行发放贷款等资产业务活动衍生而来的存款。派生存款产生的过程就是商业银行存在存款货币的过程。派生存款是指商业银行通过发放贷款、购买有价证券等方式创造的存款。商业银行吸收到原始存款后,只按规定留一部分做现金准备应付提存,其余部分可用于放款和投资。在广泛使用非现金结算的条件下,取得银行贷款或投资款项的客户并不(或不全部)支取现金,而是转入其银行存款账户。这样就在原始存款的基础上形成了一笔新的存款。接受这笔新存款的商业银行,除保留一部分做准备金外,其余部分又可用于放款和投资,从而又派生出存款。这个过程继续下去,就可以创造出大量的派生存款。

2. 商业银行创造存款货币的前提条件

(1) 实行部分准备金制度。即中央银行只要求商业银行将其吸收存款的一定比例缴存在中央银行的准备金账户,其余资金商业银行可以自主地用于贷款等资产业务。

(2) 非现金结算广泛使用。在这种情况下,商业银行发放贷款一般不需要以现金形式支付,而是把贷款转入借款企业在银行的活期存款账户,而后由企业通过转账支付的方式使用贷款。

(3) 市场中始终存在贷款需求。

3. 商业银行创造存款货币的过程

商业银行以原始存款为基础发放的贷款,经过转账支付创造出新的存款。下面我们通过一个例子来说明商业银行创造存款货币的过程。

首先,假定商业银行的准备金率为10%。假设某储户A,把10 000元现金存入某商业银行(称为银行1),银行1将1 000元存入央行作为准备金,而将其余9 000元用于贷款或购买各种债券。比如,银行1将这9 000元放贷给B,B把9 000元用于购买衣服,结果这9 000元到了衣服销售者C的手中,我们假设C把钱全部存入银行2;这样,银行2增加9 000元存款,然后,它留下10%的准备金,即900元,把其余的8 100元放贷给农户D,农户D用之购买肥料,结果这8 100流到了肥料销售商E的手中,E把它存入银行3,这样,银行3增加了8 100元的存款。银行3把810元留下,其余也放贷出去……这个过程一直可以持续下去。

银行体系创造货币的结果将是最初10 000元新增现金的10倍,达到100 000元。我们把10倍称为货币供给乘数。

二、货币供给层次的划分

中央银行和商业银行两个层面货币供给创造的结果必然是在社会经济生活中形成一定数量的货币供给量。在现代的信用货币流通条件下,货币供给量主要包括现金和存款货币两个部分,其中现金包括中央银行发行的现钞与金属货币,存款货币体现为商业银行等存款性金融机构的存款性负债。在商业银行支付业务十分发达的现代社会,现金的使用量在整个社会的交易额中所占的份额很少,存款货币是货币供给量的主体。货币供给量首先是一个存量的概念,即一个国家在某一时点上实际存在的货币总量。各国中央银行公布的年度货币供给量都是货币存量。

(一)货币供给层次划分的依据

各国中央银行对货币供给量是分层次进行统计的,在对货币进行层次划分时,都以货币资产的"流动性"高低作为依据和标准。

现实中一个时点上一国到底有多少货币量,涉及货币供给量的统计问题。各国中央银行对货币供给量是分层次进行统计的,这又涉及货币供给层次的划分问题。所谓货币供给的层次划分,是指中央银行依据一定的标准对流通中的各种货币形式进行不同口径的层次划分。目前,各国中央银行在对货币进行层次划分时,都以货币资产的"流动性"高低作为依据和标准。货币资产的流动性即为资产的变现性,是指资产转化为现实购买手段的能力。变现性强,流动性就强;变现性弱,流动性就弱。例如,现金是流动性最强的货币资产,具有直接的现实购买力;定期存款则需要经过提现或者转成活期存款才能成为现实购买力,故流动性较弱。流动性实质上反映了货币发挥交易媒介职能的能力大小。流动性程度不同的货币资产在流通中周转的便利程度不同,形成的购买力强弱不同,从而对商品流通和其他各种经济活动的影响程度也就不同。因此,按流动性的强弱对不同形式、不同特征的货币划分不同的层次,是科学统计货币数量、客观分析货币流通状况、正确制定实施货币政策和及时有效地进行宏观调控的必要措施。

(二)IMF 及我国货币层次划分

1. 国际货币基金组织的货币层次划分

(1)通货,是指流通于银行体系以外的现钞,包括居民、企业或单位持有的现钞,但不包括商业银行的库存现金。由于这部分货币可随时用于购买和支付,因而流动性最强。

(2)货币,由通货加上私人部门的活期存款构成。由于活期存款可以随时签发支票进行购买与支付,所以其流动性仅次于现金。大部分国家将这一层次的货币简称为 M_1,又叫狭义货币。

(3)准货币,主要包括定期存款、储蓄存款、外币存款等。准货币本身虽不能直接用来购买,但在经过一定的程序之后就能转化为现实的购买力,故又称之为"亚货币"或"近似货币",简写为 QM。大部分国家将这一层次的货币划入广义货币 M_2 中。

2. 中国的货币层次划分

我国从 1984 年开始探讨对货币供给层次的划分,1994 年第三季度开始正式按季公布各个层次货币供给量的统计指标。目前我国将货币划分为以下三个层次:

(1)M_0=流通中现金。

(2)M_1=M_0+活期存款。

(3)M_2=M_1+企业单位定期存款+城乡居民储蓄存款+证券公司的客户保证金存款+其他存款。

货币供应层次	供应量					
	2 018. 01	2 018. 02	2 018. 03	2 018. 04	2 018. 05	2 018. 06
货币和准货币(M2)	1 720 814. 46	1 729 070. 12	1 739 859. 48	1 737 683. 73	1 743 063. 79	1 770 178. 37
货币(M1)	543 247. 13	517 035. 99	523 540. 07	525 447. 77	526 276. 72	543 944. 71
流通中货币(M0)	74 636. 29	81 424. 24	72 692. 63	71 476. 46	69 774. 81	69 589. 33

表 10-2　货币供应量　　　　　　　　　　　　　　　　　　单位:亿元

资料来源:中国人民银行网站。

第三节　货币均衡

一、货币均衡的概念

货币均衡是指货币供给与货币需求基本相适应的货币流通状态。货币均衡是一个动态的概念,是一个由均衡到失衡,再由失衡到均衡的不断运动的过程。

货币均衡是用来说明货币供给与货币需求的关系的,货币供给符合经济生活中对货币的需求则达到均衡。货币均衡的实现具有相对性。货币的需求与供给既相互对立,又相互依存,货币的均衡状态是这两者对立统一的结果。货币均衡是货币供求作用的一种状态,是货币供给与货币需求的大体一致,而非数量上的完全相等。

在现代经济生活中,货币均衡在一定程度上反映了经济总体的均衡状态。货币均衡的表现:一是商品市场上的物价稳定,二是金融市场上的利率稳定。

(一) 商品市场均衡

在市场经济制度下,综合物价水平取决于社会总供给与社会总需求,而货币均衡又是总供求是否均衡的重要条件。所以,我们可以利用综合物价水平的变动,来判断货币是否均衡。如果物价基本稳定,说明货币均衡;如果物价指数太高,说明货币失衡。

(二) 均衡利率

金融市场资金供求平衡,形成均衡利率。社会有限资源得到合理配置,货币既非过多,也非不足。在市场经济条件下,货币市场的货币均衡是货币供给和货币需求自发调节和适应的结果,在内在均衡的实现过程中,起决定作用的是利率。

用 AD、AS 分别表示市场的需求、供给;M_d、M_s 表示货币的需求与供给,它们之间的关系可以用图 10-2 表示,它们之间是相互影响的。

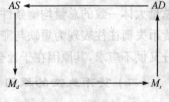

图 10-2　货币均衡与市场均衡

二、货币均衡的实现机制

就货币供给而言,当市场利率升高时,一方面社会公众因持币机会成本加大而减少现金提取,这样就使得持有现金的比率缩小,货币乘数加大,货币供给增加;另一方面,银行因贷款收益增加而减少超额准备来扩大贷款规模,这样就使超额准备金率下降,货币乘数变大,货币供给增加。所以,利率与货币供给量之间存在着同方向变动关系。

就货币需求来说,当市场利率升高时,人们的持币机会成本会加大,这必然会导致人们对金融生息资产需求的增加和对货币需求的减少,所以利率同货币需求之间存在反方向变

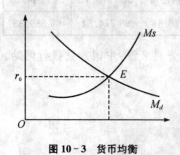

图 10-3 货币均衡

动关系。当货币市场上出现均衡利率水平时,货币供给与货币需求相等,货币均衡状态便得以实现。当市场均衡利率变化时,货币供给与货币需求也会随之变化,最终在新的均衡货币量上实现新的货币均衡。

在市场经济体制下,货币运动过程具有一种内在的自动均衡机制。这种均衡机制的作用表现为:在货币供给既定的前提下,货币需求上升,会导致资金的价格——利率趋于上升;利率上升,反过来又会使银行存款增加而贷款减少,从而起到抑制货币需求进一步膨胀的作用。货币均衡如图 10-3 所示。

三、货币失衡的概念及原因

(一) 货币失衡的概念

货币失衡是指在货币流通过程中,货币供给偏离货币需求,从而使二者之间不相适应的货币流通状态。货币失衡总是表现为货币供给量小于或大于货币需要量两种情况中的任一种。货币失衡主要有两大类型,即总量性货币失衡和结构性货币失衡。

总量性货币失衡是指货币供给在总量上偏离货币需求达到一定程度从而使货币运行影响经济状态。这里也有两种情况:货币供应量相对于货币需求量偏小,或货币供应量相对于货币需求量偏大。在现代信用货币制度下,前一种货币供给不足的情况很少出现,即使出现也容易恢复,经常出现的是后一种货币供给过多引起的货币失衡。造成货币供应量大于货币需求量的原因很多,如政府向中央银行透支以融通财政赤字,一味追求经济增长速度而不适当地采取扩张性货币政策刺激经济等,其后果之一就是引发严重的通货膨胀。

结构性货币失衡是另一大类货币失衡,主要发生在发展中国家,是指在货币供给与需求总量大体一致的总量均衡条件下,货币供给结构与对应的货币需求结构不相适应。结构性货币失衡往往表现为短缺与滞留并存,经济运行中的部分商品、生产要素供过于求,另一部分又供不应求,其原因在于社会经济结构的不合理。

(二) 货币失衡的原因

1. 货币供给量小于货币需要量的原因

经济发展了,商品生产和商品流通的规模扩大了,但货币供给量没有及时增加,从而导致流通中货币紧缺。在纸币流通时代,这种情况出现的概率是比较小的,因为增加纸币供给量对于货币管理当局来说,是一种轻而易举的事情。在货币均衡的情况下,货币管理当局仍然紧缩银根,减少货币供给量,从而使得本来均衡的货币走向供应小于需求

的失衡状态。

2. 货币供给量大于货币需要量的原因

在纸币流通时代,出于向赤字政府提供贷款等利益原因,货币管理当局可以轻易增加纸币供给量,货币供给量大于货币需求量是一种经常出现的失衡现象。

货币失衡的其他原因,如财政、信贷再分配杠杆的使用和配合失灵。种种因素的影响,往往使财政和信贷再分配杠杆的使用和配合失灵。国际交往形成国际收支,它对国内物资供求平衡也会产生影响。例如,进口的技术设备数量太多和出口消费品过多,可能最终都会导致总需求的扩张,从而造成货币供求失衡。

第四节　货币政策

一、货币政策的含义与

(一)货币政策的含义

货币政策是中央银行为实现特定的经济目标,运用各种政策工具调控货币供给量和利率所采取的方针和措施的总称。货币政策是一国宏观经济政策的重要组成部分,是政府调控经济的重要手段。

(二)货币政策的目标

货币政策的最终目标是指货币政策的制定者期望达到的最终实施结果,是中央银行组织和调节货币流通的出发点和归宿。它与国家的宏观经济目标是一致的。宏观经济目标主要是稳定物价、充分就业、经济增长和国际收支平衡。

1. 稳定物价

稳定物价是指保持物价总水平相对稳定,在短期内没有显著的或大幅度的波动,在此前提下对不合理的价格体系有计划有步骤地进行调整和改革。物价水平,指的是一般物价水平,而不是某种商品的价格变化。要抑制住通货膨胀、避免通货紧缩、维持币值的稳定,因此又常把这一目标称之为"稳定币值"。一般国家都希望把物价水平限制在最小的幅度内,以便与其他宏观经济目标相互协调,实现经济的稳定、协调发展。

2. 充分就业

充分就业是指在某一工资水平之下,有劳动能力并自愿参加劳动的劳动者,都获得了就业机会。充分就业并不是人人都有就业岗位,在充分就业状态下仍然存在一定数量的结构性失业和摩擦性失业,即因技术进步、产业结构、劳动年龄和需求偏好变化而引起的职业转换过程中的暂时性失业,这种失业具有一定的自然合理性,属于劳动力人口的正常流动。充分就业无论是在理论上还是在事实上都被认为是存在自然失业率的就业状态,自然失业率是长期均衡的失业率或充分就业的失业率。失业率是考察是否实现充分就业的衡量指标。一国经济中能承受的失业率是由经济、文化、就业方式等多种因素共同决定的,没有一个统一的标准。一般认为,自然失业率能长期维持在 3%～5% 左右,就达到了充分就业。现代市场经济运行中的实际失业率若大大高于自然失业率,则表明有效需求不足和市场疲软。

3. 经济增长

经济增长是指社会经济活动中商品和劳务总量的增加,通常是指在一个较长的时间跨度上,一个国家人均产出(或人均收入)水平的持续增加。经济增长率的高低体现了一个国家或地区在一定时期内经济总量的增长速度,也是衡量一个国家或地区总体经济实力增长速度的标志。经济增长体现在经济实力的增长上,就是商品和劳务总量的增加,技术进步是决定经济增长的关键因素,经济增长也取决于生产力诸多因素的扩展与改善。促进经济增长的要素为劳动力、投资的增加、技术的进步等。

4. 国际收支平衡

所谓国际收支平衡,是指一国对其他国家和地区的全部货币收入和支出相抵基本平衡,略有顺差或逆差。国际收支是否平衡对金融运行影响很大,如果一国长期维持贸易顺差,则会造成一国货币供应的大量增加,如果同时国内商品供应减少,则会造成通货膨胀。国际收支的大量顺差或逆差都不利于经济的发展。任何时期,国家都要保持适当的外汇储备的流动性。

二、货币政策工具

货币政策工具是中央银行经常使用的且能对社会的货币信用总量进行调节的工具,主要是法定存款准备金率、再贴现政策和公开市场业务三大政策工具,俗称中央银行的"三大法宝"。

(一)法定存款准备金率

1. 法定存款准备金率的含义

法定存款准备金率是法律规定的商业银行准备金与商业银行吸收存款的比率。商业银行吸收的存款不能全部放贷出去,必须按照法定比率留存一部分作为随时应付存款人提款的准备金。中央银行在法律赋予的权利范围内,通过规定或调整商业银行向中央银行缴存的存款准备金,则可以控制商业银行的信用创造能力,间接控制货币的供应量。中央银行通过调高或调低法定存款准备金率,影响商业银行的存款派生能力,从而达到调节市场货币供给量的目的。

在存款准备金制度下,金融机构不能将其吸收的存款全部用于发放贷款,必须保留一定的资金即存款准备金,以备客户提款的需要,因此存款准备金制度有利于保证金融机构对客户的正常支付,满足流动性的需要。将存款准备金集中于中央银行的做法起始于 18 世纪的英国。英国 1928 年通过的《通货与银行券法》、美国 1913 年的《联邦储备法》和 1935 年的《银行法》,都以法律形式规定商业银行必须向中央银行缴存存款准备金。由于 1929—1933 年世界经济危机,各国普遍认识到限制商业银行信用扩张的重要性,凡实行中央银行制度的国家都仿效英美等国的做法,纷纷以法律形式规定存款准备金的比例,并授权中央银行按照货币政策的需要随时加以调整。美国是最早建立起在中央银行体制下的法定存款准备金制度的国家,其最初目的是防止商业银行盲目发放贷款,保证客户存款的安全,维护金融体系的正常运转。

1984 年,我国开始建立存款准备金制度。中国人民银行最初设计该制度的思路是要保证集中控制必要的信贷资金,进而通过再贷款形式控制信用规模及调整信用结构。为此,确定了极高的法定准备金率:企业存款准备金率为20％,储蓄存款准备金率为40％,农村存款准备金率为25％。

2. 存款准备金制度的内容

(1) 规定法定存款准备率。凡商业银行吸收的存款,必须按照法定比率提留一定的准备金存入中央银行,其余部分才能用于贷款或投资。

(2) 规定可充当法定存款准备金的标的。一般只限存入中央银行的存款,英国的传统做法允许商业银行的库存现金抵充存款准备金;法国规定银行的高流动性资产(如政府债券)也可作为存款准备金的组成部分。

(3) 规定存款准备金的计算、提存方法。一是确定存款类别及存款余额基础,二是确定缴存准备金的持有期。计算存款余额有的以商业银行的日平均存款余额扣除应付未付款项后的差额作为计提准备金的基础,有的以月末或旬末、周末的存款余额扣除应付未付款项后作为计提基础。确定缴存准备金的持有期一般有两种办法,一种是同期性准备金账户制,即以结算日的当期存款余额作为计提持有期,另一种是延期性准备金账户制,即以结算期以前的一个或两个时期的存款余额作为计提持有期。

(4) 规定存款准备金的类别,一般分为三种:活期存款准备金、储蓄和定期存款准备金、超额准备金。有的国家还规定某些特殊的准备金,中央银行一般不计付利息,实际存款低于法定准备限额的,须在法定时限内(一般是当天)补足,否则要受处罚;超过法定准备限额的存款余额为超额准备金,中央银行给予付息并允许随时提用。

3. 存款准备金制度的作用

存款准备金发挥作用的核心在于法定存款准备金比率的高低。法定存款准备金率的调整,会直接影响中央银行掌握的基础货币量和商业银行可用资金量,影响货币乘数的大小,最终影响全社会货币供应量的变动。如果中央银行实行宽松的货币政策,刺激经济,中央银行可以调低法定存款准备金率,那么意味着商业银行吸收的存款上缴中央银行的法定存款准备金减少,商业银行可用于放贷的资金增加,在其他条件不变的情况下,货币乘数扩大,引起存款倍数扩张,导致经济生活中货币的供应量增加,市场利率降低,有利于刺激投资,增加消费,促进经济发展。

中央银行是法定存款准备金率的制定者和实行者,中央银行掌握着主动权。法定存款准备金政策是一个非常有力但是并不是最理想的货币政策工具,因为中央银行把法定存款准备金率调整非常小的幅度,都会引起货币供应量巨大的波动,而且该政策缺乏弹性,"一刀切"式的法定存款准备金率使商业银行难以把握货币政策的操作力度和效果。政策作用猛烈,对经济影响大,调整法定存款准备金率对商业银行的经营管理干扰较大,增加了银行流动性风险和管理的难度,不宜经常调整,不能作为中央银行日常操作工具。

(二) 再贴现政策

1. 再贴现政策的含义

再贴现指的是商业银行等金融机构为了取得资金,将已贴现的未到期票据再以贴现方式向中央银行进行转让的票据行为。再贴现政策,是指中央银行通过制订或调整再贴现利率来干预和影响市场利率及货币市场的供应和需求,从而调节市场货币供应量的一种金融政策。对中央银行来说,再贴现是买进商业银行持有的票据,流出现实货币,扩大货币供应

量。对商业银行来说,再贴现是出让已贴现的票据,解决一时资金短缺。整个再贴现过程,实际上就是商业银行和中央银行之间的票据买卖和资金让渡的过程。

2. 再贴现政策的内容

(1) 中央银行规定再贴现票据的种类。商业银行可以拿客户借款时提供的票据来办理再贴现,或者以中央银行同意接受的其他抵押品做保证而申请贷款。可用作抵押品的通常是政府债券,以及经审查合格的商业票据。中央银行若公开挂牌,规定某些行业的票据可优先办理再贴现,这种情况表明了中央银行的资金意向,旨在扶植某些行业的发展。

(2) 中央银行规定再贴现业务的对象。各国中央银行根据本国的不同情况,对此有不同的规定。许多国家允许商业银行和金融机构办理再贴现,但也有一些国家对贴现对象有比较严格的限制。

(3) 中央银行决定再贴现率。这个问题关系到中央银行的货币政策,所以必须谨慎行事,决定的过程也比较复杂。为了贯彻中央银行的货币政策,也要求再贴现率必须统一。因此,现在各国的再贴现率一般由中央银行决策机构统一确定。

3. 再贴现政策的作用

再贴现政策的作用,主要是影响贷款条件的松紧程度和借贷资金的成本,商业银行的资金成本和超额准备,从而影响商业银行的融资决策,使其改变放款和投资活动。中央银行需要收紧银根时,可以提升再贴现率,并高于市场利率,这样商业银行向中央银行借款或申请再贴现的融资成本就会上升,从而减少向中央银行的借款或再贴现,商业银行就只能收缩对客户的贷款或投资规模,缩减市场的货币供应量,市场利率随之上升,经济社会对货币的需求减少,投资减少,从而实现紧缩的货币政策目标。

中央银行能够利用它来履行"最后贷款人"的职责,并在一定程度上体现中央银行的政策意图,既可以调节货币总量,又可以调节信贷结构。但是,中央银行在再贴现中处于被动地位,再贴现政策不是一种理想的货币政策工具。再贴现政策效果能否很好地发挥,取决于商业银行是否愿意到中央银行申请再贴现或再贴现的金额,如果商业银行可以通过其他途径筹措资金,而不依赖于再贴现,则中央银行就不能有效地控制货币供应量。如果商业银行依赖于中央银行再贴现,这就增加了对中央银行的压力,从而削弱了控制货币供应量的能力。一般说来,有些国家商业银行主要靠中央银行融通资金,再贴现政策在货币市场的弹性较大,效果也就较大;相反,有些国家商业银行靠中央银行融通资金数量较小,再贴现政策在货币市场上的弹性较小,效果也就较小。调整再贴现利率,通常不能改变利率的结构,只能影响利率水平。即使影响利率水平,也必须具备两个假定条件:一是中央银行能随时准备按其规定的再贴现率自由地提供贷款,以此来调整对商业银行的放款量;二是商业银行为了尽可能地增加利润,愿意从中央银行借款。当市场利率高于再贴利率,而利差足以弥补承担的风险和放款管理费用时,商业银行就向中央银行借款然后再放出去;当市场利率高于再贴现率的利差,不足以弥补上述费用时,商业银行就从市场上收回放款,并偿还其向中央银行的借款,也只有在这样的条件下,中央银行的再贴现率才能支配市场利率。

(三) 公开市场业务政策

1. 公开市场业务的含义

公开市场业务是指中央银行在金融市场上卖出或买进有价证券,吞吐基础货币,用以改变商业银行等金融机构的可用资金,进而影响货币供给量和利率,实现货币政策目标的一种政策工具。在多数发达国家,公开市场操作是中央银行吞吐基础货币,调节市场流动性的主要货币政策工具,通过中央银行与市场交易对手进行有价证券和外汇交易,实现货币政策调控目标。

2. 公开市场业务作用机制

根据对经济形势的判断,当中央银行认为应该放松银根,增加货币供给时,其就在金融市场上买进有价证券,扩大基础货币供应,直接增加金融机构可用资金的数量,增强其贷放能力;相反,当中央银行认为需要收紧银根,减少货币供给时,它会在金融市场上卖出有价证券,回笼一部分基础货币,减少金融机构可用资金的数量,降低其贷放能力。

3. 公开市场业务发挥作用的前提条件

(1)中央银行必须拥有一定数量、不同品种的有价证券,拥有调控整个金融市场的资金实力。

(2)必须建有一个统一、规范、交易品种齐全的全国性的金融市场。

(3)必须具有一个规范、发达的信用制度,流通领域广泛使用票据,存款准备金政策准确、适度。

4. 公开市场业务政策的特点

公开市场业务与其他货币政策工具相比,具有主动性、灵活性和时效性等特点。公开市场业务可以由中央银行充分控制其规模,中央银行有相当大的主动权;公开市场业务是灵活的,多买少卖,多卖少买都可以,对货币供应既可以进行"微调",也可以进行较大幅度的调整,具有较大的弹性;公开市场业务操作的时效性强,当中央银行发出购买或出售的意向时,交易立即可以执行,参加交易的金融机构的超额储备金相应发生变化;公开市场业务可以经常、连续地操作,必要时还可以逆向操作,由买入有价证券转为卖出有价证券,使该项政策工具不会对整个金融市场产生大的波动。

公开市场业务在三大货币政策工具中是唯一能够直接使银行储备发生变化的主动性工具,具有主动性和灵活性的特征。但也有其局限性,即中央银行只能在储备变化的方向上而不能在数量上准确地实现自己的目的。并且,通过公开市场业务影响银行储备需要时间,它不能立即生效,而要通过银行体系共同的一系列买卖活动才能实现。公开市场业务发挥作用的先决条件是证券市场必须高度发达,并具有相当的深度、广度和弹性等特征。同时,中央银行必须拥有相当的库存证券。

5. 我国的公开市场业务

中国公开市场操作包括人民币操作和外汇操作两部分。外汇公开市场操作于1994年3月启动,人民币公开市场操作于1998年5月26日恢复交易,规模逐步扩大。1999年以来,公开市场操作发展较快,目前已成为中国人民银行货币政策日常操作的主要工具之一,对于调节银行体系流动性水平、引导货币市场利率走势、促进货币供应量合理增长发挥了积极的作用。中国人民银行从1998年开始建立公开市场业务一级交易商制度,选择了一批能够承担大额债券交易的商业银行作为公开市场业务的交易对象。近年来,公开市场业务一级交易商制度不断完善,先后建立了一级交易商考评调整机制、信息报告制度等相关管理制度,一级交易商的机构类别也从商业银行扩展至证券公司等其他金融机构。

金融理论与实务

从交易品种看,中国人民银行公开市场业务债券交易主要包括回购交易、现券交易和发行中央银行票据。其中回购交易分为正回购和逆回购两种,正回购为中国人民银行向一级交易商卖出有价证券,并约定在未来特定日期买回有价证券的交易行为,正回购为央行从市场收回流动性的操作,正回购到期则为央行向市场投放流动性的操作;逆回购为中国人民银行向一级交易商购买有价证券,并约定在未来特定日期将有价证券卖给一级交易商的交易行为,逆回购为央行向市场上投放流动性的操作,逆回购到期则为央行从市场收回流动性的操作。现券交易分为现券买断和现券卖断两种,前者为央行直接从二级市场买入债券,一次性地投放基础货币;后者为央行直接卖出持有债券,一次性地回笼基础货币。中央银行票据即中国人民银行发行的短期债券,央行通过发行央行票据可以回笼基础货币,央行票据到期则体现为投放基础货币。

三、货币政策时滞效应

货币政策时滞是指经济形势的变化到货币政策的修正,从货币政策的制定到执行,再到获得主要或全部的效果的时间间隔。它由两部分组成:内部时滞和外部时滞。

(一)内部时滞

内部时滞指从政策制订到货币当局采取该行动之间的一段时间,这种时滞可以但不一定是很短的,它取决于货币当局不是等待情况实际发生变化而是根据预测自愿采取行为的程度,亦取决于货币当局是大幅改变政策还是在一段时期内分许多小步骤来改变政策。内部时滞分为认识时滞和行动时滞。认识时滞是指从形势变化需要货币当局采取行动到它认识到这种需要的时间间距。认识时滞的存在,一方面是由于信息的收集和判断需要时间,对某个时期经济形势的精确度量只有在后一时间才能得到;另一方面是即使有了明确的信息,中央银行做出判断也需要一段时间。行动时滞是指中央银行确定采取某种货币政策措施,到具体实施某种货币政策之间的时间间距。

(二)外部时滞

外部时滞指货币当局采取行动到收入发生变动时滞分布。外部时滞的存在,是由于货币存量增加和利率下降都不会立即提高收入。货币政策时滞是影响货币政策效果的一个重要因素。如果货币政策能立即对收入产生大部分影响,那么货币当局就可以应用收入的现时水平估测在增长趋势上可能有微小变动的另一时期的收入;但是如果货币政策需要较长时间才能产生影响,这一点就难以做到。

当中央银行开始实施新政策后会有:金融部门对新政策的认识—金融部门对政策措施所做的反应—企业部门对金融形势变化的认识—企业部门的决策—新政策发生作用等过程,其中每一步都需要耗费一定的时间。外部时滞也可以细分为操作时滞和市场时滞两段。操作时滞,是指从调整政策工具到其对中介指标发生作用所需耗费的时间。中央银行一旦调整政策工具的操作方向或力度,需通过操作变量的反应,传导到中介变量。这段时滞之所以存在,是因为在实施货币政策的过程中,无论使用何种政策工具,都要通过操作变量的变动来影响中介变量而产生效果。而政策是否能够生效,主要取决于商业银行及其他金融机构对中央银行政策的态度、对政策工具的反应能力以及金融市场对央行政策的敏感程度。

186

市场时滞,是指从中介变量发生反映到其对目标变量产生作用所需耗费的时间。

货币政策要通过利息率的变动、经由投资的利率弹性产生效应;或者通过货币供应量的变动、经由消费的收入弹性产生效应。不仅企业部门对利率的变动、私人部门对货币收入的变动做出反应有一个滞后过程,而且投资或消费的实现也有一个滞后过程。各种政策工具对中介变量的作用力度大小不等,社会经济过程对中央银行的宏观金融调控措施的反应也是具有弹性的。因此,中介变量的变动是否最终能够对目标变量发生作用,还取决于调控对象的反应程度。

外部时滞的长短,主要取决于政策的操作力度和金融部门、企业部门对政策工具的弹性大小。外部时滞较为客观,它不像内部时滞那样可由中央银行掌握,是一个由社会经济结构与产业结构、金融部门和企业部门的行为等多种因素综合决定的复杂变量。因此,中央银行对这段时滞很难进行实质性的控制。货币政策时滞的存在和时滞会对货币政策效果产生重要影响是毋庸置疑的,它限制了货币政策的有效性。

本章练习题

一、单项选择题

1. 根据货币数量论,将货币供应量削减三分之一,会导致(　　)。
   A. 货币流通速度提高三分之一　　　　B. 交易总量削减三分之一
   C. 物价水平下跌三分之一　　　　　　D. 物价水平提高三分之一

2. 费雪在交易方程式中假定(　　)。
   A. M 和 V 短期内稳定　　　　　　　B. T 和 P 短期内稳定
   C. P 和 V 短期内稳定　　　　　　　D. T 和 V 短期内稳定

3. 剑桥方程式中的 M 研究的是(　　)。
   A. 执行价值尺度职能的货币　　　　　B. 执行流通手段职能的货币
   C. 执行价值储藏职能的货币　　　　　D. 执行支付手段职能的货币

4. 凯恩斯认为,人们之所以需要货币是因为货币(　　)。
   A. 是最好的价值储藏手段　　　　　　B. 具有最强的流动性
   C. 可以满足人们的投资需求　　　　　D. 是最好的金融资产

5. 凯恩斯货币需求理论中,受利率影响的货币需求是(　　)。
   A. 交易性货币需求　　　　　　　　　B. 预防性货币需求
   C. 投机性货币需求　　　　　　　　　D. 谨慎性的货币需求

6. 流动性陷阱是指(　　)。
   A. 人们普遍预期利率将上升时,愿意持有货币而不愿持有债券
   B. 人们普遍预期利率将上升时,愿意持有债券而不愿持有货币
   C. 人们普遍预期利率将下降时,愿意持有货币而不愿持有债券
   D. 人们普遍预期利率将下降时,愿意持有债券而不愿持有货币

7. 弗里德曼认为当人力财富在总财富中所占比例较高时,人们的货币需求会相应(　　)。
   A. 增加　　　　B. 减少　　　　C. 不变　　　　D. 不确定

8. 如果银行体系的超额准备金为 75 美元,法定准备金率为 0.20,支票存款可能扩张( )。

    A. 75 美元   B. 375 美元   C. 575 美元   D. 750 美元

9. 基础货币等于( )。

    A. 通货+存款货币   B. 存款货币+存款准备金

    C. 通货+存款准备金   D. 原始存款+派生存款

10. 在存款总额一定的情况下,法定准备率越高,商业银行可用于放款的份额( )。

    A. 不变   B. 越少   C. 越多   D. 为零

11. 下列( )不是货币政策的最终目标。

    A. 充分就业   B. 经济增长   C. 物价稳定   D. 国际收支顺差

12. 内部时滞是指作为货币政策操作主体的中央银行制定和实施货币政策的全过程,包括( )。

    A. 操作时滞和市场时滞   B. 操作时滞和决策时滞

    C. 认识时滞和决策时滞   D. 市场时滞和操作时滞

13. 从中央银行采取行动到政策对经济过程发生作用所耗费的时间称( )。

    A. 内部时滞   B. 外部时滞   C. 认识时滞   D. 决策时滞

14. 目前,西方各国运用的比较多而且十分灵活有效的货币政策工具为( )。

    A. 法定存款准备金   B. 再贴现政策   C. 公开市场业务   D. 窗口指导

15. 下列货币政策操作中,引起货币供应量增加的是( )。

    A. 提高法定存款准备率   B. 提高再贴现率

    C. 降低再贴现率   D. 中央银行卖出债券

16. 中央银行降低法定存款准备金率时,商业银行( )。

    A. 可贷资金量减少   B. 可贷资金量增加

    C. 可贷资金量不受影响   D. 可贷资金量不确定

17. 一般来说,中央银行提高再贴现率时,会使商业银行( )。

    A. 提高贷款利率   B. 降低贷款利率

    C. 贷款利率升降不确定   D. 贷款利率不受影响

18. 中央银行在公开市场上大量抛售有价证券,意味着货币政策( )。

    A. 放松   B. 收紧   C. 不变   D. 不一定

19. 作为货币政策目标的物价稳定是指( )。

    A. 个别商品价格固定不变   B. 商品相对价格稳定

    C. 一般物价水平固定不变   D. 一般物价水平相对稳定

20. 对经济运行影响强烈而不常使用的货币政策工具是( )。

    A. 信用配额   B. 公开市场业务

    C. 再贴现政策   D. 存款准备金政策

21. 中央银行提高存款准备金率,将导致商业银行信用创造能力的( )。

    A. 上升   B. 下降   C. 不变   D. 不确定

22. 中央银行在金融市场上大量购进有价证券,意味着货币政策( )。

A. 放松　　　　　B. 紧缩　　　　　C. 不变　　　　　D. 不确定

二、多项选择题

1. 货币需求是指一定时间内,一定条件下,整个社会需要用于执行(　　)的货币数量。
   A. 价值尺度　　　　B. 流通手段　　　　C. 支付手段
   D. 价值贮藏　　　　E. 交易媒介

2. 凯恩斯认为,人们持有货币的动机有(　　)。
   A. 交易性动机　　　B. 储藏性动机　　　C. 预防性动机
   D. 投资性动机　　　E. 投机性动机

3. 凯恩斯货币需求理论认为(　　)。
   A. 交易性货币需求是收入的增函数
   B. 交易性货币需求是收入的减函数
   C. 投机性货币需求是利率的减函数
   D. 投机性货币需求是利率的增函数
   E. 谨慎性货币需求是利率的增函数

4. 弗里德曼把影响货币需求量的诸因素划分为(　　)。
   A. 各种金融资产　　　　　　　B. 恒久收入和财富结构
   C. 各种资产预期收益率和机会成本　　D. 财富持有者的偏好
   E. 各种有价证券

5. 商业银行创造存款货币要受(　　)因素限制。
   A. 法定准备率　　　　　　　　B. 超额准备率
   C. 现金漏损率　　　　　　　　D. 定期存款准备率
   E. 货币流通速度

6. 基础货币包括(　　)。
   A. 通货　　　　　B. 存款货币　　　　C. 存款准备金
   D. 原始存款　　　E. 派生存款

7. 货币供给量的大小最终由(　　)共同决定。
   A. 财政　　　　　B. 中央银行　　　　C. 商业银行
   D. 经营单位　　　E. 家庭个人

8. 从世界各国来看,货币政策的最终目标主要包括(　　)。
   A. 稳定物价　　　B. 促进经济增长
   C. 充分就业　　　D. 社会稳定　　　　E. 国际收支平衡

9. 中央银行调高利率的政策效果是(　　)。
   A. 货币需求量下降　B. 货币供给量上升
   C. 通货膨胀受到抑制　D. 居民收入水平上升　　E. 股票价格指数下跌

10. 公开市场操作具有很多的优点。下列关于公开市场操作的优点的描述正确
    的是(　　)。
    A. 最有弹性　　　　　　　　　B. 中央银行处于主动地位

C. 可以灵活准确地达到预定目标　　　D. 公开市场操作要求金融市场发达

三、简答题

1. 凯恩斯货币需求理论的主要内容是什么？
2. 弗里德曼货币需求理论的主要内容是什么？
3. 商业银行存款货币创造的制约因素有哪些？
4. 简述货币政策的目标。
5. 货币政策工具主要有哪些？

四、论述题

1. 试比较分析凯恩斯的货币需求函数与弗里德曼的货币需求函数的区别？
2. 试分析在货币供给中，商业银行、中央银行的作用？
3. 中央银行的货币政策工具有哪几种？它们分别是如何调控货币供应量的？其各自的优缺点是什么？
4. 在通货紧缩情况下，如何运用一般性货币政策解决这一问题？

五、计算题

1. 假定基础货币为1 000，支票存款的法定准备率为10%，现金漏损率为2%，银行体系的支票存款为4 000，试求银行支票存款的实际准备率与超额准备金？
2. 假定商业银行系统有150亿元的存款准备金，rd=10%，如果rd上升至15%或下降至5%时，最终货币供给量有何变化？

第十一章
通货膨胀与通货紧缩

扫码查看视频

学习目的和要求

　　学习本章,应准确识记本章的基本概念,领会本章的基本理论。了解通货膨胀的含义;了解如何对通货膨胀进行衡量;掌握通货膨胀产生的原因;理解如何对通货膨胀进行治理;了解通货紧缩的含义;理解通货紧缩产生的原因,理解如何对通货紧缩进行治理。

导入案例

历史上典型的通货膨胀案例

　　一、古罗马的通货膨胀:铸币成色下降的恶果

　　公元138—301年,古罗马军服的价格上涨了166倍,自2世纪中叶至3世纪末,小麦价格——物价水平的主要标志——涨了200倍。这一次通货膨胀,无论如何也不能归罪于纸币,因为纸币在其后1 000年才出现。古罗马实行的是金属货币制度,包括金、银、铜和青铜。政府财政基本上采用现金形式。帝国的皇帝们为了强化他们对资源的控制,相继削减铸币尺寸或在铸币中添加贱金属。同时却希望凭着自己的权威保持其价值不变——这当然是不可能的。这种违背经济规律的行为在罗马帝国时代代代相传,最终导致的结果是铸币贬值,物价上涨。公元235—284年,古罗马政治陷入无政府状态,通货膨胀臻于极致,铸币急剧贬值。在公元253—268年之间,银币的含银量还不到5%。

　　二、黑死病与价格行为

　　14世纪中叶,欧洲普遍出现了温和的通货膨胀。在3年的时间里,物价至少翻了一番。作为通货膨胀,这一时期并不引人注目,值得重视的是它的背景——黑死病。这是一种能致人猝死的病疫。在当时,此病夺取了2 000万人的生命,是当时整个欧洲人口的1/3。在病疫流行期间,商品的价格出现了突然的、短暂的下降。原因很明显,人口锐减导致需求下降,而流通中的货币及商品存量却基本不变,但幸存者的需求却是有限的。而随着疫情的过去,物价又回升了。原因是储存消耗殆尽,同时由于人口减少,产量随之下降——因为生产者的生活条件恶劣,因而生产人员减少的数量远大于有稳定需求的富人。

三、西班牙：白银与价格革命

16世纪，西班牙物价上涨4倍多，年上涨率1.5%，贵金属过剩是这次通货膨胀的根源。1501—1600年，由墨西哥和秘鲁神话般的矿山产出的1700万公斤纯银和18.1万公斤纯金涌入西班牙。除官方渠道，走私的数量估计相当于官方进口的10%，相对于已有的储存，来自新世界的金银可谓数额巨大。无论如何，贵金属的涌入掀起了一场价格革命。这次通货膨胀价格上涨缓慢，没有对西班牙的各个经济部门产生什么影响。想想年增长率1.5%，这在目前来说是经济发展过程中一个再合适莫过的数字了。但在当时，它至少证明了这样一些观点：① 货币不等于财富；② 和缓的通货膨胀可以和经济增长兼容；③ 白银减缓了制度变革的压力；④ 以贵金属为保证的货币制度并不能预防通货膨胀；⑤ 西班牙最终没有留住海外流入的金属；⑥ 始于西班牙的通货膨胀扩散到其贸易对象；⑦ 对经济规律的懵懂无知并不妨碍人们自行其是；⑧ 货币幻觉尽管充满了神秘，但如果人们警惕周围的变化，其迷惑性必将大大降低。

四、德国的通货膨胀

第一次世界大战之后，德国经历了一次历史上最引人注目的超速通货膨胀。而这次通货膨胀对德国经济的影响甚至要超过一战本身。

在"一战"结束时，协约国要求德国支付巨额赔款。战后的德国政府面对巨额赔款苦不堪言，于是通过大量发行货币的方式来筹集赔款，使得从1922年1月开始到1924年底德国的货币和物价都以惊人的速度飙升。就以报纸的价格来说，在1921年1月的时候是0.3马克。到1922年5月的时候涨到1马克，同年10月涨到了8马克。在1923年9月的时候，报纸的价格已经是1000马克。而后真正的超速膨胀开始了：报纸价格10月1日2000马克，过了15天12万马克，又过了15天100万马克，又过了10天500万马克。直到11月17日售价已经是7000万马克，一份报纸。德国马克的价值接连暴跌，已发展到无法控制的地步。1923年，德国的通货膨胀率每月上升2500%。当时，工人们的工资一天要分两次发，傍晚一只面包的价格等于早上一幢房屋的价格。

资料来源：国信经济发展中心：智胜通货膨胀。

第一节 通货膨胀概述

一、通货膨胀的含义

通货膨胀指的是信用货币制度下，流通中的货币数量超过经济实际需要而引起的货币贬值和物价水平全面而持续的上涨，通俗地讲就是纸币的发行量超过流通中所需要的数量，从而引起纸币贬值，物价上涨。

当一个经济中的大多数商品和劳务的价格连续在一段时间内物价水平以不同形式普遍上涨时，就称这个经济经历着通货膨胀。如果仅有一种商品的价格上升，或少数商品的价格上升,这不是通货膨胀。只有大多数商品的价格和劳务的价格持续地普遍地上升才是通货膨胀。

二、衡量通货膨胀的指标

通货膨胀率的一般计算公式为

$$通货膨胀率=\frac{报告期物价指数-基期物价指数}{基期物价指数}\times100\%$$

判断经济生活中是否发生了通货膨胀以及通货膨胀的程度如何,需要一系列的指标帮助衡量通货膨胀的程度。通常运用的衡量指标是消费价格指数、批发物价指数、国民生产总值平减指数。

(一) 消费价格指数

消费者物价指数(Consumer Price Index,CPI)亦称居民消费价格指数,在经济学上,是反映与居民生活有关的产品及劳务价格统计出来的物价变动指标,以百分比变化为表达形式。它是衡量通货膨胀的主要指标之一。CPI 具有如下特点:

(1) 它说明了一定时期内商品价格持续上升的幅度。消费者物价指数是用来衡量通货膨胀率的最常用的指标。

(2) 反映货币购买力变动。货币购买力是指单位货币能够购买到的消费品和服务的数量。消费者物价指数上涨,货币购买力则下降;反之则上升。

(3) 反映对职工实际工资的影响。消费者物价指数的提高意味着实际工资的减少,消费者物价指数的下降意味着实际工资的提高。

在美国构成 CPI 的主要商品共分八大类,其中包括:食品酒和饮品、住宅、衣着、教育和通信、交通、医药健康、娱乐、其他商品及服务,市场敏感度非常高。在美国,居民消费指数由劳工统计局每月公布,发布时间:美国东部时间上午 8 时 30 分;在报告当月的第二周或第三周发布。有两种不同的居民消费价格指数:一是工人和职员的居民消费价格指数,简称CPI-W。二是城市消费者的居民消费价格指数,简称 CPI-U。

CPI 是一个滞后性的数据,但它往往是市场经济活动与政府货币政策的一个重要参考指标。CPI 稳定、就业充分及 GDP 增长往往是最重要的社会经济目标。不过,从中国的现实情况来看,CPI 的稳定及其重要性并不像发达国家所认为的那样"有一定的权威性,市场的经济活动会根据 CPI 的变化来调整"。

(二) 批发物价指数

批发物价指数(Whole-sale Price Index,WPI)是反映全国生产资料和消费资料批发价格变动程度和趋势的价格指数。以批发物价指数度量通货膨胀,其优点是能在最终产品价格变动之前获得工业投入品及非零售消费品的价格变动信号,进而能够判断其对最终进入流通的零售商品价格变动可能带来的影响。这个指标的变动规律同消费物价的变动规律有显著区别。在一般情况下,即使存在过度需求,其波动幅度也常常小于零售商品的价格波动幅度。因此,在使用它判断总供给与总需求对比关系时,可能会出现信号失真现象。

(三) 国民生产总值平减指数

国民生产总值平减指数(GNP Deflator),或国内生产总值平减指数,是一个能综合反映物价水平变动情况的指标。它是将国内生产总值或国内生产总值指标的名义值化为实际值所使用的价格指数,是衡量通货膨胀率的基本指标之一。国民生产总值或国内生产总值平减指数一般不直接编制,而是先计算不变价格的国民生产总值或国内生产总值,然后用现价计算的国民生产总值或国内生产总值除以不变价格的国民生产总值或国内生产总值,即可得到国民生产总值或国内生产总值的平减指数。因此,计算平减指数必须首先确定用哪年的价格为不变价格。

该指数的优点是覆盖范围全面,能度量各种商品价格变动对价格总水平的影响,但它容易受价格结构因素的影响。例如,虽然与公众生活密切相关的消费品价格上涨幅度已经很高,但其他产品价格却变动幅度不大,就会出现平减指数虽然不高但公众的日常消费支出已明显增加的状况。

知识拓展

建桥与通胀

某国政府修建一个大桥,要花费5 000万,政府可以用收税的方法来解决钱的问题。但现在政府换了一个聪明的办法,用通货膨胀的方式把成本转嫁出去。不收税了,广大人民群众不缴税也就感觉不到疼了。具体的实施办法就是印钞票。印好了5 000万的钞票,卷起袖子准备建大桥了。找到了修大桥的总承包方A,把5 000万统统交给A。那么第一轮的钱就到了总承包方A这里,A拿着钱,花钱雇人,花钱买材料。然后找到了施工承包方B,把钱支付给B。那么第二轮钱又到了B这里。B拿着钱一样地花钱雇人买材料。然后找到了劳务分包方C。第三轮钱就到了C这里。C把钱花到第四轮D身上。

我们来看ABCD四个人。A是直接从政府拿到钱,通货膨胀还没有开始,第二轮到B身上的时候,5 000万已经流通了一部分了,物价有所上涨,但是B还是赚到钱了。第三轮到C身上的时候,物价已经涨上去了,随着货币进入市场时间的推移,物价的反映就会越明显。所以C拿到的钱购买力不如之前,C就吃了点小亏。等到第四轮D拿到钱的时候,通货膨胀已经完全反映出来了。所以整个过程中D受到的损失是最为严重的。回头来看,A赚大发了,B小赚,C小亏,D亏到家了。

资料来源:微信公众号-陈志乐的书桌。

三、通货膨胀的类型

(一)按轻重程度划分

在20世纪60年代,发达工业国家的公众大都认为年率6%以上的通货膨胀就是难以忍受的了,可视为严重通货膨胀;如果年物价上涨率达到两位数,则可认为发生了恶性通货膨胀。20世纪70年代由于石油输出国组织垄断提价等因素的影响所造成的世界范围的通货膨胀,使得人们对恶性通货膨胀度量的标准,在看法上有了一定程度的改变。而进入八九十年代,无论是出于拉美债务危机,还是苏联、东欧的激进式改革,再者是亚洲金融动荡等具体原因,相当一部分国家频频出现 3 位数以上的通货膨胀。在这种情况下,如何确定发展中国家通货膨胀状态的衡量标准,至今仍是一个没有解决的问题。一些经济学家只是对发达国家的通货膨胀上涨速度做了属性界说:如把物价上涨年率不超过 2%~3% 的状态称为爬行通货膨胀;把每月物价上涨速度超过 50% 的称为恶性或极度通货膨胀等等。通货膨胀的严重程度可以划分为如下几个层次。

1. 低通货膨胀

低通货膨胀的特点是,价格上涨缓慢且可以预测。可以将其定义为年通货膨胀率为 1 位数的通货膨胀。此时的物价相对来说比较稳定,人们对货币比较信任。

2. 急剧通货膨胀

当总价格水平以每年 2 位数或 3 位数的比率上涨时,即产生了这种通货膨胀。这种通货膨胀局面一旦形成并稳固下来,便会出现严重的经济扭曲。

3. 恶性通货膨胀

最恶性的通货膨胀,货币几乎无固定价值,物价时刻在增长,其灾难性的影响使市场经济变得一无是处。

(二) 按表现形式分类

公开性通货膨胀或称显性通货膨胀是指物价总水平明显的、直接的上涨;而隐蔽性通货膨胀则是指货币工资水平没有下降,物价总水平也未提高,但居民实际消费水准却程度不同地有所下降的一种情况。

在存在隐蔽性通货膨胀的条件下,消费品供不应求的矛盾,前面有关章节已经提到,主要是以非价格的方式表现出来的,包括国家牌价与自由市场价或黑市价之间的巨大价差;一些产品在价格不变的情况下质量下降等等。按国家物资调拨计划进行管理的生产资料,其供不应求的矛盾则表现为质量下降,实际供货数量低于交易量,索取价外的报酬,直到事实上拒绝按照官定价格供货等等。

隐蔽性通货膨胀在苏联及东欧各国、在中国都出现过。这种非公开性通货膨胀的形成条件大体有以下几个:第一,经济体系中已积累了难以消除的过度需求压力;第二,存在着严格的价格管制,这种管制包括对生产企业的定价管理和流通企业的销价管制两方面的内容;第三,实行排斥市场机制的单一行政管理体制。

第二节　通货膨胀的原因及治理

一、通货膨胀的原因

(一) 需求拉动说

通货膨胀的成因理论是关于通货膨胀形成机理的假说。它是用经济体系存在对产品和服务的过度需求来解释通货膨胀形成的机理。其基本要点是当总需求与总供给的对比处于供不应求状态时,过多的需求拉动价格水平上涨。由于在现实生活中,供给表现为市场上的

商品和服务,而需求则体现在用于购买和支付的货币上,所以对这种通货膨胀也有通俗的说法:"过多的货币追求过少的商品"。

能对物价水平产生需求拉动作用的有两个方面:实际因素和货币因素。对于实际因素,西方经济学主要分析其中的投资。如果利率、投资效益的状况有利于扩大投资,则投资需求增加。由于投资需求增加,总供给与总需求的均衡被打破,物价水平上升。从货币因素考察,需求拉动型通货膨胀可能通过两个途径产生。一是经济体系对货币需求大大减少,即使在货币供给无增长的条件下,原有的货币存量也会相对过多;二是在货币需求量不变时,货币供给增加过快。大多数情况是货币供给增长过快。货币供给过多所造成的供不应求,与投资需求过多所造成的供不应求,它们的物价水平上涨效果是相同的。两者也有区别。如投资需求过旺导致利率上升,而货币供给过多则造成利率下降。不过,这两者往往是结合在一起的,太过于旺盛的投资需求往往要求追加货币供给的支持;增加货币供给的政策也往往是为了刺激投资等等。

上面的分析是以总供给给定为假定前提的。如果投资的增加引起总供给同等规模的增加,物价水平可以不动;如果总供给不能以同等规模增加,物价水平上升较缓;如果丝毫引不起总供给增加,需求的拉动将完全作用到物价上。

(二) 成本推动说

成本推动说这是一种侧重从供给或成本方面分析通货膨胀形成机理的假说。其成因分析是指由供给因素变动形成的通货膨胀,可以归结为两个原因:一是工会力量对于提高工资的要求;二是垄断行业中企业为追求利润制定的垄断价格。

1. 工资推进通货膨胀论

这种理论是以存在强大的工会组织,从而存在不完全竞争的劳动市场为假定前提的。在完全竞争的劳动市场条件下,工资率取决于劳动的供求,而当工资是由工会和雇主集体议定时,这种工资则会高于竞争的工资。此外,由于工资的增长率超过劳动生产率,企业就会因人力成本的加大而提高产品价格,以维持盈利水平。这就是从工资提高开始而引发的物价上涨。工资提高引起物价上涨,价格上涨又引起工资的提高,在西方经济学中,称为"工资—价格螺旋上升"。需要指出的是,尽管货币工资率的提高有可能成为物价水平上涨的原因,但绝不能由此认为,任何货币工资率的提高都会导致工资推进型通货膨胀。如果货币工资率的增长没有超过边际劳动生产率的增长,那么,工资推进型通货膨胀就不会发生。而且,即使货币工资率的增长超过了劳动生产率的增长,如果这种结果并不是由于工会发挥作用,而是由于市场对劳动力的过度需求,那么,它也不是通货膨胀的推进原因,原因是需求的拉动。

2. 利润推进通货膨胀论

成本推动型通货膨胀的另一成因是利润的推进。其前提条件是存在着商品和服务销售的不完全竞争市场。在完全竞争市场上,商品价格由供求双方共同决定,没有哪一方能任意操纵价格。但在垄断存在的条件下,卖主就有可能操纵价格,使价格上涨速度超过成本支出的增加速度,以赚取垄断利润。如果这种行为的作用大到一定程度,就会形成利润推进型通货膨胀。

无论是工资推进型通货膨胀还是利润推进型通货膨胀,提出这类理论模型,目的都在于解释:不存在需求拉上的条件下也能产生物价上涨。所以,总需求给定是假设前提。既然存在这样的前提,当物价水平上涨时,取得供求均衡的条件只能是实际产出的下降,相应的则必然是就业率的降低。因此,这种条件下的均衡是非充分就业的均衡。

(三) 供求混合说

供求混合推进通货膨胀的论点是将供求两个方面的因素综合起来,认为通货膨胀是由需求拉上和成本推进共同起作用而引发的。这种观点认为,在现实经济社会中,通货膨胀的原因究竟是需求拉上还是成本推进很难分清:既有来自需求方面的因素,又有来自供给方面的因素,即所谓"拉中有推,推中有拉"。例如,通货膨胀可能从过度需求开始,但由于需求过度所引起的物价上涨会促使工会要求提高工资,因而转化为成本(工资)推进的因素。此外,通货膨胀也可能从成本方面开始,如迫于工会的压力而提高工资等。但如果不存在需求和货币收入的增加,这种通货膨胀过程是不可能持续下去的。因为工资上升会使失业增加或产出减少,结果将会使"成本推进"的通货膨胀过程终止。可见,"成本推进"只有加上"需求拉上"才有可能产生一个持续性的通货膨胀。现实经济中,这样的论点也得到论证:当非充分就业的均衡存在时,就业的难题往往会引出政府的需求扩张政策,以期缓解矛盾。这样,成本推进与需求拉上并存的混合型通货膨胀就会成为经济生活的现实。

在中国,比较传统的是从需求拉上的角度分析通货膨胀的成因。较有代表性的思路曾有两种。一种思路是把货币供给增长过快归因于财政赤字过大,财政赤字又由投资,特别是基本建设投资过大所引起。这种思路的形成是与改革开放前财政分配居于国民收入分配的核心地位相联系的。另一种是将通货膨胀直接归结为信用膨胀的结果。这种思路的形成是以改革开放后信贷分配货币资金的比重急剧增大为背景的。两种思路的共同点是重视货币因素在通货膨胀形成中的直接作用;不同点是一个强调财政,另一个强调信贷。但力求客观地、综合地分析财政与信贷各自所起的不同作用以及中国特定体制下两者的交错影响已是主流。比如,有这样一种典型的分析:财政对国有企业亏损应补未补而占压国有银行贷款的"信贷资金财政化"现象的大量存在,是直接导致信用膨胀产生、过多需求形成的重要原因之一。而将近年由需求拉上导致的通货膨胀归因于外汇收支长期双顺差、外汇占款大幅增长,从而货币供给增加过快引起的"流动性过剩"。

二、通货膨胀的影响

通货膨胀与经济成长到底是怎样一种关系,从观点上说,大体可分为三类,即促进论、促退论和中性论。

(一) 促进论

所谓促进论,就是认为通货膨胀具有正的产出效应。持这一观点的人认为,资本主义经济长期处于有效需求不足、实际经济增长率低于潜在经济增长率的状态。因此,政府可以实施通货膨胀政策,用增加赤字预算、扩张投资支出、提高货币供给增长率等手段来刺激有效需求,促进经济增长。

不少经济学家认为,对发展中国家来说,通货膨胀促进经济成长的效应尤为明显。

发展中国家的政府,其税收来源有限,但可向中央银行借款作为财政的主要融资来源。财政向中央银行借款,会增加流通中的货币供给。只要政府将这种借款用于增加实际投资,同时采取一定的措施保证私人部门的投资不因政府投资增加而相应减少,那么,这种膨胀性的财政政策和货币政策就会由于增加了实际投资而促进经济增长。

一般情况下,通货膨胀是一种有利于富裕阶层的收入再分配。富裕阶层的边际储蓄倾向比较高。因此,通货膨胀会通过提高储蓄率而促进经济增长。

通货膨胀出现后,公众预期的调整有一个过程。在这个时滞的过程中,物价上涨了,名义工资没有发生变化,企业利润率就会相应提高。这会刺激私人投资的积极性,从而促进经济增长。

(二) 促退论

所谓促退论,正好与促进论相反,是一种认为通货膨胀会损害经济成长的理论。这种理论假说认为,持续的通货膨胀会经由降低效率的效应阻碍经济成长。具体是指:

通货膨胀会降低借款成本,从而诱发过度的资金需求。而过度的资金需求会迫使金融机构加强信贷配额管理,从而削弱金融体系的运营效率。

较长时期的通货膨胀会增加生产性投资的风险和经营成本,从而资金流向生产性部门的比重下降,流向非生产性部门的比重增加。

通货膨胀持续一段时间后,在公众舆论的压力下,政府可能采取全面价格管制的办法,削弱经济的活力。

(三) 中性论

所谓中性论,是一种认为通货膨胀对产出、对经济成长既无正效应也无负效应的理论。这种理论认为,由于公众预期,在一段时间内,他们会对物价上涨做出合理的行为调整,因此,通货膨胀各种效应的作用就会相互抵消。

知识拓展

通货膨胀降低人们的实际购买力?

如果你问一个普通人,为什么通货膨胀是坏事? 他将告诉你,答案是显而易见的:通货膨胀剥夺了他辛苦赚来的美元的购买力。当物价上升时,每一美元收入能购买的物品和劳务都少了。因此,看来通货膨胀直接降低了生活水平。

但进一步思考就发现这个回答有一个谬误。当物价上升时,物品与劳务的购买者为他们所买的东西支付得多了。但同时,物品与劳务的卖者为他们所卖的东西得到的也多了。由于大多数人通过出卖他的劳务,如他的劳动,而赚到收入,所以收入的膨胀与物价的膨胀是同步的。因此,通货膨胀本身并没有降低人们的实际购买力。

人们相信这个通货膨胀谬误是因为他们没有认识到货币中性的原理。每年收入增加 10% 的工人倾向于认为这是对他自己才能和努力的奖励。当 6% 的通货膨胀率把这种收入增加降低为 4% 时,工人会感到他应该得到的收入被剥夺了。事实上,实际收入是由实际变量决定的。例如,物质资本、人力资本、自然资本和可以得到的生产技术。名义收入是由这些因素和物价总水平决定的。如果美联储把通货膨胀从 6% 降到 0,我们工人们每年的收入增加也会从 10% 降到 4%。他不会感到被通货膨胀剥夺了,但他的实际收入并没有更快地增加。

如果名义收入倾向于与物价上升保持一致,为什么通货膨胀还是一个问题呢?结果是对这个问题并没有一个单一的答案。相反,经济学家确定了几种通货膨胀的成本。这些成本中的每一种都说明了持续的货币供给增长事实上以某种方式对实际变量有所影响。

资料来源:百度文库。

三、通货膨胀的治理

宏观紧缩——传统的政策调节手段为了抑制或治理通货膨胀,许多国家都积累了丰富的实践经验。其中,运用得最多的手段是宏观紧缩政策。宏观紧缩政策的基本内容由紧缩性货币政策和紧缩性财政政策构成。

紧缩性货币政策,或紧缩银根。货币当局可能采取的紧缩手段有:① 通过公开市场业务出售政府债券,以相应地减少经济体系中的货币存量。② 提高再贴现率,用以影响商业银行的借款成本,进而影响市场利率。存在直接控制市场利率体制的国家,也有的直接提高利率,以紧缩信贷。提高商业银行的法定准备金率,用以缩小货币扩张乘数。紧缩性财政政策的基本内容是削减政府支出和增加税收。

除了货币政策和财政政策外,也有不少国家将紧缩性的收入政策作为治理通货膨胀的重要手段之一。从一些国家的实践经验看,收入紧缩政策一般包括以下几个方面:

确定“工资—物价指导线”。所谓“指导线”,就是政府当局在一定年份内允许货币总收入增长的目标数值线,并据此相应地采取控制每个部门工资增长率的措施。

管制或冻结工资。这是一种强行将职工工资总额或增长率固定在一定水平上的措施。

运用税收手段。即通过对过多增加工资的企业按工资超额增长比率征收特别税等办法来抑制收入增长速度。

20 世纪 60 年代和 70 年代初期,西欧和日本都实行过类似的收入政策。美国在 60 年代中期以前和 70 年代初期也分别实施过控制工资增长的“工资—物价指标”方案和冻结工资政策。

在通货膨胀形成过程中,垄断高价常能起到推波助澜的作用,因此,通过制定反托拉斯法限制垄断高价,是不少发达工业国家价格政策的基本内容。例如,在美国,大多数公用事业领域,包括煤气、电力、电话、铁路、通信等部门,都存在着垄断经营的情况。为了控制垄断高价和保护消费者利益,美国政府通过各公用事业委员会对公用事业的价格进行管理。此外,还采取过冻结物价、同企业签订反涨价合同等措施。英国政府对于国有企业的产品和服务的价格有直接管理办法;对其他由市场供求决定的商品和服务价格,也有相应的法律、法规,禁止胡乱涨价和哄抬物价行为。有些国家采取所谓的“供给政策”,其主要措施是减税,即降低边际税率,以刺激投资、刺激产出。

第三节 通货紧缩及其治理

一、通货紧缩的含义及影响

（一）通货紧缩的含义

通货紧缩是指物价水平整体地持续地下降的经济现象。在世界上，提到通货紧缩，事实上所指的经济过程，大多是伴随有经济负增长的物价水平持续下降。

（二）通货紧缩的影响

一般来讲，通货紧缩和通货膨胀一样，同样是极具破坏力的。物价的持续上涨对社会和经济产生什么影响，前面已做分析。而物价疲软趋势的存在，也将从以下几个方面影响实体经济。

1. 通货紧缩对投资的影响

通货紧缩对投资的影响主要是通过影响投资成本和投资收益发生作用。通货紧缩还通过资产价格变化对投资产生间接影响。通货紧缩会使得实际利率有所提高，社会投资的实际成本随之增加，从而产生减少投资的影响。同时，在价格趋降的情况下，投资项目预期的未来重置成本会趋于下降，就会推迟当期的投资。这对许多新开工项目所产生的制约较大。一方面，通货紧缩使投资的预期收益下降。在通货紧缩情况下，理性的投资者预期价格会进一步下降，公司的预期利润也将随之下降。这就使得投资倾向降低。通货紧缩还经常伴随着证券市场的萎缩。公司利润的下降使股价趋于下探，而证券市场的萎缩又反过来加重了公司筹资的困难。

2. 通货紧缩对消费的影响

物价下跌对消费需求有两种效应：一是价格效应；二是收入效应。物价的下跌使消费者可以以更低的价格得到同样数量和质量的商品和服务，这是令消费者高兴的一面，但也会对消费者产生收入减少的效应。在通货紧缩情况下，就业预期和工资收入因经济增幅下降而趋于下降，收入的减少将使消费者缩减消费。而且，如果消费者预期将来价格还会下跌，他们将推迟消费。因此，在通货紧缩情况下，价格效应倾向于使消费者缩减消费，而收入效应则使他们缩减支出。

3. 通货紧缩对收入再分配的影响

通货紧缩时期的财富分配效应与通货膨胀时期正好相反。在通货紧缩情况下，普通商品的价格下跌，金融资产也常常面临价值缩水。虽然名义利率很低，但由于物价呈现负增长，实际利率会比通货膨胀时期高出许多。高的实际利率有利于债权人，不利于债务人。不过，如果通货紧缩持续时间很长，而且相当严重，导致债务人失去偿还能力，那么债权人也会受到损失。

4. 通货紧缩对收入的影响

在通货紧缩情况下，如果工人名义工资收入的下调滞后于物价下跌，那么实际工资并不会下降；如果出现严重的经济衰退，往往削弱企业的偿付能力，也会迫使企业下调工资。然而，经济学家倾向于认为工资具有刚性，在经济增长呈剧烈下降的情况下，工资的刚性有时还会阻止价格的进一步下降。

二、通货紧缩的原因及治理

(一) 通货紧缩的原因

尽管不同国家在不同时期发生通货紧缩的具体原因各不相同,但从国内外经济学家对通货紧缩的理论分析中,仍可概括出引起通货紧缩的一般原因。

1. 紧缩性的货币财政政策

如果一国采取紧缩性的货币财政政策,降低货币供应量,削减公共开支,减少转移支付,就会使商品市场和货币市场出现失衡,出现"过多的商品追求过少的货币",从而引起政策紧缩性的通货紧缩。

2. 经济周期的变化

当经济到达繁荣的高峰阶段,会由于生产能力大量过剩,商品供过于求,出现物价的持续下降,引发周期性的通货紧缩。

3. 投资和消费的有效需求不足

当人们预期实际利率进一步下降,经济形势继续不佳时,投资和消费需求都会减少,而总需求的减少会使物价下跌,形成需求拉下性的通货紧缩。

4. 新技术的采用和劳动生产率的提高

由于技术进步以及新技术在生产上的广泛应用,会大幅度地提高劳动生产率,降低生产成本,导致商品价格的下降,从而出现成本压低性的通货紧缩。

5. 金融体系效率的降低

如果在经济过热时,银行信贷盲目扩张,造成大量坏账,形成大量不良资产,金融机构自然会"惜贷"和"慎贷",加上企业和居民不良预期形成的不想贷、不愿贷行为,必然导致信贷萎缩,同样减少社会总需求,导致通货紧缩。

6. 体制和制度因素

体制变化(企业体制,保障体制等)一般会打乱人们的稳定预期,如果人们预期将来收入会减少,支出将增加,那么人们就会"少花钱,多储蓄",引起有效需求不足,物价下降,从而出现体制变化性的通货紧缩。

7. 汇率制度的缺陷

如果一国实行钉住强币的联系汇率制度,本国货币又被高估,那么,会导致出口下降,国内商品过剩,企业经营困难,社会需求减少,则物价就会持续下跌,从而形成外部冲击性的通货紧缩。

(二) 通货紧缩的治理

1. 及时调整政策方向和力度

经济政策具有时滞效应,当前政策的实施对未来经济运行会产生不同程度的影响,微观主体的行为会通过影响政策的传导过程影响其实际效果。若忽略这些因素,政策的制定和实施将会出现偏差。通货紧缩和通货膨胀之间存在着内在联系,在一定条件下可以相互转化。因此在制定政策时要充分考虑政策的时滞性,对通货紧缩程度进行实时监测,及时掌握微观主体的行为与心理预期,适时调整原有政策的操作方向和力度,将物价水平控制在合理区间内,避免经济的大起大落。

2. 宏观调控与微观基础调整相结合

政府的过度干预会破坏经济内在调节机制,易使经济走向另一个极端,通货膨胀和通货紧缩的相互转化过程证明了这一原理。因此,宏观政策的制定必须兼顾微观基础的调整,才能有效治理通货紧缩。当出现通货紧缩和经济下滑时,宏观调控应采用扩张的财政政策和宽松的货币政策组合,微观基础调整则采用放松市场管制、打破行业垄断、引入竞争机制、进行产权改革、鼓励制度及技术创新等手段。前者可以起到迅速熨平经济波动、维护社会稳定的作用,但可能会扭曲市场机制,破坏经济自我调节的功能;后者可以完善市场自我调节机制,增强经济自我修复能力,但调整难度大、见效慢,是一项长期目标,二者应结合运用,相辅相成。

3. 治理通缩应以财政政策为主

货币政策并不能有效治理通货紧缩,其主要原因在于货币政策执行效果的不对称性,因此在治理通货紧缩时应侧重运用财政政策,特别是应对中国的通货紧缩。通货膨胀与通货紧缩产生的根源不同,前者产生的根源是流动性过剩,而后者是总需求不足,因此在治理通胀时同等力度的货币政策执行效果要明显大于通货紧缩。财政政策可以直接影响总需求,不对称性程度显著小于货币政策,治理通缩的效果明显。

本章练习题

一、单项选择题

1. 下列关于通货膨胀的表述中,不正确的是( )。
   A. 通货膨胀是指物价持续上涨
   B. 通货膨胀是指物价总水平的上涨
   C. 通货膨胀是指物价的上涨
   D. 通货膨胀是纸币流通所特有的

2. 通货膨胀时期债权人将( )。
   A. 增加收益
   B. 损失严重
   C. 不受影响
   D. 短期损失长期收益更大

3. 我国目前主要是以( )反映通货膨胀的程度。
   A. 居民消费价格指数
   B. GDP 平减指数
   C. 批发物价指数
   D. GNP 平减指数

4. 成本推动说解释通货膨胀时的前提是( )。
   A. 总需求给定
   B. 总供给给定
   C. 货币需求给定
   D. 货币供给给定

5. 在完全竞争市场上,不可能产生的通货膨胀类型是( )。
   A. 需求拉上的通货膨胀
   B. 结构性通货膨胀
   C. 成本推进的通货膨胀
   D. 预期型通货膨胀

6. 对于需求拉上型通货膨胀,调节和控制( )是个关键。
   A. 社会总需求
   B. 收入分配
   C. 财政收支
   D. 经济结构

7. 通货膨胀对社会成员的主要影响是改变了原有收入和财富分配的比例。这是通货膨胀的（　　）。
　　A. 强制储蓄效应　　　　　　　　B. 收入分配效应
　　C. 资产结构调整效应　　　　　　D. 财富分配效应

8. 通货膨胀对策中,通过公开市场业务出售政府债券属于（　　）。
　　A. 控制需求　　　　　　　　　　B. 改善供给
　　C. 收入指数化政策　　　　　　　D. 紧缩性财政政策

9. 通货膨胀对策中,压缩财政支出属于（　　）。
　　A. 改善供给　　　　　　　　　　B. 紧缩性收入政策
　　C. 收入指数化政策　　　　　　　D. 紧缩性财政政策

二、多项选择题

1. 有关通货膨胀描述正确的是（　　）。
　　A. 在纸币流通条件下的经济现象　B. 货币流通量超过货币必要量
　　C. 物价普遍上涨　　D. 货币贬值　E. 生产过剩

2. 度量通货膨胀的程度,主要采取的标准有（　　）。
　　A. 消费物价指数　　　B. 批发物价指数　　C. 生活费用指数
　　D. 零售商品物价指数　　　　　　E. 国内生产总值平减指数

3. 由供给因素变动形成的通货膨胀可以归结为（　　）两个原因。
　　A. 工资推进　　　　　B. 价格推进　　　　C. 利润推进
　　D. 结构调整　　　　　E. 生产效率

4. 治理通货膨胀的可采取紧缩的货币政策,主要手段包括（　　）。
　　A. 通过公开市场购买政府债券　　B. 提高再贴现率
　　C. 通过公开市场出售政府债券　　D. 提高法定准备金率
　　E. 降低再贴现率

5. 据形成原因可将通货膨胀分为（　　）。
　　A. 需求拉上型通货膨胀　　　　　B. 体制型通货膨胀
　　C. 成本推动型通货膨胀　　　　　D. 结构型通货膨胀
　　E. 供求混合推进型通货膨胀

三、简答题

1. 什么是通货膨胀? 简述通货膨胀的类型。
2. 如何理解通货紧缩的含义?
3. 判定通货膨胀的指标有哪些?
4. 通货膨胀对分配会产生什么样的影响?

四、论述题

试论通货膨胀的影响与治理措施。

第十二章

汇率与汇率制度

扫码查看视频

学习目的和要求

　　学习本章,应准确识记本章的基本概念,领会本章的基本理论。了解外汇和汇率的基本概念和分类;理解汇率决定的基本理论;掌握汇率变动对经济的影响;了解固定汇率和浮动汇率两种基本制度,并掌握两种制度的优劣势;了解我国人民币汇率制度演进的过程。

导入案例

1997 年亚洲金融危机

　　亚洲金融危机中,泰国成为国际投机资本率先攻击的对象。危机爆发前十年,泰国开放资本账户,迎来经济高速增长,同时资本大量流入催生了股市和楼市泡沫。

　　1997 年 2 月,以"量子基金"为代表的国际投机资本大量做空泰铢,借入泰铢并抛售,泰铢汇率跌至 10 年来最低点的 1 美元兑 26.18 泰铢。泰国央行在外汇市场上大量购入泰铢,同时提高短期利率,使投机资本的资金成本大幅提高,泰铢即期汇率很快得到稳定。但泰国方面也付出了代价:一方面,外汇储备被大量消耗;另一方面,高利率对国内经济的负面影响逐步显现,银行和企业的坏账问题开始暴露。国际炒家此役虽然遇挫,但他们由此断定,泰国政府会死守固定汇率却实力不足,从而坚定了攻击的决心。事实上早在 1996 年 4 月泰国央行就开始考虑放弃固定汇率,只是由于外债过高,如果泰铢贬值,必然使企业的负债升值而资产贬值,许多企业马上会变得资不抵债,进而导致银行坏账攀升甚至引发银行危机,泰铢贬值的宏观经济后果难以预计。基于上述因素,再加上政局动荡,所以一直举棋不定。

　　1997 年 5 月中,国际炒家又开始在即期市场上大量抛售泰铢,至 5 月底,泰铢已下跌至 1 美元兑 26.6 泰铢的低点。此时,泰国央行才开始反击:一是大量卖出远期美元、买入泰铢;二是联合新加坡、中国香港和马来西亚货币当局干预即期市场,耗资 100 亿美元购入泰铢;三是严禁国内银行拆借泰铢给国际炒家;四是大幅提高隔夜拆借利率。

经过几轮交锋,泰国的外汇储备消耗殆尽。6 月 28 日,泰国外汇储备减少到 28 亿美元,干预能力几近枯竭。被迫于 7 月 2 日宣布放弃固定汇率,导致泰铢暴跌。此役,国际炒家大获全胜,并横扫东南亚。泰铢贬值最终演变成席卷全球新兴市场的亚洲金融危机。

固定汇率的直接结果往往就是汇率高估,随后成为国际炒家的攻击目标。汇率高估会增大市场对本币的贬值预期,为国际炒家做空本币提供便利条件。固定汇率在经济发展初期发挥了重要作用,但随着金融市场化改革的推进,在条件具备的情况下增大汇率弹性以防止汇率高估,则是避免被攻击的有效手段。

资料来源:管涛、谢峰等人:中国金融四十人论坛工作论文系列。

第一节　外汇与汇率

一、外汇的含义

对于任一国家的居民,相对于其本国的货币,把一切外国的货币称为外汇。外汇不仅指外国的钞票和硬币;以外币履行支付义务的票据、银行的外币存款和以外币标示的有价证券也是外汇。

因此,狭义上,外汇可定义为以外币表示的可直接用于国际结算的支付手段,包括汇票、支票、本票和以银行存款形式存在的外汇。广义上,外汇可定义为一切能用于国际结算和最终偿付国际收支逆差的对外债权。

按照 2008 年 8 月 1 日国务院修订后的《中华人民共和国外汇管理条例》所称的外汇,是指下列以外币表示的可以用作国际清偿的支付手段和资产:① 外国货币,包括钞票、铸币等。② 外币支付凭证,包括票据、银行存款凭证、邮政储蓄凭证等。③ 外币有价证券,包括政府债券、公司债券、股票等。④ 特别提款权。⑤ 其他外汇资产。

二、外汇的作用

外汇是国际经济交往的必然产物,在国际贸易中起着媒介作用,推动着国际经贸关系的进一步发展。

(一) 方便国际结算

外汇作为国际结算的计价手段和支付工具,转移国际间的购买力,使国与国之间的货币流通成为可能,方便了国际结算。

债务关系发生在不同国家之间,由于货币制度不同,一国货币不能在其他国家内流通,不同国家间的购买力是不可能转移的。在以贵金属货币充当国际支付手段时,国际经济交往的扩大和发展受到限制。以外汇作为国际支付手段和支付工具进行国际清偿,不仅节省了运送贵金属的费用,而且缩短了支付时间。外汇的出现促进了国际贸易的发展,利用外汇进行国际结算,具有安全、便利、节省费用和节省时间的特点,扩大了国际贸易范围。

（二）调节国际供需和流动

外汇能调节资金在国际间的流动,加速世界经济一体化的进程。各种外汇票据在国际贸易中的运用,使国际间的资金融通范围扩大,同时随着各国开放度不断加强,剩余资本借助外汇实现了全球范围的流动。同时,世界各国经济发展的不平衡,导致了资金余缺状况不同,存在着调节资金余缺的客观需要。一般而言,发达国家存在着资金过剩,而发展中国家则资金短缺,发展中国家为加快建设步伐,需要有选择地利用国际金融市场上的长短期信贷资金,发达国家的剩余资金也有寻找出路的必要。外汇加速资金在国际间流动,有助于国际投资和资本转移,调节国际资本供求关系。

（三）外汇可以充当国际储备手段

一国为应付各种国际支付需要一定的国际储备。在黄金充当国际支付手段时期,各国的国际储备主要是黄金。随着黄金的非货币化,外汇作为国际支付手段,在国际结算中被广泛采用,因此外汇成为各国一项十分重要的储备资产。外汇在充当国际储备手段时,不像黄金那样必须存放在金库中,成为一种不能带来收益的暂时闲置资产。它广泛地以银行存款和安全性好、流动性强的有价证券为存在形式,给持有国带来收益。

三、汇率

（一）汇率及其标价方法

汇率即一国货币折算成另一国货币的比率。汇率的表现形式是以一国货币单位所表示的另一国货币单位的"价格",因此又称汇价。由于不只是国家有自己的货币,包括数国的区域(如欧元区)和非国家的地区(如中国香港)也有自己的货币,所以汇率应理解为各种货币相互之间的折算比率,不管是国家的、区域的、地区的。

国际上使用的汇率标价方法有两种:直接标价法和间接标价法。

1. 直接标价法

以一定单位(1或100)的外国货币作为标准,折算成若干单位的本国货币来表示汇率。比如:100 USD＝630 CNY,意思就是100美元等于630人民币。以人民币为本币来看,就是直接标价法。直接标价法表示的汇率上升,意味着本币贬值;反之,意味着本币升值。目前,多数国家采用直接标价法,我国采用的也是该种标价法,如表12-1所示。

表12-1　人民币外汇牌价表(2018年7月28日)

币　种	交易单位	中间价	现汇买入价	现钞买入价	卖出价
澳大利亚元	100	501.52	502.91	487.28	506.6
澳门元	100	84.41	84.26	81.44	84.6
港币	100	86.58	86.63	85.94	86.97
韩元	100	0.606 2	0.608 1	0.586 7	0.612 9
加拿大元	100	519.95	520	503.58	523.83
美元	100	679.42	679.92	674.39	682.8

币　种	交易单位	中间价	现汇买入价	现钞买入价	卖出价
欧元	100	791.09	791.6	767.01	797.44
日元	100	6.113 8	6.117 4	5.927 3	6.162 4
英镑	100	890.79	889.92	862.27	896.47

资料来源：根据中国银行外汇牌价数据整理。

2. 间接标价法

以一定单位(1 或 100)的本国货币为标准,折算成若干单位的外国货币来表示汇率。比如：100 CNY＝15.87 USD,意思就是 100 人民币等于 15.87 美元。以人民币为本币来看,就是间接标价法。英国一直采用这一标价法,美国从 1978 年 9 月 1 日起也改用间接标价法。

(二) 汇率的分类

1. 按汇率计算的方法划分

(1) 基准汇率是指一国货币与关键货币的比率。它是制定本国货币与他国货币汇率的基础,其他货币汇率可通过这个基准汇率计算出来。关键货币是指在国际收支中使用最多、外汇储备中占比最大,同时又可以自由兑换并被国际社会普遍接受的货币。世界上大多数国家把美元当作关键货币。

(2) 套算汇率,又称交叉汇率。它是两国货币通过各自对第三国货币的汇率间接计算出来的,它可以通过基本汇率套算。

2. 按外汇交易的清算交割时间划分

(1) 即期汇率。在买卖双方成交后的当日或两个营业日内进行外汇交割时使用的汇率。即期汇率表面上没有风险,同时支付,但由于各国清算制度的技术原因,只能在一天后,才能知道是否已经支付,因而也有一定的信用风险。

(2) 远期汇率。确定在未来某一确定日期进行外汇交割时使用的汇率,而事先由买卖双方签订合同达成协议的汇率。远期汇率与即期汇率之间的差额用升水(＞)、贴水(＜)或平价(＝)来表示。在直接标价法下,当远期汇率高于即期汇率时,它们之间的差额称为远期升水。反之,称为远期贴水。

3. 从银行买卖外汇的角度划分

(1) 买入汇率,也称买入价。银行向同业或客户买入外汇时所使用的汇率。采用直接标价法时,是外币折合本币较小的那个汇率;间接标价法则反之。

(2) 卖出汇率。银行向同业或客户卖出外汇时所使用的汇率。无论是外汇的买入价还是卖出价,都是对银行有利的那个价格,即在直接标价法下,卖出汇率大于买入汇率,卖出汇率和买入汇率的差价是银行的利润。

(3) 中间汇率,也称中间价。它是买入价和卖出价的平均数,中间汇率主要用于对汇率变化进行经济分析。

(4) 现钞汇率。银行买卖现钞时使用的汇率,也称现钞价。它不等于外汇汇率。因为外汇现钞存放于银行没有任何意义,只有运送到货币发行国才能充当流通和支付手段,但运送现钞需要花费运费、保险费,而且还要承担一定的风险,因此,银行在买入现钞时,买入价

要低于外汇买入价。卖出价等于或高于外汇卖出价。

4. 按国家外汇管理方式划分

（1）官方汇率。实施彻底全面的外汇管制，由国家机构，如财政部、中央银行或外汇管理当局确定并调整和公布的汇率。官方汇率又可分为单一汇率和多重汇率。单一汇率指一个国家货币只存在官方汇率这一种汇率。多重汇率是一国政府对本国货币规定的一种以上的对外汇率，是外汇管制的一种特殊形式。例如，用于国际贸易及结算的汇率叫贸易汇率，用于资本流动及其他非贸易支付的汇率为金融汇率。其目的在于奖励出口限制进口，限制资本的流入或流出，以改善国际收支状况。

（2）市场汇率。汇率是通过市场机制形成的，在外汇市场上由外汇供求决定的汇率。但政府出于需要，常运用一些经济手段进行市场干预，以稳定市场汇率，使之不要过分偏离官方汇率，否则政府不得不宣布本币升值或贬值。

5. 按通货膨胀因素划分

（1）名义汇率，又称"市场汇率"。它是指社会经济生活中被直接公布、使用的表示两国货币之间比价关系的汇率。

（2）实际汇率。外国商品与本国商品的相对价格，反映了本国商品的国际竞争力。经两国价格水平调整后的汇率，即名义汇率乘以外国的物价指数，再除以本国的物价指数。即

$$s = (e \times P^*)/P$$

其中，s 表示实际汇率；e 为直接标价法的名义汇率，即用本币表示的外币价格；P^* 为以外币表示的外国商品价格水平；P 为以本币表示的本国商品价格水平。

由于两国相对通货膨胀率的影响，汇率名义上的变动往往并不能反映两国货币实际汇率水平的变动。当两国货币汇率的变动程度与两国的相对通货膨胀率一致时，其实际汇率水平并未改变；当汇率变动与两国的相对通货膨胀率不一致时，才会引起实际汇率水平的变化。

第二节　汇率决定理论

汇率决定理论是国际金融理论的核心内容之一，主要分析汇率受什么因素的决定和影响。汇率决定理论随经济形势和西方经济学理论的发展而发展，为一国货币当局制定汇率政策提供理论依据。汇率决定理论具有代表性的学说主要有购买力平价理论、利率平价理论、国际借贷理论、国际收支平衡理论、资产市场说、汇兑心理说。

一、购买力平价理论

1914 年，第一次世界大战爆发，金本位制崩溃，各国货币发行摆脱羁绊，导致物价飞涨，汇率出现剧烈波动。1922 年，瑞典学者 Cassel 出版了《1914 年以后的货币和外汇》一书，系统地阐述了购买力平价理论。

（一）一价定律

理解购买力平价决定理论，首先需要了解一个简单的概念，一价定律。一价定律表示，如果商品是同质的，在没有运输费用和官方贸易壁垒的自由竞争市场上，商品在不同国家出

售,以同一种货币计价,其价格应是相等的,即通过汇率折算之后的标价是一致的。若在各国间存在价格差异,则会发生商品国际贸易,直到价差被消除,贸易停止,这时达到商品市场的均衡状态。

假定每台美国手机的价格200美元,人民币和美元的汇率为6 CNY/USD,美国的手机在中国的价格应该为1 200元人民币,而每台中国的手机在中国和美国的价格同样分别为1 200元人民币和200美元。如果汇率上升为8 CNY/USD,每台美国手机在美国市场200美元,而中国的价格上涨为1 600元人民币。而每台中国手机在中国市场为1 200元人民币,向美国市场销售的价格仅为150美元。无论是美国市场还是中国市场,手机同质的情况下,美国市场手机价格比中国市场手机高,消费者纷纷购买中国手机,美国手机需求自然会减少为零。市场上也会出现套利机会,套利者会从中国以1 200元人民币的价格购买手机,然后以200美元的价格在美国卖出。假定美国手机的美元价格不变,只有汇率下跌到6 CNY/USD的水平,美国手机的超额供给才会消除。此时,美国手机和中国手机在两国的价格是相同的。

简而言之,一价定律表明两个完全同质的商品,在两国价格必须是相同的,否则存在套利活动。

表 12-2　中美市场不同汇率的手机价格比较

	汇率(6 CNY/USD)		汇率(8 CNY/USD)	
	美国市场售价	中国市场售价	美国市场售价	中国市场售价
美国手机	200USD	1 200CNY	200USD	1 600CNY
中国手机	200USD	1 200CNY	150USD	1 200CNY

(二)购买力平价理论

购买力平价理论产生以来,无论在理论上还是实践上都具有广泛的国际影响。这使它成为现在最重要的汇率理论之一。该理论认为,两种货币的汇率变动反映了两国物价水平的变化。购买力平价理论是一价定律在国内物价水平而非单个商品价格上的应用。假定美国手机的价格为200美元,中国手机的中国市场价格上升了10%(1 320元)。根据一价定律,汇率必须上升为6.6 CNY/USD,即美元升值10%。在两国物价水平上表现为,如果中国物价水平相对于美国上涨了10%,美元将升值10%。

从实际汇率的角度理解,如果汇率为6 CNY/USD,美国的一揽子商品的价格是100美元,而中国同样一揽子商品的价格是1 000元,那么实际汇率就是0.6,说明在美国购买这一揽子商品比中国更便宜。这也是中国痴迷于在国外购物的原因所在。实际汇率反映了某国货币的购买能力。购买力平价理论预测实际汇率应当总等于1,各国的货币购买力应当是相同的。

购买力平价理论假设两国只生产贸易商品且所有商品同质、运输成本和贸易壁垒很低,不存在资本流动,得出物价水平的相对变化决定汇率的结论。然而,现实情况往往是很复杂的,两国商品不可能同质,部分商品运输成本很高,国家为保护国内产业建立了贸易壁垒。

此外,购买力平价理论没有考虑贸易品和非贸易品的区别。非贸易品是指住宅、土地、

餐饮和理发、医疗等商品和服务,不能跨境进行套利。因此,非贸易品的价格上升,只能导致该国物价上升,并不会影响汇率。中国1994—1996年中国通货膨胀率较高,人民币汇率非但没有贬值,反而稳中有升,因为很大一部分是住房和服务等非贸易品涨价所致。

二、利率平价理论

利率平价理论主要关注国际货币市场上利差与即期汇率和远期汇率的关系。在两国利率存在差异的情况下,由于国际间的套利性资金流动,资金将从利率低的市场流向利率高的市场以牟取利益。不过,套利者在比较金融资产的收益率时,不仅要考虑两种资产的利率所带来的收益,还要考虑汇率变动。

利率平价理论认为,在资本具有充分国际流动性的条件下,投资者的套利行为使得国际金融市场上以不同货币计价的相似资产的收益率趋于一致。换言之,投资者投资于国内所得到的短期利率收益应该与按即期汇率折成外汇在国外投资并按远期汇率买回该国货币所得到的短期投资收益相等。一旦出现由于两国利率之差引起的投资收益的差异,投资者就会进行套利活动。金融资产投资中的套利行为也会使一价定律成立。用数学公式表示为:

$$(1+r)=(1+r^*)F/S$$

其中,F表示远期汇率,S表示即期汇率,r表示本国利率,r^*表示外国利率。

本国利率高于外国利率,本币将在远期贬值;本国利率低于外国利率,本币将在远期升值。汇率的变动会抵消两国间的利率差异,使金融市场处于平衡状态。

利率平价理论的不足表现在:

首先,利率平价理论没有考虑交易成本。然而,交易成本却是很重要的因素。如果交易成本过高,就会影响套利收益,从而影响汇率与利率的关系。

其次,利率平价理论假定不存在资本流动障碍,假定资金能顺利不受限制地在国与国之间流动。但实际上,资金在国与国之间流动会受到外汇管制和外汇市场不发达等因素的阻碍。目前,只有在少数国际金融中心才存在完善的期汇市场,资金流动所受限制也少。

最后,利率平价理论还假定套利资金规模是无限的,这在现实上很难成立。事实上这是因为与持有国内资产相比较,持有国外资产具有额外的风险。

三、国际借贷理论和国际收支平衡理论

国际借贷说,由英国人戈逊于1861年提出的。他认为,汇率由外汇的供给与需求决定,当外汇的供给大于需求时,外汇汇率下降;当需求大于供给时,外汇汇率上升。外汇供求源于国际借贷,国际借贷分为固定借贷和流动借贷两种。当一国的流动债权(外汇应收)多于流动负债(外汇应付),外汇的供给大于需求,因而外汇汇率下跌;反之,则外汇汇率上升。

而国际借贷的产生源于国际商品进出口和资本流动所引起的外汇收入和支付,所以国际收支理论的早期形式就是国际借贷理论。现在国际收支理论是由美国学者阿尔盖在1981年提出的。

国际收支理论认为,当本国国民收入增加时,进口会随之增加,国际收支就会出现赤字,从而导致外汇市场外汇需求大于供给,本币贬值;当外国国民收入增加时,本国出口增加,国际收

支会出现盈余,外汇市场上的外汇供给大于需求,外币贬值。当本国物价上涨或外国物价下降时,本国出口减少,进口增加,国际收支出现赤字,外汇的需求大于供给,本币贬值。反之亦然。

四、资本市场说

资本市场说在 20 世纪 70 年代中后期成为汇率理论的主流。该理论是在国际资本流动不断增加的背景下产生的,因此特别重视金融资产市场均衡对汇率变动的影响。资产市场理论有助于补充利率平价理论和购买力平价理论的缺陷。此理论的基本假定是:资本流入一个国家的金融市场(即购买该国金融资产,如股票、债券等),将会增加该国货币的需求量。此理论的支持者们指出,投放于投资产品(如股票、债券)的资金已经远远超过进出口商品和服务所需的货币兑换量。这有助于解释 20 世纪 90 年代的货币现象,即日本股市和日元同时下跌,而美元和美国股市同时获利,与根据利率平价理论预测的结论恰恰相反。在该理论中,利率和商品间的相对价格不是最关键的,最关键的是流入投资产品市场的净资金量,它直接影响货币需求,带动货币的买卖。

金融资产(股票、债券等)贸易的迅速膨胀使分析家和经纪商以新的视角来审视货币。诸如增长率、通货膨胀率和生产率等经济变量已不再是货币变动仅有的驱动因素。源于跨国金融资产交易的外汇份额,已使由商品和服务贸易产生的货币交易相形见绌。

五、汇兑心理说

汇兑心理说是法国学者阿夫达里昂于 1927 年提出的。他认为,人们之所以需要外币,是为了满足某种欲望,如支付、投资、投机等等。这种主观欲望是使外国货币具有价值的基础。人们依据自己的主观欲望来判断外币价值的高低。外汇供给增加,边际单位的效用就递减,个人所做的主观评价就降低。

汇兑心理说认为心理判断及预测是决定汇率的最重要因素。虽然过分强调主观心理因素,以人们主观评价作为汇率决定和变动的基础,但投资者正是根据各自的心理预期来决定资本转移的数量和方向的,从而对外汇市场造成了很大的冲击。可以说,汇兑心理说是较早把预期因素导入汇率分析的,为二战后的预期理论奠定了基础。但是应当指出,汇兑心理说和心理预期说,讲的都是对短期汇率的影响。应该说,它们是影响汇率变动的因素,而不是汇率的决定基础,尤其不是长期汇率的决定基础。

第三节 汇率的影响

一、汇率贬值对国际贸易的影响

(一)汇率贬值对出口收入的影响

一国汇率贬值,一般情况是会引起出口商品数量增加。因为本币贬值意味着用外币表示的本国商品价格下跌,从而使出口商品在国外市场上的竞争能力提高,这可吸引更多的消费者,导致出口增多。但受其他相关因素的影响,汇率贬值对出口的作用则会呈现出一种复杂状态。

1. 出口需求弹性的影响

当出口需求弹性大时,汇率贬值会使出口增多很多,但在出口需求弹性很小(如远远小于1)或无弹性的情况下,即使出口商品用于外币表示的价格下跌很多,其数量增加很少甚至不增加。

2. 出口商品在国内的需求弹性的影响

本币贬值,本国进口的外国商品相对于本国出口的同类商品或代替商品的价格会变高,因此,国内对这类出口商品的需求会增加,在出口商品生产能力一定的情况下,出口商品的国内需求弹性越大,对出口商品增加的抑制作用也越大。

3. 出口供给弹性的影响

出口供给弹性如大于零,本币贬值会使出口数量增加;弹性越大,增加越多;如无弹性,则不增加或增加极少。

4. 出口商品所用资源的国内自给率以及本币贬值后进口资源的价格上升幅度的影响

出口商品中如果原材料、技术等靠进口的比重大,由于本币贬值进口价格上升会使产品成本上升,从而制约出口。如果本币贬值幅度与由使用进口资源而引起的产品价格上升的幅度相等,则出口价格不变;如后者大于前者,则出口价格不跌反升;只有前者大于后者,才可使出口商品的价格下跌,从而增加出口量。

5. 汇率贬值引起的国内物价总水平上升的影响

如本币贬值国对进口生产消费品依赖程度高,贬值会引起国内消费物价指数上升;如对进口的生产消耗依赖程度高,贬值会引起生产价格指数上升;加上价格攀比机构,贬值会引起汇率推动型通货膨胀。如果同期国内通货膨胀率与汇率贬值率相等,则出口商品价格不变;如前者大于后者,出口商品价格反而上升,这时出口商品数量可能会不增反减。

6. 一国出口商品在国际市场上所占份额多少的影响

如果一国某类出口商品在国际市场上占极大的份额,即具有出口"大国"特征,它的出口量进一步增加会使整个国际市场此类商品的供给过多而导致价格下降,在需求量不再变化的情况下,出口商品价格很快下降,其出口量不会增加很多或是不增加。如果一国出口的某类商品在国际市场上所占份额极小,即具有出口"小国"特征,它的出口增多不会影响国际市场价格下降,这样,它的出口需求弹性就为无穷大,汇率贬值一般会使其出口量增多。

(二) 汇率贬值对进口支出的影响

汇率贬值意味着用本币表示的外国进口商品的价格上升,导致其竞争能力下降,所以进口数量会减小,但与出口情况相似,由于有众多的其他因素参与汇率贬值对进口支出影响这一过程,所以汇率贬值对一国进口支出的影响有时又出现不确定情况。

1. 进口需求弹性的影响

如进口需求弹性很小或根本无弹性,则汇率贬值使进口商品价格上升,但进口量会下降很少或根本不下降。所以只有在进口需求弹性至少大于零的情况下,贬值汇率才可以使进口量减小。进口需求弹性很低或无弹性又是由于多种原因造成的,如国内消费时尚、国内经济发展的周期阶段、进口商品的结构、国内生产品与进口的同类产品的差距等等。

2. 进口供给弹性的影响

如果进口供给弹性不大,进口供给就不可能随进口商品价格上升而增多,从而使进口规模下降幅度较大。进口供给弹性大小也是由多种因素所决定的：如出口国的生产能力，出口产品的结构及其与国内资源禀赋的吻合程度，资源流动速度和资源配置机制，降低产品成本的措施等。进口供给弹性大，进口供给会随着进口商品价格（对出口国来讲，即出口商品的价格）的上升而增多，从而使进口规模下降幅度较小，有时甚至维持原来的规模。

3. 进口商品需求占国际市场总需求份额的影响

进口的某类商品，如果占国际市场总需求的比例非常大，那么，随着进口商品价格的上升，该类商品的国际市场价格就会上升。在这种情况下，由汇率贬值引起的此类商品的价格上升幅度，会与因进口量占国际市场需求很大比例而引起的此类商品国际市场价格整体上升的幅度趋于一致，这时，进口量就不会因进口价格上升而减少太多，有时甚至不减少。如果是进口需求数量占国际市场总需求的比例很小，进口多少都不足以影响商品的国际市场价格，那么进口供给弹性就几乎无穷大，供给曲线近乎一条水平曲线。在这种情况下，汇率贬值就会使进口商品的进口价格上升，而汇率贬值能否使进口支出下降及下降多少则主要取决于进口需求弹性以及其他相关因素的影响。

4. 进口商品成本变动的影响

进口商品的供给者，为了保持对汇率贬值国出口的原来的规模甚至扩大规模，他可能采取各种降低成本的措施使成本价格降低，甚至采取倾销手段，从而使其产品以原价出口到进口国，这样，进口国进口不会减少。如逢进口国进口关税降低（如作为我国加入 WTO 的条件之一，我国从 20 世纪 90 年代至今，多次降低近万种进口商品的关税），进口商品价格上升会被关税降低所全部或部分抵消，那么进口商品减少会很少或不减少。

5. 出口国货币发生贬值的影响

在进口国汇率贬值之后，出口国货币也发生贬值，如果其贬值幅度与本国汇率贬值幅度相等，则进口商品价格不变；如果大于本国汇率贬值幅度，进口商品价格就要下降。这时，进口国汇率贬值减小，进口的作用就因此会部分或全部被抵消。

（三）J 曲线效应

本国货币贬值后，最初发生的情况往往正好相反，经常项目收支状况反而会比原先恶化，进口增加而出口减少。这一变化被称为"J 曲线效应"。

其原因在于最初的一段时期内由于消费和生产行为的"黏性作用"，进口和出口的贸易量并不会发生明显的变化，但由于汇率的改变，以外国货币计价的出口收入相对减少，以本国货币计价的进口支出相对增加，从而造成经常项目收支逆差增加或是顺差减少。经过一段时间后，这一状况开始发生改变，进口商品逐渐减少，出口商品逐渐增加，使经常项目收支向有利的方向发展，先是抵消原先的不利影响，然后使经常项目收支状况得到根本性的改善。这一变化过程可能会维持数月甚至一两年，根据各国不同情况而定。因此，汇率变化对贸易状况的影响是具有"时滞"效应的。

知识拓展

货币贬值未拉动出口增长　新兴市场国家苦不堪言

货币贬值的一个好处是刺激出口，但是这种事情并没有发生在全球关键的新

融理论与实务

兴市场国家。

一些新兴市场国家的货币已经触及新低,在过去两年半贬值幅度达30%。然而,它们的出口增速却降至5年来最低水平。据凯投宏观,新兴市场国家截止到2015年5月份的三个月出口同比下降了14.3%,为2009年来最大跌幅。

仅仅在一年之前,许多新兴市场国家政府还在试图促使本国货币贬值,希望以此推动出口,帮助经济恢复增长。市场上甚至一度传出发生"货币战争"的讨论。然而,他们的如意算盘打错了。

新兴市场国家货币贬值为何没能拉动出口增长呢?

传统经济学认为,本国货币贬值后,最初发生的情况往往正好相反,经常项目收支状况反而会比原先恶化,进口增加而出口减少。这一变化被称为"J曲线效应"。

分析师认为,"J曲线效应"就是新兴市场国家货币贬值没拉动出口增长的一个原因。"货币贬值对出口的提振作用需要时间才能显现出来。"高盛驻纽约分析师称,即使货币大幅贬值,在开始增加出口之前,也需要时间找到新的出口销售渠道和新买家。此外,国外需求疲软和商品价格下跌,美国和中国经济增长疲软,以及商品价格下跌导致新兴市场国家的希望落空。

货币贬值没有拉动出口增长,现在又面临美联储即将加息的压力,这将使新兴市场国家货币进一步贬值。印尼和巴西等新兴市场国家苦不堪言。

资料来源:时芳胜:华尔街见闻。

二、汇率变动对经济的其他影响

(一)对资本流动的影响

从长期来看,当本币贬值时,本国资本为防止货币贬值的损失,出现资本外逃,特别是存在本国银行的国际短期资本或其他投资也会逃往他国以防止损失。如本币升值,则对资本流动的影响适与上述情况相反。也存在特殊情况,近几年,在短期内也曾发生美元汇率下降时,外国资本反而急剧涌入美国进行直接投资和证券投资,利用美元贬值的机会,取得较大的投资收益。这对缓解美元汇率的急剧下降有一定的好处,但这种情况的出现是由于美元的特殊地位决定的。

(二)对旅游部门的影响

其他条件不变,本币贬值而国内物价水平未变,对国外旅游者来说,本国商品和服务项目显得便宜,可促进本国旅游及有关贸易收入的增加。

(三)对外汇储备的影响

储备货币的汇率变动影响一国外汇储备的实际价值,储备货币升值,则一国外汇储备的实际价值升高,反之则降低。

本国货币汇率变动,通过资本转移和进出口贸易额的增减,直接影响本国外汇储备的增加或减少。

5

汇率变动影响某些储备货币的地位和作用。

外汇倾销

外汇倾销是指货币当局通过本国货币对外贬值,且货币对外贬值的程度大于对内贬值的程度,从而以低于原来国际市场上的销售价格倾销商品,达到提高出口商品的海外竞争力、扩大出口、增加外汇收入的目的,最终改善本国的贸易状况。如果本国的货币开始对外贬值的话,那么本国的商品出口的价格也有所降低,就提高了本国商品的竞争力;反之,当国外的商品流入到我国的时候,因为对外贬值的原因,价格提高,竞争力就降低了。这样就可以达到促进出口,抑制进口的目的。

外汇倾销不是在什么情况下使用都是有效的,外汇倾销的手段需要具备的条件有:

(1) 外汇倾销实行的时候,一定要保证本国货币对外贬值的程度要大于对内贬值的程度,保持本国商品价格不变或者微小的变化,这样才会使得这项措施起到实质性的效果。

(2) 保证其他国家不会实行同等程度的外汇倾销,或者实施一些政策抑制进口,这样外汇倾销的措施也不会起到效果。

(3) 外汇倾销是在本国国内没有发生通货膨胀的前提下进行的,否则这项措施的进行反而会加剧通货膨胀的程度。

(4) 外汇倾销的对象最好针对某种需求量比较大的特色商品,快速增加销售量从而提高本国的外汇收入,这就是一种成功的外汇倾销的措施。

资料来源:搜狐财经。

第四节 汇率制度

国际金融体系的汇率制度可以被划分为两种基本制度:固定汇率制度和浮动汇率制度。固定汇率制度将本国货币对其他货币(被称锚货币)的汇率加以基本固定,波动幅度限制在一定的、很小的范围之内。这种制度下的汇率是在货币当局调控之下,在法定幅度内进行波动,因而具有相对稳定性。浮动汇率制度下各国对汇率波动不加限制,听任其随市场供求关系的变化而波动。在实际经济生活中,政府对于汇率通常或多或少会加以适度调节。通过外汇买卖市场进行干预,这种制度被称为管理的浮动汇率制度。

一、固定汇率制度

从国际货币制度的发展来看,19世纪中后期到第二次世界大战前,国际上普遍采用金本位制下的固定汇率制度。从第二次世界大战后,金本位制走向崩溃,以美元为中心

的布雷顿森林体系建立。即美元与黄金挂钩,其他国家货币与美元挂钩,并与美元建立固定比价。因此,固定汇率制度包括金本位制下的固定汇率制和布雷顿森林体系下的固定汇率制度。

(一) 金本位制下的固定汇率制

在金币本位制下,货币的价值由货币法定含金量决定。两个实行金本位制国家的单位货币的含金量之比称为铸币平价,反映了两种货币之间的价值对比关系,是金本位制下汇率决定的基础(比如,1 英镑含金量为 7.322 克,1 美元含金量为 1.504 克,1 英镑≈4.86 美元)。由于各国货币的法定含金量一般不轻易变动,故这种以货币含金量为基础的汇率变动幅度很小,具有相对稳定性。这一时期,黄金可以在市场上自由兑换。

金本位制意味着国家没有独立的货币政策,受到黄金生产和开采的制约,货币的供给主要由国家之间的黄金流动决定。随着资本主义的发展,黄金生产量的增长幅度远远低于商品生产增长的幅度,黄金不能满足日益扩大的商品流通需要。第一次世界大战爆发,使得政府支出急剧增加,为了使自己国家的黄金不外流,各国纷纷限制黄金自由输出,黄金不能在各国间自由转移,这动摇了金本位的基础,成为金本位制崩溃的开始。

(二) 布雷顿森林体系下的固定汇率制度

第二次世界大战,美国一跃成为世界最大的债权国,黄金不断地流入到美国,美元因其巨额的黄金储备而十分稳固,美国从本国利益角度出发,设计了一个新的以美元为中心的国际货币制度。1944 年,在美国新罕布什尔州的布雷顿森林召开有 44 个国家参加的联合国与联盟国家国际货币金融会议,通过了《国际货币基金协定》和《国际复兴开发银行协定》,确定了布雷顿森林体系的成立,并一直持续到 1971 年。以美元和黄金挂钩的固定汇率制度,结束了混乱的国际金融秩序,弥补了国际收支清偿力的不足,为国际贸易的扩大和世界经济增长创造了有利的外部条件。

布雷顿森林体系的主要内容如下。

1. 实行"双挂钩"可调整的固定汇率制度

一是美元与黄金直接挂钩,确定 1 盎司黄金折合 35 美元的黄金官价。各国政府或是中央银行有权可以随时用美元向美国按官价兑换黄金。二是其他各国货币与美元挂钩,即各国保持本国货币对美元的固定比价关系,货币汇率只能在±1%的幅度内波动,如超过上下限,各国政府有义务在外汇市场干预,维持对美元的汇率稳定。

实际上,这种双挂钩制度下,各国货币通过美元与黄金建立起了联系,使得美元取得了等同黄金的世界货币地位,美元成为关键的国际储备货币。

2. 建立一个永久性的国际金融机构,即国际货币基金组织(IMF)

IMF 的建立旨在促进国际货币合作,它具有以下三个职责:制定维持固定汇率的规则,监督成员国遵守其规则;协调各国重大金融问题,以促进国际金融合作;管理基金,为国际收支困难的成员国提供贷款。

3. 规定国际收支失衡的调节机制

国际货币基金组织向国际收支逆差成员国提供短期资金融通,以协助其解决国际收支的困难。同时也规定了顺差国也有调节其国际收支的义务。

4. 取消外汇管制

国际货币基金组织协定规定,成员国不得限制国际收支经常项目的支付或清算,不得采取歧视性的货币措施,对其他成员国在经常项目下结存的本国货币应保证兑换,并在自由兑换的基础上实行多边支付。

20 世纪 50 年代后,随着欧洲经济恢复并且快速增长,美国在国际收支上逆差不断扩大,这使得美国黄金储备不断外流,也越来越难以承担以美元兑换黄金的义务。六十年代美元爆发多次危机以后,以 1971 年 12 月的《史密森协定》为标志的美元对黄金贬值,同时美联储拒绝向国外中央银行出售黄金,至此美元与黄金挂钩的体制名存实亡。

知识拓展

特里芬难题

1960 年,美国经济学家罗伯特·特里芬(Robert Triffin)在其《黄金与美元危机——自由兑换的未来》一书中提出的布雷顿森林体系存在着其自身无法克服的内在矛盾:"由于美元与黄金挂钩,而其他国家的货币与美元挂钩,美元虽然因此而取得了国际核心货币的地位,但是各国为了发展国际贸易,必须用美元作为结算与储备货币,这样就会导致流出美国的货币在海外不断沉淀,对美国来说就会发生长期贸易逆差;而美元作为国际货币核心的前提是必须保持美元币值稳定与坚挺,这又要求美国必须是一个长期贸易顺差国。这两个要求互相矛盾,因此是一个悖论。"这一内在矛盾在国际经济学界称为"特里芬难题"。

布雷顿森林体系的根本缺陷在于,美元既是一国货币,又是世界货币。作为一国货币,它的发行必须受制于美国的货币政策和黄金储备;作为世界货币,美元的供给又必须适应于国际贸易和世界经济增长的需要。由于黄金产量和美国黄金储备量增长跟不上世界经济发展的需要,在"双挂钩"原则下,美元便出现了一种进退两难的境地:为满足世界经济增长对国际支付手段和储备货币的增长需要,美元的供应应当不断地增长;而美元供给的不断增长,又会导致美元同黄金的兑换性日益难以维持。美元的这种两难,即"特里芬难题"指出了布雷顿森林体系的内在不稳定性及危机发生的必然性,该货币体系的根本缺陷在于美元的双重身份和双挂钩原则,由此导致的体系危机是美元的可兑换的危机,或人们对美元可兑换的信心危机。

特里芬总结道:与黄金挂钩的布雷顿森林体制下美元的国际供给,是通过美国国际收支逆差(即储备的净流出)来实现的。这会产生两种相互矛盾的可能:如果美国纠正它的国际收支逆差,则美元稳定,金价稳定,但美元的国际供给将不抵需求;如果美国听任它的国际收支逆差,则美元的国际供给虽不成问题,但由此积累的海外美元资产势必远远超过其黄金兑换能力,如此两难困境。

资料来源:李世安:布雷顿森林体系与"特里芬难题"。

二、浮动汇率制度

(一) 牙买加体系

1971年和1973年美元连续两次贬值,固定汇率制度难以继续维持。1973年布雷顿森林体系完全崩溃,国际金融形势更加动荡。国际货币基金组织(IMF)成立一个专门委员会,具体研究国际货币制度的改革问题。1976年1月,国际货币基金组织(IMF)理事会"国际货币制度临时委员会"在牙买加首都金斯敦举行会议,经过激烈的争论,签订了"牙买加协议",同年4月,通过了《IMF协定第二修正案》,从而形成了新的国际货币体系。

牙买加协议的主要内容如下。

1. 实行浮动汇率制度的改革

牙买加协议正式确认了浮动汇率制的合法化,承认固定汇率制与浮动汇率制并存的局面,成员国可自由选择汇率制度。同时IMF继续对各国货币汇率政策实行严格监督,并协调成员国的经济政策,促进金融稳定,缩小汇率波动范围,避免各国操纵汇率来阻止国际收支的调整或获取不公平的竞争利益。

2. 推行黄金非货币化

废除黄金条款,取消黄金官价,成员国中央银行可按市价自由地进行黄金交易;取消成员国相互之间以及成员国与IMF之间须用黄金清算债权债务的规定,IMF逐步处理其持有的黄金。黄金由此逐步退出国际货币。

3. 提高特别提款权的国际储备地位,以使特别提款权逐步取代黄金和美元

提高特别提款权的国际储备地位,扩大其在IMF一般业务中的使用范围,并适时修订特别提款权的有关条款。规定参加特别提款权账户的国家可以来偿还国际货币基金组织的贷款,使用特别提款权作为偿还债务的担保,各参与国也可用特别提款权进行借贷。

4. 增加成员国基金份额

成员国的基金份额从原来的292亿特别提款权增加至390亿特别提款权,增幅达33.6%。各成员国应缴份额所占的比重也有所改变,主要是石油输出国的比重提高一倍,由5%增加到10%,其他发展中国家维持不变,主要西方国家除联邦德国和日本以外,都有所降低。

5. 扩大信贷额度,以增加对发展中国家的融资

IMF以出售黄金所得收益设立"信托基金",以优惠条件向最贫穷的发展中国家提供贷款或援助,以解决它们的国际收支的困难。扩大IMF的信贷部分贷款的额度,由占会员国份额的100%增加到145%。

(二) 浮动汇率制度分类

浮动汇率制度,指一国货币当局不再规定本国货币与外国货币比价和汇率波动的幅度,货币当局也不承担维持汇率波动界限的义务,而听任汇率随外汇市场供求变化自由波动的一种汇率制度。从政府是否对汇率进行干预,浮动汇率制度可分为自由浮动和管理浮动。

1. 自由浮动汇率制度

自由浮动汇率又称为纯净浮动汇率(Clean Floating Rate),即汇率不受任何官方的或人

为的干预,供求是决定汇率的唯一因素。

2. 管理浮动汇率制度

管理浮动汇率制度又称为不纯净的浮动汇率或肮脏浮动汇率(Dirty Floating Rate),是指一国货币当局按照本国经济利益的需要,不时地干预外汇市场,以使本国货币汇率升降朝有利于本国的方向发展的汇率制度。

国际货币基金组织的统计(2013年)显示,世界191个国家和地区中,采用自由浮动汇率制的国家和地区有65个,由2009年的42%降到34%。在2009年,采用管理浮动汇率制的国家数占世界整体的35%,到了2013年,这一水平提高至43%。

在现行的国际货币制度下,大部分国家采用的都是管理浮动汇率制度。管理浮动汇率是以外汇市场供求为基础的,是浮动的,不是固定的;它与自由浮动汇率的区别在于它受到宏观调控的管理,即货币当局根据外汇市场形成的价格来公布汇率,允许其在规定的浮动幅度内上下浮动。一旦汇率浮动超过规定的幅度,货币当局就会进入市场买卖外汇,维持汇率的合理和相对稳定。

三、固定汇率和浮动汇率比较

(一) 固定汇率的优劣势

1. 固定汇率的优势

(1)汇率波动的不确定性将降低,消除了微观主体在从事对外经济活动中可能面对的汇率风险。这种制度下,微观主体不必投入大量资金进行套期保值活动,在一定程度上提高了经济效率。

(2)货币当局有干预外汇市场,维持固定汇率的义务,为市场交易主体的汇率预测提供了一个心理上的"名义锚",促进物价水平和通货膨胀预期的稳定。

(3)汇率固定承诺作为政府政策行为的一种外部约束机制,有效防止各国通过汇率战、货币战等恶性竞争破坏正常的国际经济秩序。

2. 固定汇率的劣势

(1)容易导致本币币值高估,削弱本地出口商品竞争力,引起难以维系的长期经常项目收支失衡。

(2)相对于浮动汇率制下的连续微调,固定汇率制往往在问题积累到一定程度时进行一次大幅度的调整,这种调整难以预测,对经济的震动和危害通常都比较剧烈。

(3)僵化的汇率安排可能被认为是暗含的汇率担保,从而鼓励短期资本流入和没有套期保值的对外借债,损害本地金融体系的健康。

(4)在固定汇率制度下,一国必须要么牺牲本国货币政策的独立性,要么限制资本的自由流动,否则易引发货币和金融危机。丧失本国货币的独立性,汇率目标替代货币目标后,不可避免地会自动输入国外的通货膨胀,甚至可能出现内外均衡冲突。而1992—1993年的欧洲汇率机制危机、1994年的墨西哥比索危机、1997年的亚洲金融危机、1998年的俄罗斯卢布危机,这些发生危机的国家都是采用了固定汇率制度,同时又不同程度地放宽了对资本项目的管制。

（二）浮动汇率的优劣势

1. 浮动汇率的优势

（1）汇率水平是一国对外经济交往情况的真实反映。国际收支出现不平衡后具有自动调节机制，这种自发性的持续微调，一定程度上有利于提高经济效率。

（2）浮动汇率制度可以保证货币政策的独立性。这种制度下，一国的货币政策从对汇率目标的依附中解脱出来，从而实现了汇率自发调节实现外部均衡、货币政策和财政政策专注实现内部均衡的新格局。

（3）浮动的汇率可以帮助减缓外部的冲击，阻止外国的通货膨胀和经济周期跨国传播，有利于本国经济的独立和稳定。

（4）由于汇率随时调整，投机资金不容易找到汇率明显高估或低估的机会，从而对投机活动形成了限制。

（5）不需要维持巨额的外汇储备。

2. 浮动汇率的劣势

（1）在浮动汇率制度下，汇率往往会出现大幅过度波动，给国际贸易和国际金融活动带来外汇风险，从而会在一定程度上阻碍国际贸易和国际金融活动的发展。

（2）由于汇率自由浮动，人们就可能进行投机活动，助长金融泡沫，即金融资产价格高于其实际价值。例如，美国股价上升，会刺激外资流入，这会提高美元汇率；而美元汇率上升会进一步吸引外资流入，助长股价攀升。

（3）它削弱了固定汇率制下的货币纪律，浮动汇率制国家自主地推行扩张性货币政策，助长了货币政策中的通货膨胀倾向，各国政府无须通过抑制通货膨胀来履行维持固定汇率的义务。

四、人民币汇率制度的演进

人民币对西方国家货币的汇率于 1949 年 1 月 18 日在天津公布。全国各地区以天津口岸的汇率为标准，各自公布人民币汇率。1950 年由中国人民银行公布全国统一的人民币汇率。1979 年国务院批准设立国家外汇管理总局，统一管理国家外汇。1994 年改由中国人民银行公布人民币汇率。自人民币汇率产生至今，汇率决定基本趋势从行政管理转向以市场供求为基础，从钉住汇率转向有管理的浮动汇率，汇率决定及形成机制的市场化程度不断提高。改革开放后我国汇率制度经历了大致经历了四个阶段的演变。

（一）双轨制

1. 实行贸易内部结算汇率和官方汇率的双重汇率制度(1981—1984 年)

在改革开放初期，中国需要大量引进国外先进技术和产品，外汇资金短缺，为了"鼓励出口、限制进口"，于是从 1981 年起，我国实行两种汇价。贸易内部结算汇率适用于出口贸易的结算，而官方汇率适用于进口和服务贸易等。出口贸易结算汇率一直低于官方汇率，体现了鼓励出口和抑制进口的不同政策导向。按出口换汇成本测算，贸易外汇结算价定为 1 美元＝2.53 元人民币另加 10％的利润，即 1 美元＝2.8 元人民币左右。这一时期，官方汇率被逐步调低，到 1984 年，两种汇率水平已非常接近。

2. 实行官方汇率和外汇调剂市场汇率并存的汇率制度(1985—1993 年)

1985 年初,我国停止贸易内部结算价的使用,统一按官方牌价结算。贸易内部结算价虽然与官方牌价并轨,但用汇缺口仍然存在,企业外汇调剂交易受到严格限制,人民币贬值压力较大。为解决外汇结构性矛盾,1988 年全国普遍开设外汇调剂中心,放开外汇调剂市场。这一时期,期初官方汇率在外汇市场占主导地位,随后市场供求对汇率影响不断扩大,外汇调剂市场占主导地位。1993 年外汇调剂市场的外汇交易份额达到近 80%,官方汇率向外汇调剂市场汇价靠拢。

(二)"单一汇价"和有管理的浮动汇率制度

1. 汇率并轨和有管理的浮动汇率(1994—1996 年)

1994 年 1 月 1 日,我国对人民币汇率制度进行重大改革,实施以市场供求为基础的、单一的、有管理的浮动汇率制度。双重汇率机制是一种典型的过渡机制,反映了计划与市场的双轨运行,执行中出行了很多问题,尤其是寻租活动,一定程度上导致市场秩序混乱。随着人民币汇率制度改革的逐步到位,经常项目在 1994 年之后持续多年盈余,资本项目流入也逐步增多,我国外汇储备快速增长,外汇短缺逐步被外汇超额供给状态所取代,经常项目完全自由可兑换的条件日益成熟。1996 年年底人民币最终实现了经常项目的自由兑换。

2. 事实上盯住美元(1997—2005 年)

1997 年受到东南亚金融危机的冲击,人民币在外汇市场面临贬值压力,但是为了避免东南亚国家集体陷入无止境的"囚徒困境"式的竞争性贬值,中国主动承诺人民币汇率不贬值。这一阶段人民币汇率在事实上长期盯住美元而缺乏弹性。

(三)参考"一篮子"货币的浮动汇率制度

2005 年中国贸易顺差超过 1 000 亿美元,人民币市场预期升值压力,外汇储备规模急剧上升,国际收支失衡问题突显。在生产要素价格扭曲以及汇率低估的共同作用下,这一时期的出口企业获得快速增长,但代价是资源环境受到破坏、非贸易部门发展遭受挤压,直接影响了中国经济的可持续发展。上述矛盾,直接导致 2005 年中国汇率制度改革,实行以市场供求为基础、参考"一篮子"货币调节、有管理的浮动汇率制度。人民币不再盯住单一美元,弹性逐步增强。

本章练习题

一、单项选择题

1. 一直对汇率采取间接标价法的国家是( )。
  A. 美国　　　　　B. 英国　　　　　C. 德国　　　　　D. 中国
2. 如果某个外汇市场采用了间接标价法表示汇率,那么汇率越高说明( )。
  A 外币升值　　　B. 外币贬值　　　C. 没有变化　　　D. 不一定
3. 我国人民币汇率采取的标价方法是( )。
  A 直接标价法　　B. 间接标价法　　C. 美元标价法　　D. 双向标价法

4. 按照外汇交易的清算交割时间,汇率可分为( )。
  A. 基准汇率与套算汇率
  B. 即期汇率与远期汇率
  C. 名义汇率与实际汇率
  D. 官方汇率与市场汇率

5. 实际汇率等于( )。
  A. 名义汇率—物价指数
  B. 名义汇率×(外国价格指数÷本国价格指数)
  C. 名义汇率×(外国价格指数×本国价格指数)
  D. 名义汇率×(外国价格指数—本国价格指数)

6. 按照制定方法的不同可将汇率划分为( )。
  A. 即期汇率与远期汇率
  B. 基准汇率与套算汇率
  C. 买入汇率与卖出汇率
  D. 名义汇率与实际汇率

7. 各关键货币与本国货币的兑换比例属于( )。
  A. 套算汇率
  B. 基准汇率
  C. 有效汇率
  D. 交叉汇率

8. 一国货币对外贬值可能引起的经济现象是( )。
  A. 该国进口增加
  B. 该国通货膨胀率上升
  C. 该国失业率上升
  D. 该国经济增长率下降

9. 本币贬值一般会引起( )。
  A. 出口减少、进口增加
  B. 进出口同时增加
  C. 进出口不发生变化
  D. 出口增加、进口减少

10. 目前人民币汇率实行的是( )。
  A. 以市场供求为基础的、单一的、有管理的固定汇率制
  B. 贸易内部结算价与对外公布汇率相结合的双重汇率制
  C. 官方汇率与外汇调剂市场汇率并存的汇率制度
  D. 以市场供求为基础、参考"一篮子"货币进行调节、有管理的浮动汇率制

11. 目前我国人民币实行的汇率制度是( )。
  A. 有管理的浮动汇率制
  B. 联合浮动汇率制
  C. 固定汇率制度
  D. 单独浮动汇率制

二、多项选择题

1. 下列表述正确的有( )。
  A. 直接标价法下,汇率数值变大意味着本币升值
  B. 直接标价法下,汇率数值变大意味着本币贬值
  C. 间接标价法下,汇率数值变大意味着本币升值
  D. 间接标价法下,汇率数值变大意味着本币贬值

2. 各国计算基准汇率时对关键货币的选择标准是( )。
  A. 可以自由兑换
  B. 该国年度经济增长速度在6%以上
  C. 在本国国际收支中使用多
  D. 在外汇储备中占比大

3. 我国汇率制度改革坚持的原则是(　　　)。

  A. 主动性　　　　　　　　　　　B. 随机性

  C. 可控性　　　　　　　　　　　D. 渐进性

4. 根据制定汇率的方法不同,汇率分为(　　　)。

  A. 即期汇率　　　　　　　　　　B. 远期汇率

  C. 基准汇率　　　　　　　　　　D. 套算汇率

5. 近日美元走强,对于中国的影响有(　　　)。

  A. 中国进口增加　　　　　　　　B. 中国赴美留学增多

  C. 中国赴美旅游减少　　　　　　D. 中国进口减少

三、简答题

1. 如何理解外汇。

2. 外汇的作用有哪些。

3. 国际金融体系的汇率制度分哪两类,简述主要内容。

四、论述题

比较固定汇率和浮动汇率的优劣势。

第十三章

金融风险与金融监管

扫码查看视频

学习目的和要求

　　学习本章,应准确识记本章的基本概念,领会本章的基本理论。了解金融风险的概念、主要特征和成因;掌握金融风险不同的分类;理解金融危机的内涵;了解金融监管的含义、目标和原则;理解金融监管的理论基础;了解金融监管的主要内容。

导入案例

美国次贷危机

一、美国次贷危机

　　2007年3月12日,美国第二大次级抵押贷款机构——新世纪金融公司因濒临破产,13日该公司股票被纽约证券交易所终止交易,后申请破产保护。这标志着美国正式爆发了次贷危机。2008年3月16日,摩根大通宣布,收购濒临倒闭的美国第五大投资银行贝尔斯登,2008年9月15日,拥有158年历史的美国第四大投资银行雷曼公司宣布破产,美国的次贷危机迅速演变成一场来势凶猛的金融风暴。其后,花旗、汇丰、皇家苏格兰等等昔日的金融之神一堆堆地轰然倒塌。以此为标志,"二战"后最严重的全球性金融危机和经济衰退随即揭开序幕。此次国际金融危机,被认为是1930年经济大萧条以来规模最大的一次危机,在某种程度上甚至超过了20世纪30年代的那场危机,给世界各国的经济体系都带来了一系列影响。

　　美国抵押贷款市场分为"次级"和"优惠级",它们是以借款人的信用条件作为划分界限的。根据信用的高低,放贷机构对借款人区别对待,从而形成了两个不同层次的金融市场。所谓次级按揭抵押贷款,是指在美国向信用等级较低、收入证明缺失、负债较重的人提高住房贷款。根据有关统计数据显示,2001年全美25%次级抵押贷款发放给了那些收入证明缺失的借款人,但2006年这个比例已升至45%。更令人惊愕的是,一些贷款机构甚至推出了"零首付""零文件"的贷款方式,贷款人可以在没有首付的情况下购房,仅需声明其收入情况,而无须提供任何有关偿还能力的证明。由此,我们可以看出次级抵押贷款是一个高风险、高收益的金融新兴行业,它与传统意义上的标准抵押贷款的区别在于,次级抵押贷款对贷款者的信用记录和还款要求相对较低,其贷款利率相应比一般抵押贷款高很多。

二、美国次贷危机原因分析

1. 直接原因

房价的下跌和利率的升高是美国次级贷款危机产生并蔓延的直接原因。美国次级房贷市场从 20 世纪 90 年代中期开始形成,在此之后美联储为了刺激经济开始连续 13 次降息,联邦基金利率由 6.5％降到 1％,宽松的信用和过深的流动性推动房地产价格迅速上涨。由于贷款机构对未来收益的良好预期,同时也就忽略了次级房贷潜在的巨大风险。所以,在 2004 年美国连续 17 次升息的过程中,房价的下跌和利率的升高,导致次级贷款借款人大量违约,使风险由房地产金融机构依次转移到资本市场上的机构投资者。房价的下跌和利率的升高成为美国次贷危机产生的导火索。

2. 深层次原因

(1) 美国宏观经济发展的周期性波动。在 2000 年至 2001 年短暂的经济衰退后,美国采取了一系列刺激经济增长的措施,使得美国经济连续多年持续、高速地增长。经济的持续增长为美国次贷市场迅速膨胀提供了非常优越的宏观环境,人们普遍持经济增长向好预期,次级抵押贷款经营机构也放松了次贷准入标准。经过了一轮经济的高速增长周期,2004 年以后,美国经济开始步入下滑周期,经济增长的逆转带来了连锁反应,次级抵押贷款所积累的风险逐步展现,并在世界范围蔓延。

(2) 金融创新、违规操作对金融机构放松监管放大危机。作为购买原始贷款人的按揭贷款、并转手卖给投资者的贷款打包证券化投资品种,次级房贷衍生产品客观上有着投资回报的空间。在一个低利率的环境中,它能使投资者获得较高的回报率,这吸引了越来越多的投资者。同时,部分美国银行和金融机构违规操作,忽略规范和风险的按揭贷款、证券打包行为。银行和金融机构为一己之利,利用房贷证券化将风险转移到投资者身上的机会,有意、无意地降低贷款信用门槛,导致银行、金融和投资市场的系统风险增大。

(3) 美国金融危机的根本原因是美国居民的消费需求严重超过居民收入。美国经济学家鲁比尼曾指出:60％～70％的美国人实际工资下降,靠借钱维持过去的生活水平;20％的美国人靠借款维持超出其收入水平的生活水平。在房地产价格不断上升的情况下,负债的最常见形式是住房抵押贷款。在此基础上,通过再融资,美国居民进一步扩大了负债。储蓄率的下降和负债率的上升,意味着风险的提高。各种衍生金融工具的出现只能转移风险,并不能减少风险,更不能消除风险。美国货币当局无法令利息率无止境地下降,也无法令住房价格无止境地上升。当居民最终无法偿还贷款(付息)之时,就是美国金融危机爆发之日。美国次贷危机给我们的第一个启示是:无论政府执行何种政策,无节制的负债必然会导致金融危机的爆发。

资料来源:百度文库。

第一节　金融风险

一、金融风险概述

（一）金融风险的概念

风险指由不确定因素导致发生损失的可能性。金融风险一般指经济主体从事金融活动中因各种主观或客观原因对金融价格体系安全与稳定造成破坏与损失的可能性。

（二）金融风险的主要特征

金融风险不同于一般风险,因其不同于其他风险的主要特征,金融风险往往与金融危机紧密相连。金融风险积累到一定程度,往往大规模集中爆发引致金融危机,进而导致全社会经济秩序的混乱,甚至引起严重的政治危机。金融风险的主要特征表现为以下四个方面。

1. 社会性

金融机构不同于其他行业,自有资本占全部资产的比重一般较小,绝大部分资金来自存款和借入资金,因而金融机构的特殊地位决定了社会公众与金融机构的关系是一种依附性的债权债务关系。如果金融机构经营不善,无偿债能力,就会导致客户大量挤兑存款,损害公众利益,进而危害经济纪律和货币政策的执行。

2. 扩张性

现代金融业的发展,使得各金融机构紧密相连、互为依存。一家银行发生问题,往往会使整个金融体系周转不灵乃至诱发信用危机,这就是所谓的"多米诺"骨牌效应。

3. 可控性

虽然存在经济形势变化和经济情况不确定因素带来的风险,但就微观意义上的某一金融机构而言,并不是说风险就不能抵御和控制。恰恰相反,他们可以通过采取增加资本金,调整风险性资产来增强抵御风险的能力,并及时以转移、补偿等方式将风险控制在一定的范围和区间内。

4. 周期性

任何金融机构都是在既定的货币政策环境中运营的,而货币政策在周期规律的作用下,有宽松期、紧缩期之分。一般来说,在宽松期放款,投资及结算矛盾相对缓和,影响金融机构安全性的因素逐渐减弱,金融风险就小;反之,紧缩期,金融同业间及金融与经济间的矛盾加剧,影响金融机构安全性的因素逐渐增强,金融风险就大。

（三）金融风险的成因

1. 社会分工与交易多元化是金融风险产生的基本原因

社会分工是商品生产存在的前提。只有存在社会分工,才能产生交易,进而导致商品这一经济范畴的存在与发展。在市场经济下,由广泛而精细的社会分工而导致的多元化交易活动,从表象上呈现为缤纷多彩而又纯粹的商品交换。但从深层角度考察,这种交易实际上是不同经济主体间的产权交易。而产权交易维系与实现的基础是契约的达成与履行。鉴于交易契约的双方都是独立的社会分工主体,都是拥有不同私利的经济人,所以在产权及其制度安排不规范、不完善的情况下,若其中一方违约,必然给另一方带来风险损失。所以,建立在社会分工基础上的经济运行必然存在着风险性,经济风险是难以避免的,市场经济从本质上说是一种风险经济。由此不难推论,金融机构与其他经济主体(居民、企业和政府)之间要完全履行金融资源交易契约是不可能的,金融风险是客观存在的。

2."经济人"是金融风险产生和形成的前提

经济人是被假定为取得效用最大化的经济主体。经济人一般具有四大禀性:一是追求自身利益最大化或效用最大化,即天性的趋利避害;二是需求偏好的多样性;三是有限理性;四是机会主义倾向。经济人的四大人性特征决定了在金融活动中,各经济主体——包括金融监管者与金融监管对象之间、金融机构所有者与经营者之间、金融机构的总分支机构之间、存款者与金融机构之间、金融机构与企业之间往往是一种非合作的博弈。由于现实生活中任何制度都不是无懈可击的,存在着各种各样的漏洞、陷阱,对人们追求私利的行为约束轻化,加之信息不对称的普遍存在和市场纪律的松懈,使得人们的求利本能往往出轨,助长了金融风险的形成和泛滥。

3. 经济环境的不确定性是金融风险产生的必要条件

对于金融经营者来说,不确定性总是其从事金融活动时面临的十分现实的问题。金融业所面临的不确定性的经济环境主要表现在:一是资源,特别是金融资源的稀缺性,由此决定稀缺资源在各种可供选择的用途中间进行配置,配置效率是金融风险的一个标志;二是金融储蓄和实际投资、金融领域与实际经济的分离,由此决定金融价值与实际资产的错综复杂和不确定的关系,可能导致金融泡沫现象;三是科技进步的先进性和预期的不确定性,决定金融创新与金融风险相伴而生。可见,经济环境是人类赖以生存和发展的物质条件,但其不确定性是造成金融风险的必要条件。

二、金融风险的分类

金融风险从不同的角度有不同的划分方法。以下给出两种主要分类方法。

(一) 金融风险按性质划分

1. 系统性风险

系统性风险是指由于公司外部、不为公司所预计和控制的全局性因素引起的投资收益可能变动的风险。通常表现为国家、地区性战争或骚乱,全球性或区域性的石油恐慌,国民经济严重衰退或不景气,国家出台不利于公司的宏观经济调控的法律法规,中央银行调整利率等。这些因素单个或综合发生,导致所有证券商品价格都发生动荡,它涉及面广,人们根本无法事先采取某针对性措施来规避风险,即使分散投资也丝毫不能改变降低其风险。

2. 非系统性风险

非系统性风险是指由公司自身某种原因而引起自身证券价格下跌的可能性,它只存在于个别企业或个别行业中,它来自企业内部的微观因素,如破产、违约等。这种风险可以通过分散投资来消除风险。

(二) 根据银行经营风险分类

根据商业银行在经营过程中面临的风险将其分为八大风险,分别为市场风险、信用风

险、流动性风险、操作风险、法律风险、国家风险、声誉风险与战略风险。

1. 市场风险

由于市场因素（如利率，汇率，股价以及商品价格等）的波动而导致的金融参与者的资产价值变化的风险。在经济运行中的任何一项交易中，如果交易双方所拥有的与该项交易有关的信息是不对称的，则会引起逆向选择，它是引起商业银行市场风险的重要根源。

2. 信用风险

信用风险是指交易对手未能履行约定契约中的义务而造成经济损失的风险，即受信人不能履行还本付息的责任而使授信人的预期收益与实际收益发生偏离的可能性，它是金融风险的主要类型，几乎所有的金融交易都涉及信用风险问题。一般来说，当经济运行的周期处于经济扩张期时，信用风险降低，因为较强的赢利能力使总体违约率降低。反之，处于经济紧缩期时，信用风险增加，因为赢利情况总体恶化，借款人因各种原因不能及时足额还款的可能性增加。近年来随着网络金融市场（如网上银行，网络超市等）的日益壮大，网络金融信用风险问题也变得突出起来。

当今世界，许多国家的银行都被呆账、坏账所困扰。1997—1998年东南亚金融危机时期，马来西亚、印度尼西亚、菲律宾等国家的多家银行因坏账过多而倒闭。我国商业银行也同样面临着很大的信用风险，如国有商业银行的不良贷款问题。

3. 流动性风险

流动性风险是金融参与者由于资产流动性降低而导致的可能损失的风险。当金融参与者无法通过变现资产，或者无法减轻资产作为现金等价物来偿付债务时，流动性风险就会发生。

流动性的不足会导致银行破产，因此流动性风险是一种致命性的风险。但这种极端情况往往是其他风险导致的结果。例如，某大客户的违约给银行造成的重大损失可能会引发流动性问题和人们对该银行前途的疑虑，这足以触发大规模的资金抽离，或导致其他金融机构和企业为预防该银行可能出现违约而对其信用额度实行封冻。两种情况均可引发银行严重的流动性危机，甚至破产。

4. 操作风险

操作风险是由不完善或有问题的内部程序、员工和信息科技系统，以及外部事件所造成损失的风险。具体来说，银行办理业务或内部管理出了差错，必须做出补偿或赔偿；法律文书有漏洞，被人钻了空子；内部人员监守自盗，外部人员欺诈得手；电子系统硬件软件发生故障，网络遭到黑客侵袭、通信、电力中断、地震、水灾、火灾、恐怖袭击等等。

5. 法律风险

商业银行的日常经营活动或各类交易应当遵守相关的商业准则和法律原则。在这个过程中，因为无法满足或违反法律要求，导致商业银行不能履行合同发生争议诉讼或其他法律纠纷，而可能给商业银行造成经济损失的风险，即为法律风险。引发商业银行法律风险产生的因素可能源于法律的内在缺陷、商业银行基于错误的法律理解或适用而实施的商业行为、监管机构的不当法律执行等因素。

6. 国家风险

国家风险指在国际经济活动中，由于国家的主权行为所引起的造成损失的可能性。在主权风险的范围内,国家作为交易的一方,通过其违约行为(如停付外债本金或利息)直接构成风险,通过政策和法规的变动(如调整汇率和税率等)间接构成风险,在转移风险范围内,国家不一定是交易的直接参与者,但国家的政策、法规却影响着该国内的企业或个人的交易行为。

7. 声誉风险

声誉事件是指引发商业银行声誉风险的相关行为,造成银行业重大损失、市场大幅波动、引发系统性风险或影响社会经济秩序稳定的声誉事件。具体比如,存款被冒领、信用卡资金被盗等民事诉讼;客户对产品或服务质量不满意而通过媒体曝光;因违反金融行业管理法律法规,被银监会、人民银行等监管机构予以行政处罚;权威机构评级降低;市场传言,特别是在金融危机蔓延阶段,市场上任何不利甚至荒唐的传言都有可能导致银行"挤兑"。

8. 战略风险

战略风险就可理解为企业整体损失的不确定性。战略风险是影响整个企业的发展方向、企业文化、信息和生存能力或企业效益的因素。战略风险因素也就是对企业发展战略目标、资源、竞争力或核心竞争力、企业效益产生重要影响的因素。

三、金融危机

(一)金融危机的含义

金融危机是指金融体系出现严重困难乃至崩溃,表现为绝大部分金融指标的急剧恶化、各种金融资产价格暴跌、金融机构陷入困境并大量破产,同时对实物经济的运行产生极其不利的影响。

金融危机形成的大致过程为:金融风险形成→金融风险积聚→金融风险放大→金融危机爆发→金融危机国际传导→国际金融危机。

由上可见,金融风险大规模积聚和放大的最后结果就是爆发金融危机。但金融危机与金融风险既有联系又有区别。从联系上看,金融风险是产生金融危机的基本原因,金融危机是金融风险的失控和外溢,是风险的最后显化形式。而金融风险和金融危机的主要区别在于:

风险是不确定性所导致的遭受损失的可能性,而危机是实实在在的损失。

真正学术意义上的风险具有两重性,它既可能带来损失,也可能带来意外收益,而危机带来的只有损失。

(二)金融危机的分类

按金融危机的表现形式,可分为货币危机、银行业危机、债务危机和泡沫危机等。

1. 货币危机

货币危机,一般是指固定汇率制度下,市场参与者对一国的货币失去信心,通过外汇市场进行大量抛售等操作促使该国汇率制度崩溃、外汇市场持续动荡的危机。

2. 银行业危机

银行业危机,是指由于某种原因,公众对银行的信心出现危机,造成银行挤提,并迅速蔓延到其他银行,造成大批银行倒闭的现象。

3. 债务危机

债务危机,是指一国不能偿付其内债和外债而引发的危机。但通常所指的债务危机主要是指外债危机,包括主权债务和私人债务。债务危机不仅影响债务国,使其物价上涨、经济停滞、社会动荡,也影响债权国,并成为其银行危机的诱因。

4. 泡沫危机

泡沫危机,是指因股票、债券或房地产等资产价格脱离了正常的价格水平和经济运行规律而过度上升,造成大量经济泡沫后破裂而导致的危机。

第二节　金融监管

一、金融监管概述

(一)金融监管的含义

随着经济和金融全球化脚步的加快,金融机构将面临更加严峻的挑战。维持金融体系稳健运行和风险防范,将是我国金融发展所面临的重要问题。

金融监管有狭义和广义之分。狭义的金融监管是指中央银行或其他金融监管当局依据国家法律规定对整个金融业(包括金融机构和金融业务)实施的监督管理。广义的金融监管在上述含义之外,还包括了金融机构的内部控制和稽核、同业自律性组织的监管、社会中介组织的监管等内容。

(二)金融监管的目标

1. 金融监管目标变迁

(1) 20 世纪 30 年代以前的目标:提供一个稳定和弹性的货币供给,并防止银行挤兑带来的消极影响。

这一时期,讨论的焦点问题在于,是否要建立以中央银行为主体的官方安全网,对于金融机构经营行为的具体干预很少论及。这与当时自由资本主义处于鼎盛时期有关,而且更是受到金本位逐渐崩溃导致的货币混乱影响。主流的新古典经济学坚持着"看不见手"的市场信条,但现实表明市场的不完全性是客观存在的,20 世纪 20 年代的大危机最终扭转了金融监管理论的关注方向。

(2) 20 世纪 30—70 年代的目标:严格监管,安全优先。

20 世纪 30 年代的经济危机,提供了一系列市场不完全性的充分证据,对经济学产生深远的影响,凯恩斯理论逐渐兴起,强调政府这只"看得见的手"在经济中发挥重要作用。政府干预和自由放任的这次正面交锋中,政府干预的主张在 30 年代占据了优势地位。

(3) 20 世纪 70—90 年代的目标:金融自由化,效率优先。

20 世纪 70 年代,经济开始出现严重的"滞胀",经济自由主义者们开始指责,这是凯恩斯主义过分强调政府干预的结果,以此为批判契机,重新树立"看不见的手"的威信,力图复兴新古典经济学的自由放任传统。在金融监管理论方面,金融自由化理论也随之发展,主张放松对金融机构过度严格的管制,恢复金融业的竞争,以提高金融业的效率。

（4）20世纪90年代以来的目标：安全与效率并重。

20世纪90年代，金融危机频频爆发，已清楚地揭示了在经济与金融的长期发展过程中，相比效益效率，金融体系的安全与稳定才是最根本的，这决定了金融监管的首要目标仍然是维护金融体系的安全与稳定。在实践中，仍然有很多人只是片面地注意到英美等国的金融监管强调效益与效率，而忽视了他们强调效益和效率背后的经济和金融基础。

2. 金融监管的一般目标

世界各国都认为，一般目标应该是促成建立和维护一个稳定、健全和高效的金融体系，保证金融机构和金融市场健康地发展，从而保护金融活动各方特别是存款人的利益，推动经济和金融发展。我国现阶段的金融监管具体目标可概括为：

（1）经营的安全性，包括两个方面，即保护存款人和其他债权人的合法权益；规范金融机构的行为，提高信贷资产质量。

（2）竞争的公平性，是指通过中央银行的监管，创造一个平等合作、有序竞争的金融环境，保证金融机构之间的适度竞争。

（3）政策的一致性，是指通过监管使金融机构的经营行为与中央银行的货币政策目标保持一致。通过金融监管，促进和保证整个金融业和社会主义市场经济的健康发展。

（三）金融监管的原则

金融监管的基本原则主要有六点。

1. 监管主体独立性原则

监管主体的独立性是金融监管机构实施有效金融监管的基本前提。金融监管是专业性、技术性很强的活动，涉及面较广且复杂，如果不是独立性很强的专门机构，其监管过程和目标容易受到来自不同方面利益主体的干扰，难以公正、公平、有效地进行金融监管，达到所需监管目标。

2. 依法监管原则

在市场经济条件下，金融机构依法经营，金融监管机构依法监管是确保金融体系正常运行的保证。依法监管包含三层含义：一是国家必须以法律的形式确定金融监管机构的法定地位和职责等；二是金融监管机构必须依据有关法律、法规和规定实施金融监管；三是金融机构应合法经营，依法接受监管当局的监督，确保监管的有效性。

3. 外部监管与自律并重原则

金融监管当局从社会公众利益出发，对金融机构、金融业务、金融市场进行监管，只有与金融机构的内部控制有机结合，将监管措施转化为金融机构内部控制的要素，同时结合必要的社会外部监督，才能发挥金融监管作用，维护金融业稳健运行。

4. 安全稳健与经营效率结合原则

保证金融机构安全稳健经营与发展是金融监管的基本目标。金融监管机构必须对金融机构加强风险监测和管理，达到以最小的成本将风险导致的各种不利后果降低到最低限度，在金融监管中促使银行将积极防范风险同提高金融经营效率相协调，达到有效的监管。

5. 适度竞争原则

促进银行机构间的适度竞争有两层含义：一是防止不计任何代价的过度竞争，避免出现金融市场上的垄断行为;二是防止不计任何手段的恶劣竞争,避免出现危及银行体系安全稳定的行为。适度竞争原则要求既不能限制过死,又不能放松过宽,使各机构在一个适度的基础上追求利润最大化。

6. 统一性原则

统一性原则指金融监管要做到使微观金融和宏观金融相统一,以及国内金融和国际金融相统一。

(四) 金融监管的方式

金融监管的方式主要有三种。

1. 公告监管

公告监管是指政府对金融业的经营不作直接监督,只规定各金融企业必须依照政府规定的格式及内容定期将营业结果呈报政府的主管机关并予以公告,至于金融业的组织形式、金融企业的规范、金融资金的运用,都由金融企业自我管理,政府不对其多加干预。

公告监管的内容包括公告财务报表、最低资本金与保证金规定、偿付能力标准规定。在公告监管下金融企业经营的好坏由其自身及一般大众自行判断,这种将政府和大众结合起来的监管方式,有利于金融机构在较为宽松的市场环境中自由发展。但是,由于信息不对称,金融企业和公众很难评判金融企业经营的优劣,对金融企业的不正当经营也无能为力。因此,公告监管是金融监管中最宽松的监管方式。

2. 规范监管

规范监管又称准则监管,是指国家对金融业的经营制定一定的准则,要求其遵守的一种监管方式。在规范监管下,政府对金融企业经营的若干重大事项,如金融企业最低资本金、资产负债表的审核、资本金的运用,违反法律的处罚等,都有明确的规范,但对金融企业的业务经营、财务管理、人事等方面不加干预。这种监管方式强调金融企业经营形式上的合法性,比公告监管方式具有较大的可操作性,但由于未触及金融企业经营的实体,仅一些基本准则,故难以起到严格有效的监管作用。

3. 实体监管

实体监管是指国家订立有完善的金融监督管理规则,金融监管机构根据法律赋予的权力,对金融市场,尤其是金融企业进行全方位、全过程有效的监督和管理。

实体监管过程分为三个阶段:第一阶段是金融业设立时的监管,即金融许可证监管;第二阶段是金融业经营期间的监管,这是实体监管的核心;第三阶段是金融企业破产和清算的监管。

实体监管是国家在立法的基础上通过行政手段对金融企业进行强有力的管理,比公告监管和规范监管更为严格、具体和有效。

二、金融监管的理论基础

金融监管的理论基础是金融市场的不完全性,金融市场的失灵导致政府有必要对金融机构和市场体系进行外部监管。现代经济学的发展,尤其是"市场失灵理论"和"信息经济学"的发展为金融监管奠定了理论基础。

（一）金融体系的负外部性效应

金融机构的破产倒闭及其连锁反应将通过货币信用紧缩破坏经济增长的基础。按照福利经济学的观点，外部性可以通过征收来进行补偿，但是金融活动巨大的杠杆效应——个别金融机构的利益与整个社会的利益之间严重的不对称性使这种办法显得苍白无力。科斯定理从交易成本的角度说明，外部性也无法通过市场机制的自由交换得以消除。因此，需要一种市场以外的力量介入来限制金融体系的负外部性影响。

（二）金融体系的公共产品特性

公共产品在于其消费不具有排他性也不具有竞争性。一个稳定、公平和有效的金融体系带来的利益为社会公众所共同享受，无法排斥某一部分人享受此利益，而且增加一个人享用这种利益也并不影响生产成本。因此，金融体系对整个社会经济具有明显的公共产品特性。这一特性决定了金融交易中的"搭便车"行为无法避免。从而导致：第一，金融机构违背审慎经营原则，可能会承担过多的风险；第二，消费者缺乏监督生产者（金融机构）稳健经营的积极性。因此，稳定、公平的金融体系这一公共产品供应必然不足。

（三）金融机构自由竞争的悖论

金融机构是经营货币的特殊企业，它所提供的产品和服务的特性，决定其不完全适用于一般工商业的自由竞争原则。一方面，金融机构规模经济的特点使金融机构的自由竞争很容易发展成为高度的集中垄断，而金融业的高度集中垄断不仅在效率和消费者福利方面会带来损失，而且也将产生其他经济和政治上的不利影响；另一方面，自由竞争的结果是优胜劣汰，而金融机构激烈的同业竞争将危及整个经济体系的稳定。因此，自从自由银行制度崩溃之后，金融监管的一个主要使命就是如何在维持金融体系的效率的同时，保证整个体系的相对稳定和安全。

（四）不确定性、信息不完备及不对称

在不确定性研究基础上发展起来的信息经济学表明，信息的不完备和不对称是市场经济不能像古典和新古典经济学所描述的那样完美运转的重要原因之一。金融体系中更加突出的信息不完备和不对称现象，信息不对称极易造成事前的逆向选择和事后道德风险两种后果。

1992年，吉本斯在《博弈论入门》一书中将在完全但不完美信息条件下的动态博弈论引入银行行为的分析中，他指出，银行并不是博弈的局中人，它的所有行为全是随着客户的行动而确定的。因而，挤兑来自银行制度内部，与银行经营效率并无直接关系，不对称信息是银行遭到挤兑的根本原因。他还指出这种内在的不稳定性是无法通过银行自身来解决的，外部的管理与风险分担就显得更为重要。

然而，即使主观上愿意稳健经营的金融机构也有可能随时因信息问题而陷入困境。金融机构又往往难以承受搜集和处理信息的高昂成本，因此，政府及金融监管当局就有责任采取必要的措施减少金融体系中的信息不完备和信息不对称。

三、金融监管的主要内容

金融监管主要包括银行监管、证券业监管、保险业监管。其中，商业银行是现代金融体

系的基础,银行监管在金融监管中占据了最核心的地位。因此,这里主要对银行监管的主要内容做介绍。概括地说,银行监管当局的监管内容主要包括市场准入监管、市场运营监管和市场退出监管。

(一)市场准入监管

市场准入监管是指银行监管当局根据法律、法规的规定,对银行机构进入市场、银行业务范围和银行从业人员素质实施管制的一种行为。银行监管当局对要求设立的新银行机构,主要是对其存在的必要性及其生存能力两个方面进行审查。具体的是要求银行必须有符合法律规定的章程,有符合最低额规定的注册资本,有具备任职专业知识和业务工作经验的高级管理人员,有健全的组织机构和管理制度,有符合要求的营业场所、安全防范措施和与业务有关的其他设施等。

(二)市场运营监管

市场运营监管是指对银行机构日常经营进行监督管理的活动。

1. 资本充足性

资本充足性的最普遍定义是指资本对风险资产的比例,是衡量银行机构资本安全的尺度,一般具有行业的最低规范标准。衡量资本充足性还有其他许多标准,如资本存款比率、资本对负债总量的比率、资本对总资产的比率等。

其中,资本包括核心资本和附属资本。核心资本包括实收资本或普通股、资本公积、盈余公积、未分配利润和少数股权。附属资本包括重估储备、一般准备、优先股、可转换债券和长期次级债务。根据《商业银行风险监管核心指标》,资本充足率必须大于等于8%、核心资本充足率必须大于等于4%。

2. 资产安全性

国际通行的做法是将贷款分为五类,即正常贷款、关注贷款、次级贷款、可疑贷款、损失贷款。通常认为后三类贷款为不良贷款。

资产安全性监管的重点是银行机构风险的分布、资产集中程度和关系人贷款。资产安全性监管的具体内容主要有以下几个方面:

第一,分析各类资产占全部资产的比例,以及各类不良资产占全部资产的比例。

第二,监测银行机构对单个借款人或者单个相关借款人集团的资产集中程度,又称为大额风险暴露。

第三,监测银行机构对关系人的贷款变化。

第四,监测银行坏账和贷款准备金的变化。

3. 流动适度性

银行机构的流动能力分为两部分:一是可用于立即支付的现金头寸,包括库存现金和在中央银行的超额准备金存款,用于随时兑付存款和债权,或临时增加投资;二是在短期内可以兑现或出售的高质量可变现资产,包括国库券、公债和其他流动性有保证的低风险的金融证券,主要应付市场不测时的资金需要。

4. 收益合理性

银行机构一切业务经营活动和经营管理过程的最终目的,在于以最小的资金获得最大的财务成果,银行对自身资产质量和贷款风险的管理,也在于确保其资产的盈利性,收益正是银行机构业务经营成果的综合反映。盈利是其生存和发展的关键,只有盈利,银行机构才能有积累,才能增强抵御风险的实力,才能设想未来的业务扩展。亏损的积累将导致银行机构财务状况的恶化,削弱清偿能力,出现支付危机。

5. 内控有效性

商业银行内部控制体系是商业银行为实现经营管理目标,通过制定并实施系统化的政策、程序和方案,对风险进行有效识别、评估、控制、监测和改进的动态过程和机制。

根据 2014 年 9 月 12 日修订后的《商业银行内部控制指引》,商业银行内部控制应达到四个目标:第一,确保国家法律规定和商业银行内部规章制度的贯彻执行;第二,确保商业银行发展战略和经营目标的全面实施和充分实现;第三,确保风险管理体系的有效性;第四,确保业务记录、财务信息和其他管理信息的及时、真实和完整。

(三) 处理有问题银行及市场退出监管

1. 处理有问题银行

有问题银行是指因经营管理状况的恶化或突发事件的影响,有发生支付危机、倒闭或破产危险的银行机构。有问题银行的主要特征是:内部控制制度失效;资产急剧扩张和质量低下;资产过于集中;财务状况严重恶化;流动性不足;涉嫌犯罪和从事内部交易。

监管当局处置有问题银行的主要措施有:其一,督促有问题银行采取有效措施,制订详细的整改计划,以改善内部控制,提高资本比例,增强支付能力。其二,采取必要的管制措施。其三,协调银行同业对有问题银行进行救助。其四,中央银行进行救助。其五,对有问题银行进行重组。其六,接管有问题银行。

2. 处置倒闭银行

银行倒闭是指银行无力偿还所欠债务的情形。广义的银行倒闭有两种情况:一是银行的全部资产不足抵偿其全部债务,即资不抵债;二是银行的总资产虽然超过其总负债,但银行手头的流动资金不够偿还目前已到期债务,经债权人要求,由法院宣告银行破产。

处置倒闭银行的措施主要包括以下内容:其一,收购或兼并。不存在存款人损失的情况,因为所有存款都已经转到倒闭银行的收购或兼并方。其二,依法清算。存款人可能会面临存款本金和利息的损失。

知识拓展

存款保险条例

2015 年 5 月 1 日,我国《存款保险条例》(以下简称《条例》)正式施行。自此,我国成为全球第 114 个建立存款保险制度的国家或地区。按照《条例》,我国存款保险制度将设立专门的存款保险基金管理机构,由存款机构向这一机构缴纳一定的保险费用,存款人无须直接承担相关费用。一旦银行发生兑付问题,存款账户的存款将由存款保险基金管理机构向存款人"限额偿付",最高偿付限额为人民币 50 万元。

同一存款人在同一家存款机构所有被保险存款账户的存款本金和利息合并计

算的资金数额在 50 万元以内的,实行全额偿付;超出 50 万元的部分,依法从投保机构清算财产中受偿。

根据人民银行披露的信息,我国存款账户中,存款在 50 万元以下的账户数量占全部存款账户的 99.70%,存款在 50 万元以下的账户存款总金额占全部存款金额的 46.08%。

剔除同一存款人在同一家存款机构开立多个存款账户的影响,也就是说,一旦银行发生危机,从数量上来看,99.7%的存款人可以享受存款保险基金管理机构的"全额赔付",绝大部分存款人的资金安全可以直接通过存款保险得到全额保障。从国际对比来看,我国 99.70%的全额保障账户比例,处于较高水平。

对于"最高赔付限额 50 万元"的标准,《条例》指出,人民银行会同国务院有关部门根据经济发展、存款结构变化、金融风险状况等因素调整最高偿付限额,报国务院批准后公布执行。

资料来源:中华人民共和国国务院:存款保险条例。

本章练习题

一、单项选择题

1. 下列关于金融风险特征说法不恰当的是(　　)。
   A. 金融风险是出现损失和经营困难的可能性
   B. 由于金融风险的不确定性,形成金融风险的要素和所产生的损失完全不可预计
   C. 根据科学的决策和严格的管理措施,金融风险发生的概率可以大大降低
   D. 金融风险与经营者的行为和决策紧密相连

2. 按金融风险的性质可将风险划分为(　　)。
   A. 纯粹风险和投机风险　　　　　　　B. 可管理风险和不可管理风险
   C. 系统性风险和非系统性风险　　　　D. 可量化风险和不可量化风险

3. (　　)是指获得银行信用支持的债务人由于种种原因不能或不愿遵照合同规定按时偿还债务而使银行遭受损失的可能性。
   A. 信用风险　　　　B. 市场风险　　　　C. 操作风险　　　　D. 流动性风险

4. (　　)是指金融机构或其他经济主体在金融活动中因没有正确遵守法律条款,或因法律条款不完善、不严密而引致的风险。
   A. 信用风险　　　　B. 市场风险　　　　C. 法律风险　　　　D. 政策风险

5. 银行业危机的直接原因是(　　)。
   A. 信用风险　　　　B. 市场风险　　　　C. 流动性风险　　　　D. 操作性风险

6. 金融监管的首要目标是(　　)。
   A. 效率性目标　　　　B. 安全性目标　　　　C. 公平性目标　　　　D. 经济性目标

7. 借款人无法足额偿还本息,即使执行抵押或担保,也肯定要造成较大损失的贷款属于(　　)贷款。

　　A. 次级　　　　　　B. 关注　　　　　　C. 可疑　　　　　　D. 损失

8. 下列不属于金融监管对象的是(　　)。

　　A. 商业银行　　　　B. 非银行金融机构　C. 金融产品　　　　D. 金融市场

9. 存款保险制度最早出现在(　　)。

　　A. 美国　　　　　　B. 中国　　　　　　C. 英国　　　　　　D. 德国

二、多项选择题

1. 金融风险的主要特性是(　　)。

　　A. 扩张性　　　　　B. 可测性　　　　　C. 周期性　　　　　D. 可控性

2. 根据金融风险的性质划分,金融风险可以分为(　　)。

　　A. 轻度风险　　　　B. 严重风险　　　　C. 系统性金融风险　D. 非系统性金融风险

3. 银行退出市场的主要方式有(　　)。

　　A. 兼并收购　　　　B. 解散　　　　　　C. 撤销　　　　　　D. 破产清算

4. 金融监管的主要目标有(　　)。

　　A. 安全性　　　　　B. 盈利性　　　　　C. 公平性　　　　　D. 政策的一致性

5. 金融监管的主要方式有哪些(　　)。

　　A. 公告监管　　　　B. 规范监管　　　　C. 实体监管　　　　D. 互联网监管

6. 金融管理中,市场准入的主要内容有(　　)。

　　A. 机构　　　　　　B. 业务　　　　　　C. 技术　　　　　　D. 政策

7. 金融监管的基本原则包括(　　)。

　　A. 依法监管原则　　　　　　　　　　　B. 统一与分散相结合原则

　　C. 监管主体独立性原则　　　　　　　　D. 适度竞争原则

三、简答题

1. 什么是金融风险?

2. 金融风险的主要特征有哪些?

3. 什么是系统性风险?

4. 商业银行在经营过程中面临哪八大风险?

5. 金融监管的主要方式有哪三种?

6. 金融监管的理论基础是什么?

7. 市场运营监管的主要内容是什么?

四、论述题

　　试述金融风险的分类。

第十四章

互联网金融

扫码查看视频

学习目的和要求

学习本章,应准确识记本章的基本概念,领会本章的基本理论。了解互联网金融的概念、意义;了解我国互联网金融主要发展阶段;理解互联网金融发展的特点;掌握我国互联网金融发展的主要模式;理解我国互联网金融主要风险;了解我国互联网金融监管对象、分类和原则;理解互联网金融风险防范的主要措施。

导入案例

马云:金融行业需要搅局者

我跟很多人一样以前抱怨很多,说金融这不对那不对,后来了解多了发现,人家也没办法。中国的金融行业特别是银行业服务了 20% 的客户,我看到的是 80% 没有被服务的企业。把他们服务好,中国经济巨大的潜力就会被激发出来。我们必须用新的思想、新的技术去服务他们。这可能是中国未来金融行业发展的巨大前景所在。

未来的金融有两大机会,一个是金融互联网,金融行业走向互联网;第二个是互联网金融,纯粹的外行领导,其实很多行业的创新都是外行进来才引发的。金融行业也需要搅局者,更需要那些外行的人进来进行变革。

世界往往是被那些不懂的人搞翻天的。所以,开放首先是思想开放,不是政策开放。只有思想开放,才可能有技术开放、政策开放。

金融生态系统主要特点应该是开放。中国的金融监管过度,美国则监管不力。监管过度会让生态系统变成一个农场,想种什么种什么,不想种的永远进不来,但真正的生态系统一定是开放的,百花齐放。对于中国金融业来说,让更多人参与比多发几张牌照显得更重要。

中国不缺银行,但是缺乏一个对 10 年以后经济成长承担责任的金融机构。今天的金融,确实做得不错,没有今天的支撑 20% 客户这样的金融机构,中国的经济 30 年来不可能发展到今天。但是,靠今天这样的机制,我不相信能够支撑 30 年后中国所需要的金融体系。很多问题不是今天造成的,而是历史造成的。我们很难改变历史,但我们可以改变未来。今天做准备,10年以后才有机会。今天我们引进开放,可能会有问题,但是今天的问题就会变成10年以后的成绩。

所以,我作为一个外行者,一个不懂金融的人,对金融好奇,不是因为它能挣多少钱,而是因为它可以让很多人挣钱,可以让很多人发生变化。我希望外行人能够参与这个领域,不仅仅是来搅局,而是共同创造一个未来。金融是为外行人服务的,不是自己圈里自娱自乐、自己赚钱的。

资料来源:人民日报2012-06-21。

第一节 互联网金融概述

近几年,中国经济社会改革创新最突出的变化,莫过于互联网金融的崛起,以"普惠金融""科技金融"的特点受到人们的关注,解决当下社会和用户的需求"痛点"。在国家政策的支持下,互联网金融也是"大众创业,万众创新"时代的资本市场新趋势。

一、互联网金融的概念及意义

(一)互联网金融的概念

互联网金融一直在不断动态发展,这种模式的边界还没有确定,所以难以用一个准确的定义来概括。不同的群体或个人会从不同的角度去理解和解读。

一般认为,所谓互联网金融就是互联网技术和金融功能的有机结合,依托大数据和云计算在开放的互联网平台上形成的功能化金融业态及其服务体系,包括基于网络平台的金融市场体系、金融服务体系、金融组织体系、金融产品体系以及互联网金融监管体系等,并具有普惠金融、平台金融、信息金融和碎片金融等相异于传统金融的金融模式。

(二)互联网金融发展的积极意义

金融业通过专业化服务为资金供需双方搭建资金融通渠道。然而金融的垄断地位,一方面使得金融机构利用信息不对称和资源不对称获取超额利差;另一方面使得金融资源分配失衡,大量金融资源向优势行业和区域集中,导致低收入和贫困地区出现金融荒漠化,经济发展不平衡。互联网金融的出现打破了金融的垄断,互联网金融具有五大积极意义。

1. 有助于发展普惠金融,弥补传统金融服务的不足

银行金融服务遵循"二八定律",主要服务20%的大客户,80%的小微客户金融需求往往被忽视。互联网金融定位"小微"层面,具有"海量交易笔数,小微单笔金额"的特征,弥补传统金融覆盖面的空白。

2. 有利于发挥民间资本的作用,引导民间金融走向规范化

我国民间借贷资本数额庞大,长期以来缺乏高效、合理的投资方式和渠道,游离于正规金融监管体系之外,互联网金融将线下民间金融转移到线上。通过规范发展P2P网贷、众筹融资等,引导民间资本投资于国家鼓励的领域和项目,遏制高利贷,盘活民间资

金存量,使民间资本更好地服务实体经济。众筹股权融资也体现了多层次资本市场的客观要求。

3. 满足电子商务需求,扩大社会消费

电子商务对支付方便、快捷、安全性的要求,推动了互联网支付特别是移动支付的发展;电子商务所需的创业融资、周转融资需求和客户的消费融资需求,促进了网络小贷、众筹融资、P2P网贷等互联网金融业态的发展。电子商务的发展催生了金融服务方式的变革,与此同时,互联网金融也推动了电子商务的发展。

4. 有助于降低成本,提升资金配置效率和金融服务质量

互联网金融利用电子商务、第三方支付、社交网络形成的庞大的数据库和数据挖掘技术,显著降低了交易成本。互联网金融企业不需要设立众多分支机构、雇佣大量人员,大幅降低了经营成本。互联网金融提供了有别于传统银行和证券市场的新融资渠道,以及全天候、全方位、一站式的金融服务,提升了资金配置效率和服务质量。

5. 有助于促进金融产品创新,满足客户的多样化需求

互联网金融不断推动传统金融机构改变业务模式和服务方式,从第三方支付、P2P、众筹到"智慧金融",无不体现了金融与互联网的创新应用。互联网金融企业依靠大数据和云计算技术,能够动态了解客户的多样化需求,计量客户的资信状况,有助于改善传统金融的信息不对称问题,提升风险控制能力,推出个性化金融产品。

二、我国互联网金融的发展

(一) 萌芽阶段

萌芽阶段主要是指2005年以前的发展阶段。这一时期真正意义上的互联网金融形态尚未出现,主要是传统的金融机构简单地把金融业务搬到互联网上,利用互联网开展业务。1993年,电子商务作为一种全新的商务运作模式应运而生,人类的商务活动被互联网带入全面的电子化时代。网上转账、网上证券开户、网上买保险等互联网金融业务相继出现,种种变革给传统金融模式带来了巨大冲击,也预示着互联网金融时代的到来。

(二) 起步阶段

我国互联网金融的起步阶段的时间跨度为2005—2012年。这一阶段金融和互联网的结合从早期的技术层面逐步深入到业务领域,第三方支付、P2P网贷、众筹等真正的互联网金融业务形态相继出现。为了解决电子商务、货款支付不同步而导致的信用问题,作为买卖双方交易过程中信用中介的第三方支付平台应运而生,并迅速发展。2011年人民银行开始发放第三方支付牌照。

P2P于2007年在我国开始出现,呈现快速增长态势。但由于监管缺失,大量P2P平台违规、跑路的事件不断出现,严重损害了金融信誉和消费者利益。

(三) 高速发展期

自2013年起,我国互联网金融步入高速发展期。2013年以"余额宝"上线为代表,我国互联网金融开启了高速发展模式,这一年被称为互联网金融发展元年。

第三方支付逐步走向成熟化,P2P网贷呈爆发式增长,众筹平台开始起步,互联网保

险和互联网银行相继获批运营。同时,券商、基金、信托等也开始利用互联网开展业务,网络金融超市和金融搜索等应运而生,为客户提供整合式服务,我国互联网金融进入高速发展期。

此外,行政部门和监管部门也纷纷出台政策,加强对互联网金融行业及业务模式的引导和规范。

三、互联网金融发展的特点

随着网银、支付宝、P2P 等网络交易平台的发展,互联网金融发展呈现"井喷"态势,具有以下四个特点。

(一)金融服务基于大数据的运用

数据一直是信息时代的象征。金融业一方面是大数据的重要产生者,同时金融业也是高度依赖信息技术,是典型的数据驱动行业。在互联网金融环境中,数据作为金融核心资产,将撼动传统客户关系及抵押制品在金融业务中的地位。大数据可以促进高频交易、社交情绪分析和信贷风险分析三大金融创新。互联网金融通过互联网及相关软件,将高度分散化的企业、个人信息进行系统集中处理,形成分门别类的信息数据资源,并以此为基础提供资金融通和交易服务。

(二)金融服务趋向长尾化

与银行的金融服务偏向"二八定律"里的 20% 的客户不同,互联网金融争取的更多的还是 80% 的小微用户。这些小微用户的金融需求既小额又个性化,在传统金融体系中往往得不到满足,而在互联网金融的服务中小微客户有着得天独厚的优势,其可以高效率地解决用户的个性化需求。

(三)金融服务高效、便捷化

互联网金融带来了全新的渠道,交易流程相对简化且易于操作,为客户提供方便、快捷、高效的金融服务,极大地提高了现有的金融体系的效率。互联网金融突破了物理、空间的限制,缩短了业务链条,可实现金融业的全面自由发展,推进新业务更加便捷,竞争更加激烈。

(四)金融服务低成本化

互联网金融开展业务无须大量设立经营网点及配备大量人员,节约了大量开设营业网点的资金投入和运营成本。此外,与传统的金融机构相比,交易成本低,速度快。例如,阿里金融单笔贷款的审批成本与传统银行相比大幅降低,其利用了大数据和信息流,依托电子商务公开、透明、数据完整等优势,与阿里巴巴的 B2B、淘宝网、天猫数据贯通、信息共享、实现金融信贷审批、运作和管理。

第二节　我国互联网金融发展模式

2013 年 4 月 21 日举办的"清华金融周互联网金融论坛"上交所互联网金融实验室首次提出互联网金融六大模式:第三方支付、P2P 网贷、众筹、大数据金融、信息化金融机构、互联网金融门户。

融理论与实务

一、第三方支付

（一）第三方支付的含义及特点

第三方支付是指具备一定实力和信誉保障的独立机构，通过与网联对接而促成交易双方进行交易的网络支付模式。

在社会经济活动中，现货在面对面交易中，货物流和资金流可以实现同步交换。但许多情况下商品货物流转验收需要过程，货物流和资金流难以实现同步。而异步交换，存在道德风险，如购买者付款收不到货物，销售者发货收不到货款。第三方支付的出现，充当起资金保管和监督的作用，提供信用保障，使得异步交易可以顺利实现。

随着第三方支付的不断扩张与场景深化，广义上第三方支付是指非金融机构作为支付中介提供的网络支付、预付卡的发行与受理、银行卡收单以及中国人民银行确定的其他支付服务，起到资金中转作用。

（二）我国第三方支付业态

第三方支付公司的发展和完善，奠定了互联网金融发展的基础。第三方支付市场的快速增长，得益于用户支付习惯的养成，也受益于不同热点。2013年以前，中国第三方支付的增速主要由以淘宝为代表的电商引领。2013年余额宝成为新的金融增长点。2016年，以春节微信红包为契机，转账成为交易规模的增长动力。未来随着用户线下移动支付习惯的养成，线下消费将成为新的交易规模增速支撑点。近年来，用户支付习惯向移动端迁移，未来第三方支付将迈向移动支付时代。

目前，第三方支付公司主要由支付宝、微信支付占据绝对优势。随着行业的竞争加剧，目前第三方支付公司已经不仅仅满足于提供支付服务，多元化发展已经成为其核心竞争力，移动支付以其便利性、快捷性优势覆盖了用户生活的各个场景，涵盖网络购物、转账汇款、公共缴费、手机话费、公共交通、商场购物、个人理财等诸多领域。第三方支付不仅给传统银行带来了巨大的影响，也深刻地改变了人们的生活和工作方式。

（三）第三方支付的分类

2010年6月，中国人民银行颁布《非金融机构支付服务管理办法》，对第三方支付服务做出明确规定。该办法所称非金融机构支付服务，是指非金融机构在收付款人之间作为中介机构提供下列部分或全部货币资金转移服务。

1. 网络支付

通过计算机、移动终端等电子设备，依托公共网络或专用网络发起支付指令，在收付款人之间转移货币资金的行为。例如，互联网支付、移动电话支付、固定电话支付、数字电视支付和货币汇兑。

2. 预付卡的发行与受理

以营利为目的发行，在发行机构指定范围内购买商品或服务的预付价值。简单理解就是先付费后消费的支付卡片。例如，苏宁卡、沃尔玛卡、福卡等。

3. 银行卡收单

收单机构与特约商户签订银行卡受理协议，在特约商户按约定受理银行卡并与持卡

人达成交易后,为特约商户提供交易资金结算服务行为。即持卡人在银行签约商户处刷卡消费,收单银行从商户处取得交易单据和数据,扣除费率后将结算费用付给商户,如银联商务。

支付机构为实体特约商户和网络特约商户提供条码支付收单服务的,应当分别取得银行卡收单业务许可和网络支付业务许可。扫码业务同时具有网络支付和银行卡收单的性质,所以需要取得上述两个业务许可。目前支付宝和微信正在线下大规模布局扫码支付业务,银联在收单业务的垄断地位,将受到严峻的挑战。

(四) 第三方支付的主要模式

1. 独立第三方支付模式

独立第三方支付模式,是指第三方支付平台完全独立于电子商务网站,不负有担保功能,仅仅为用户提供支付产品和支付系统解决方案,以快钱、易宝支付、汇付天下、拉卡拉等为典型代表。以易宝支付为例,凭借自身对具体行业的深刻理解,为不同行业、不同领域的业务及支付特征量身定制全程电子支付解决方案。其先后为数字娱乐、航空旅游、行政教育、保险、基金、电商物流等行业制定支付解决方案。

2. 有交易平台担保的支付模式

以支付宝、财付通为首的依托于自有 B2C、C2C 电子商务网站提供担保功能的第三方支付模式。货款暂由平台托管并由平台通知卖家货款到达、进行发货;在此类支付模式中,买方在电商网站选购商品后,使用第三方平台提供的账户进行货款支付,待买方检验物品后进行确认,就可以通知平台付款给卖家,这时第三方支付平台再将款项转至卖方账户。这种模式第三方支付机构充当了买卖双方的信用中介,在这个过程中,机构可以很方便地收集详细的交易信息,积累用户数据。在此基础上,提供精准营销、小额贷款等增值服务。

二、P2P 网贷

(一) P2P 网贷概念

P2P(Peer-to-Peer Lending),即点对点信贷。P2P 网络贷款是指通过第三方互联网平台进行资金借、贷双方的匹配,借款方可以是无抵押或是有抵押贷款。在这种模式下,P2P网贷平台作为点对点的金融信息服务平台,以服务费、管理费或者行业早期较为普遍的以赚取利差等方式作为盈利手段。P2P 网贷模式的流行实际是伴随着互联网的发展与民间借贷而兴起的金融脱媒现象。从 P2P 的特点来看,其在一定程度上降低了市场信息不对称程度,对利率市场化将起到一定的推动作用。由于其参与门槛低、渠道成本低,在一定程度上拓展了社会的融资渠道。

(二) P2P 发展现状

截至 2017 年 12 月,国内 P2P 平台累计数量达 5 970 家,历史累计成交量达 62 339.41亿元。截至 2017 年 11 月,市场上共有网络小贷牌照 249 张。

目前,P2P 网贷模式的困境在于,很难同时达到低客户获取成本(尤其平台成立初期)、高精度且低成本的互联网征信能力,以及能够承担用户保本付息的资金实力。

P2P获客流量成本和房地产一样不断上升。很多平台除了做软文推广,还要不定期推出奖励活动。同时,还要做百度竞价、App下载推广等。还有一些公司砸钱做线下促销活动等。由于平台竞争越来越激烈,第三方推广渠道推广价格也水涨船高。再加上平台的其他运营成本,一些平台的综合运营成本已经不堪重负。获客成本是指企业开发一个顾客所付出的成本,包括吸引客户、向客户销售、服务及保留客户而花费的各类资源,涵盖花费在宣传促销、经营、计划、服务以及营销部门的某些销售活动上的费用。

P2P针对的主要还是小微企业及普通个人用户,这些大都是被银行"抛弃"的客户,资信相对较差、贷款额度相对较低、抵押物不足,并且因为央行个人征信系统暂时没有对P2P企业开放等原因,P2P平台坏账率一直居高不下。

2018年1月,在人民银行的指导下,百行征信作为首家个人征信机构成立,主要在银、证、保等传统金融机构以外的网络借贷等领域开展个人征信活动,主要是网络小贷公司、网络借贷信息中介机构和消费金融公司等互联网金融从业机构掌握的个人负债信息以及其他市场主体掌握的个人负债信息等。百行征信有限公司的主要服务对象包括上述互联网金融从业机构以及商业银行等传统金融机构。通过对信用信息的有效整合和充分利用,降低社会交易成本,提高效率,实现廉价金融、普惠金融。

此外,2016年银监会联合3部委发布了《网络借贷信息中介机构业务活动管理暂行办法》,将P2P网贷定性为"信息中介机构",不得从事自融,不得为出借人提供担保或保本保息,不得发售银行理财等金融产品,不得吸收公众存款,不得设立资产池等。

(三) P2P网贷主要运营模式

1. 纯线上模式和线上线下相结合模式

(1)纯线上模式,其特点是资金借贷活动都通过线上进行,不结合线下的审核。通常这些企业采取的审核借款人资质的措施有通过视频认证、查看银行流水账单、身份认证等。典型平台:拍拍贷,如图14-1所示。

图14-1 拍拍贷业务模式

（2）线上线下结合的模式，即 P2P 网贷公司将借贷交易环节主要放在线上，在线上主攻理财端，吸引投资人，并公开借贷业务信息以及法律相关服务流程，而将借款来源、借款审核和贷后管理这样的环节放在线下，按照传统的审核及管理方式进行。典型平台：红领创投。

2. 纯平台模式和债权转让模式

（1）纯平台模式，保留了欧美传入的 P2P 网贷本来面貌，即出借人根据需求在平台上自主选择贷款对象，平台不介入交易，只负责信用审核、展示及招标，以收取账户管理费和服务费为收益来源。典型平台：拍拍贷。

（2）债权转让模式，通过第三方个人先行放款给资金需求者，再由第三方个人将债权转让给投资者。其中，第三方个人与 P2P 网贷平台高度关联，一般为平台的内部核心人员。P2P 网贷平台则通过对第三方个人债权进行金额拆分和期限错配，将其打包成类似于理财产品的债权包，供出借人选择。典型平台：宜信。

三、众筹

（一）众筹的概念

众筹，即为大众筹资或群众筹资，是指用"团购＋预购"的形式，向网友募集项目资金的模式。众筹是利用互联网和 SNS 传播的特性，让创业企业、艺术家或个人对公众展示他们的创意及项目，争取大家的关注和支持，进而获得所需要的资金援助。

众筹平台的运作模式大同小异。需要资金的个人或团队将项目策划交给众筹平台，经过相关审核后，便可以在平台的网站上建立属于自己的页面，用来向公众介绍项目情况。众筹的规则有三个：一是每个项目必须设定筹资目标和筹资天数；二是在设定天数内，达到目标金额即成功，发起人即可获得资金，项目筹资失败则已获资金全部退还支持者；三是支持者获得相应的回报。众筹平台从中抽取一定比例的服务费用。

（二）众筹的特征

1. 低门槛

无论身份、地位、职业、年龄、性别，只要有想法、有创造能力都可以发起项目。

2. 多样性

众筹的方向具有多样性，包括设计、科技、音乐、影视、食品、漫画、游戏、摄影等产业，并且逐渐向"三农"、土地、房地产、酒店、饭馆、美容、健康等产业进行渗透。

3. 创意性

发起人必须将自己的创意达到可展示的程度，才能通过平台的审核，而不单单是一个概念或者一个点子。

4. 广告性

众筹模式除了能达到吸引资金的目的，也可以提前为产品进行广告性的宣传甚至是预售。这时候，筹资的目的更多的是将新产品通过众筹平台宣传出去，互联网的交互性，良好的互动，集思广益，也能更好地完善项目。

（三）众筹的主要模式

根据项目的融资形式、项目支持者形式、对项目支持者的回报形式、项目支持者的支持动因等因素将众筹分为 4 种模式:奖励式众筹、债权众筹、股权众筹、公益众筹。

1. 奖励式众筹

奖励式众筹,又称回报式众筹或预售式众筹。可以说,奖励式众筹类似于"团购＋预售"的模式。筹资者承诺未来以产品的形式回报公众,但不包括任何现金或股权。目前,奖励式众筹在全球众筹融资中占比最大,达到 49%。

奖励式众筹通过预售获得资金,相当于投资人在产品和服务还没有被生产出来前直接预订这些产品和服务,缩短了资金链。奖励式众筹通常应用于创新项目的产品融资,尤其是对电影、音乐以及高科技产品。著名的平台有 Kickstarter、Indiegogo。类似产品"团购",将众筹平台当作一个销售渠道和宣传平台。我国比较有名的平台有"点名时间网""淘宝众筹"。

互联网知识型社群试水者——罗振宇作为自媒体视频脱口秀《罗辑思维》主讲人,其2013 年 8 月 9 日,5 000 个 200 元/人的两年有效期会员账号,在 6 小时内一售而空,也称得上众筹模式的成功案例之一。

2. 债权众筹

公司给予投资者的回报不是股权,而是以债券的形式。也就是说,投资者的收益来自约定的利率。当创业公司取得利润之后,就会按照约定将本金与利息还给投资者。这种模式的风险性要比股权众筹低得多,收益稳定。这种模式类似 P2P 网贷的形式。

3. 股权众筹

股权众筹是美国占比最高的一种众筹模式,也是最有发展潜力的模式。投资者向创业的公司投资,获得这个公司的股权,投资的收益来源于股权,这种模式类似于传统的股票投资。目前我国的股权众筹受到政策的限制还没有发展起来,主要是由于没有相关细则的保护,如果细节上把握不好,容易涉及非法集资之嫌。股权众筹很好地弥补了现有资本市场小额融资的空白。为了避免 P2P 的乱象,国家对股权众筹的规则制定非常慎重。

4. 公益众筹

公益众筹,又称捐赠式众筹,项目发起人以特定的公益目的为目标,诸如重大疾病治疗、关爱贫困山区老人、儿童教育、收养小动物、保护环境等。项目的支持者并不是为了物质或金钱回报,而是出于社会性的动机,参与慈善事业及得到精神层面的回报。

2016 年 9 月 1 日,《中华人民共和国慈善法》实行,其中规定,个人不能发起公开募捐,而慈善组织开展公开募捐也应当取得公开募捐资格。因此,个人有求助需求时,必须与获得募捐资格的网络募捐信息平台合作。

四、大数据金融

大数据金融是指集合海量非结构化数据,通过对其进行实时分析,可以为互联网金融机构提供客户全方位信息,通过分析和挖掘客户的交易和消费信息掌握客户的消费习惯,并准确预测客户行为,使金融机构和金融服务平台在营销和风险控制方面有的放矢。

基于大数据的金融服务平台主要指拥有海量数据的电子商务企业开展的金融服务。大数据的关键是从大量数据中快速获取有用信息的能力,或者是从大数据资产中快速变现的能力。因此,大数据的信息处理往往以云计算为基础。目前,大数据服务平台的运营模式可以分为以阿里小额信贷为代表的平台模式和以京东、苏宁为代表的供应链金融模式。

阿里小贷以"封闭流程＋大数据"的方式开展金融服务,凭借电子化系统对贷款人的信用状况进行核定,发放无抵押的信用贷款及应收账款抵押贷款,单笔金额在5万元以内,与银行的信贷形成了非常好的互补。京东商城、苏宁的供应链金融模式是以电商作为核心企业,以未来收益的现金流作为担保,获得银行授信,为供货商提供贷款。

大数据能够通过海量数据的核查和评定,增加风险的可控性和管理力度,及时发现并解决可能出现的风险点,对于风险发生的规律性有精准的把握,将推动金融机构对更深入和透彻的数据的分析需求。虽然银行有很多支付流水数据,但是各部门不交叉,数据无法整合,大数据金融的模式促使银行开始对沉积的数据进行有效利用。大数据将推动金融机构创新品牌和服务,做到精细化服务,对客户进行个性定制,利用数据开发新的预测和分析模型,实现对客户消费模式的分析以提高客户的转化率。

大数据金融模式广泛应用于电商平台,以对平台用户和供应商进行贷款融资,从中获得贷款利息以及流畅的供应链所带来的企业收益。随着大数据金融的完善,企业将更加注重用户个人的体验,进行个性化金融产品的设计。未来,大数据金融企业之间的竞争将存在于对数据的采集范围、数据真伪性的鉴别以及数据分析和个性化服务等方面。

五、信息化金融机构

所谓信息化金融机构,是指通过采用信息技术,对传统运营流程进行改造或重构,实现经营、管理全面电子化的银行、证券和保险等金融机构。金融信息化是金融业发展趋势之一,而信息化金融机构则是金融创新的产物。从金融整个行业来看,银行的信息化建设一直处于业内领先水平,不仅具有国际领先的金融信息技术平台,建成了由自助银行、电话银行、手机银行和网上银行构成的电子银行立体服务体系,而且以信息化的大手笔——数据集中工程在业内独领风骚。

目前,一些银行都在自建电商平台,从银行的角度来说,电商的核心价值在于增加用户黏性,积累真实可信的用户数据,从而银行可以依靠自身数据去发掘用户的需求。建行推出"善融商务"、交行推出"交博汇"等金融服务平台都是银行信息化的有力体现。

从经营模式上来说,传统的银行贷款是流程化、固定化,银行从节约成本和风险控制的角度更倾向于针对大型机构进行服务,通过信息技术,可以缓解甚至解决信息不对称的问题,为银行和中小企业直接的合作搭建了平台,增强了金融机构为实体经济服务的职能。但更为重要的是,银行通过建设电商平台,积极打通银行内各部门数据孤岛,形成一个"网银＋金融超市＋电商"的三位一体的互联网平台。

信息化金融机构从另外一个非常直观的角度来理解,就是通过金融机构的信息化,让我们汇款不用跑银行、炒股不用去营业厅、电话或上网可以买保险,虽然这是大家现在已经习以为常的生活了,但这些都是金融机构建立在互联网技术发展基础上,并进行信息化改造之后带来的便利。未来,传统的金融机构在互联网金融时代,更多的是,如何更快、更好地充分利用互联网等信息化技术,并依托自身资金实力雄厚、品牌信任度高、人才聚焦、风控体系完

善等优势,作为互联网金融模式的一类来应对非传统金融机构带来的冲击,尤其是思维上、速度上的冲击。

2013年由蚂蚁金服、腾讯、中国平安等知名企业发起成立的众安保险公司成立并开业,中国第一家互联网金融保险公司诞生;2016年2月,中国保监会正式批准易安财产保险股份有限公司成立。

六、互联网金融门户

互联网金融门户是指利用互联网进行金融产品的销售以及为金融产品销售提供第三方服务的平台。它的核心就是"搜索+比价"的模式,采用金融产品垂直比价的方式,将各家金融机构的产品放在平台上,用户通过对比挑选合适的金融产品。互联网金融门户多元化创新发展,形成了提供高端理财投资服务和理财产品的第三方理财机构,提供保险产品咨询、比价、购买服务的保险门户网站等。这种模式不存在太多政策风险,因为其平台既不负责金融产品的实际销售,也不承担任何不良的风险,同时资金也完全不通过中间平台。目前在互联网金融门户领域针对信贷、理财、保险、P2P等细分行业分布有融360、91金融超市、网贷之家等。

互联网金融门户最大的价值就在于它的渠道价值。互联网金融分流了银行业、信托业、保险业的客户,加剧了上述行业的竞争。随着利率市场化的逐步到来,随着互联网金融时代的来临,对于资金的需求方来说,只要能够在一定的时间内,在可接受的成本范围内,具体的钱是来自工行也好、建行也罢,是P2P平台还是小贷公司,抑或是信托基金、私募债等,已经不是那么重要。融资方到了融360、好贷网或软交所科技金融超市时,用户甚至无须像在京东买实物手机似的,需要逐一地浏览商品介绍及详细地比较参数、价格,而是更多地将其需求提出,反向进行搜索比较。因此,当融360、好贷网、软交所科技金融超市这些互联网金融渠道发展到一定阶段,拥有一定的品牌及积累了相当大的流量,成了互联网金融界的"京东"和"携程"的时候,就成了各大金融机构、小贷、信托、基金的重要渠道,掌握了互联网金融时代的互联网入口,引领着金融产品销售的风向标。

第三节 互联网金融风险

一、互联网金融风险的种类

针对遍布全国的融资项目,特别是风险高发的P2P网贷、股权众筹机构,在贷前、贷中、贷后均缺乏有效监控手段保证业务的真实性。在贷前项目上报环节,无法有效识别"内外勾结"行为,线下审核人员与借款人可以通过设立虚假标的,骗取投资人资金。贷中项目审核环节,普遍采用汽车、房产、票据等抵质押物覆盖风险,缺少研判业务真实性的意识。贷后资金运用环节,多以借款人自主填报并提供相关证明材料为准,管控资金运用情况缺乏有效手段去核实资金的最终用途是消费、生产经营还是其他用途。

目前,我国互联网金融领域风险主要体现在非合规性经营、资金投向不当、信用机制不够健全下的多头借贷以及金融服务运用新技术创新不当等方面。

（一）违规经营风险

从业机构所从事的一些业务未经行业批准或是没有获得执业牌照，或是开展业务时并没有严格遵守规定而行。例如，《网络借贷信息中介机构业务活动管理暂行办法》明确了网贷平台回归信息中介的本质，作为第三方服务平台，不能开展自担保业务，但是有些网贷机构在官网上显示有风险保障金做保障，与金融业刚性兑付被明令禁止相悖。此外，还存在发布虚假项目，业务标的超过限额、大标拆小标、期限错配，未按规定对外披露信息等。

（二）资金投向不当

监管机构和协会在专项整治中发现，有的从业机构资金投向不合理，资金流到了不该流向的地方，如一些国家政策不鼓励的行业或项目。

（三）多头借贷、欺诈的风险

现阶段我国个人信用体系不够完善，征信领域未实现全覆盖，借贷双方信息不对称，借款人出现多头借贷或过度借贷。

互联网金融的相关法律还有待配套，互联网金融违约成本较低，容易诱发恶意骗贷、卷款跑路等风险问题。特别是P2P网贷平台由于准入门槛低和缺乏监管，成为不法分子从事非法集资和诈骗等犯罪活动的温床。e租宝、钱宝网等P2P网贷平台先后曝出"跑路"事件。众筹拍电影的快鹿变成了"跑鹿"，因《叶问3》票房造假事件而备受瞩目。

知识拓展

"e租宝"案

2014年7月，钰诚集团将收购的网络平台命名为"e租宝"，以"网络金融"的旗号上线运营。以高额利息为诱饵，虚构融资租赁项目，持续采用借新还旧、自我担保等方式大量非法吸收公众资金，累计交易发生额达700多亿元。警方初步查明，"e租宝"实际吸收资金500余亿元，涉及投资人约90万名。

"e租宝"对外宣称，其经营模式是由集团下属的融资租赁公司与项目公司签订协议，然后在"e租宝"平台上以债权转让的形式发标融资；融到资金后，项目公司向租赁公司支付租金，租赁公司则向投资人支付收益和本金。融资租赁公司赚取项目利差，而平台赚取中介费。

然而，"'e租宝'上95%的项目都是假的。"安徽钰诚融资租赁有限公司风险控制部总监雍磊称。钰诚集团不仅通过旗下的担保公司掌握一些公司的营业执照、税务登记证等资料，将这些公司冒名挂到网上融资；还用融资金额的1.5%～2%向企业购买信息，制成虚假的项目在"e租宝"平台上线。为了让投资人增强投资信心，他们还采用了更改企业注册金等方式包装项目。办案民警介绍，在目前警方已查证的207家承租公司中，只有1家与钰诚租赁发生了真实的业务。

另一方面，"e租宝"利用"1元起投，随时赎回，高收益低风险"的宣传口号吸引投资者。"e租宝"的产品,预期年化收益率在9%~14.6%之间,远高于一般银行理财产品的收益率。许多投资人表示,他们就是听信了"e租宝"保本保息、灵活"支取"的承诺才上当受骗的。投资人张先生表示,"e租宝"的推销人员鼓动他说,"e租宝"产品保本保息,哪怕投资的公司失败了,钱还是照样有。投资人席女士则称,自己是被"e租宝"可以灵活支取的特点吸引了:"一般的理财产品不能提前支取,但'e租宝'提前10天也可以拿出来。"实际上,由于金融行业天然的风险性,承诺保本保息本身就违背客观规律。银监会更是明确要求,各商业银行在销售理财产品时必须进行风险提示。

"e租宝"从一开始就是一场"空手套白狼"的骗局,一个彻头彻尾的庞氏骗局。

资料来源:财经网。

(四) 金融服务技术风险

互联网金融业务涉及千家万户,具体创新过程中如果没有经过严密的测试和风险的评估,缺乏有效的风控措施,一旦遭遇黑客攻击,互联网金融的正常运作会受到影响,危及消费者的资金安全和个人信息安全。

国家互联网金融风险分析技术平台监测发现,互联网金融App成为风险的新聚集地。截至2017年3月22日,共发现互联网金融App漏洞1 200余个,其中高危漏洞占比23.3%。此外,还监测到1 300多个互联网金融仿冒App,并被累计下载3 000多万次。

二、我国互联网金融风险的监管及防范措施

近年来,互联网金融快速发展,既带动移动支付、小额网络贷款、网络理财等业务的快速发展,也带来了欺诈、洗钱等一系列问题。政策对于互联网金融的态度,也经历了一个从鼓励到监管的演进过程。央行等十部委联合发布《关于促进互联网金融健康发展的指导意见》(以下简称《指导意见》),从监管层面充分肯定了互联网金融的发展,给互联网金融制定了一个明确的边界和身份。互联网金融从前期乱象频出的野蛮生长,逐渐步入整改合规的发展期。

(一) 互联网金融监管

互联网金融的监管对象包括互联网支付、P2P网络借贷、股权众筹、网络银行、互联网基金销售、互联网保险、互联网信托和互联网消费金融等主要业态类型。与对传统金融业的监管类似,政府监管部门对互联网金融也可以采用现场检查、非现场监管、窗口指导、监管调研等监管措施,实施分类监管。根据《指导意见》中的规定以及各级政府的监管实践,我国互联网金融分类监管,监管体系如图14-2所示。

对于互联网金融这个"新事物",金融监管总体上体现开放性、包容性、适应性,同时坚持鼓励和规范并重、培育和防险并举,维护良好的竞争秩序,促进公平竞争,维护金融体系稳健运行。

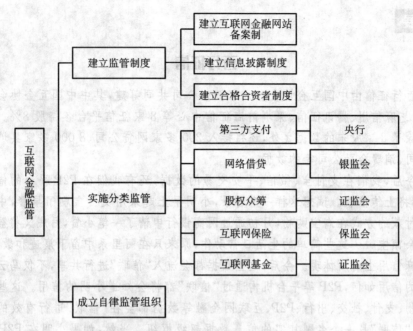

表14-2 互联网金融监管

(二) 互联网金融风险防范措施

1. 制定行业标准、业务规范,要求平台合规审慎经营

按照监管规则、整治要求和行业标准,加快建立客户身份识别、信息披露、资金存管、投资者适当性管理、反洗钱、反恐怖融资等制度,切实提升网络和信息安全保障水平。

以风险防控的重点 P2P 网贷、股权众筹为例,一是坚持投融资主体适当性,要求机构对所有投资人与借款人的投融资行为进行适当性评估,各地协会对机构是否履行了适当性原则、履行方式是否妥当、效果如何等进行评价公示。二是坚持业务背景真实性,要求机构以更为审慎的经营态度,以穿透式的审批方式,严格审核借款人的融资项目、借款资质、财务状况及其他信息。三是坚持信息披露充分性,要求机构在严格落实信息披露制度办法的基础上,自主设计执行更高质量的信息披露标准,以凝结投资人对行业的信心。

2018 年 1 月 1 日起,线上新增借款全部符合限额要求。个人在同一网贷平台的借款余额上限不超过 20 万元,企业不超过 100 万元。

2. 建立互联网征信体制,完善个人征信

征信机构是打破信息不对称的核心。但是,在我国征信领域,央行征信中心的信息采集仅针对金融机构和部分有牌照的消费金融公司。截至 2016 年 3 月,央行金融征信系统,有征信记录的自然人为 3.9 亿,占总人口数不到 30%,且征信数据维度相对单一。

2018 年 2 月 22 日,央行向百行征信有限公司颁发国内首张个人征信牌照,俗称"信联"。信联的成立打破了"信息孤岛"的格局,填补民间个人征信的空白,能够加强贷前风控,有效遏制"多头借贷""以贷养贷"的情况,减少甚至杜绝暴力催收事件。依托大数据资源与技术,央行征信与百行征信将在数据互补中构建全民信用体系,将使我国迈进"信用时代"。

百行征信

百行征信由中国互金协会和 8 家征信公司共同筹建,其中中国互金协会持股 36%,芝麻信用、腾讯征信、深圳前海征信中心等 8 家征信平台各持股 8%。百行征信除了 8 家股东的数据之外,还将接入 200 多家网贷公司、8 000 多家县域的小贷公司、消费金融公司等的数据。

今后,我们在支付宝、微信、平安交易的数据,还有我们在 P2P 平台的借贷数据,都将上传信联。试想这样一个场景,小明早上起来用支付宝刷了早餐,中午以分期付款的方式在淘宝购物,月初通过网商银行申请了一笔小贷,月底又将盈余存入了余额宝……这些简单的生活日常动作,原来只在阿里系中留下痕迹和数据,只在芝麻信用上有所体现。今后,这些数据都会流入"信联"进行共享,不仅马云知道小明的信用如何,P2P 等平台机构通过"信联"都将会知道小明的信用。这些海量的购物、支付、社交、出行、P2P、互联网金融等数据都会在"信联"进行有效的整合共享,"信联"是一个名副其实的信息数据超级枢纽。当然,如果小明在 P2P 恶意逾期违约,相关数据也会在"信联"进行共享,所有人都会知道小明是个"老赖"。从此"老赖"将无处遁形,所以一定要理性消费,珍惜信用!

资料来源:百家号 2018 - 03 - 06。

3. 基于大数据的算法监管、基于模型的自动监管将逐步取代目前的人工审核和监管

近年来,P2P 平台跑路频发、互联网金融行业乱象不断。为了解决监管"两眼一抹黑"的问题,2016 年年初,国家互联网应急中心建设了国家互联网金融风险分析技术平台,进行分析和预警风险。目前,针对互联网金融平台潜在的隐患,该平台已经初步建立起了事前摸底、事中监测、事后跟踪的风险应对体系。

虚假宣传、虚假项目、资金池等是互联网金融平台比较集中的违规行为,这些问题是风险分析技术平台事中监测的对象。截至 2017 年 3 月,技术平台监测发现,P2P 网络借贷平台涉及虚假宣传的有 423 家,金融数据服务器在境外的有 125 家,综合收益率过高的有 70 家,未在工信部备案的有 40 家。一些平台甚至涉及多种违规行为。

4. 加强投资者风险教育

诸多平台跑路和倒闭,给部分投资者造成了损失。互联网金融企业经营不规范甚至欺诈是主因,但部分投资者不能充分了解自己的风险承受能力、盲目跟风起了推波助澜的作用。在互联网金融企业自身规范发展的同时,投资者需要评估自身的风险承受能力,建立风险投资意识。比如,打破金融业刚性兑付,将平台定位为"金融信息中介",树立投资风险意识。开展互联网金融知识的普及教育,并针对比特币、ICO、现金贷等发布风险提示。

(三)互联网金融监管的国际经验

各国普遍将互联网金融纳入现有的法律框架下,强化法律规范,强调行业自律。各

国都强调互联网金融平台必须严格遵守已有的各类法律法规,包括消费者权益保护法、信息保密法、消费信贷法、第三方支付法规等。这是金融交易运行的最重要制度基础。

各国针对本国互联网金融发展的不同情况,采取了强度不等的外部监管措施。澳大利亚、英国等大多数国家采取轻监管方式,对互联网金融的硬性监管要求少,占用的监管资源也相对有限。而美国证监会面对金融危机中公众对监管不作为的指责,认定 Prosper 出售的凭证属于证券,必须接受其监管。

监管手段主要是注册登记和强制性信息披露,以金融消费者和投资者的权益保护为重心。

涉及谁的监管职责就由相应的监管机构负责,往往没有统一的主监管机构。美国第一网络银行(SFNB)、贝宝支付(Paypal)等就曾分别由银行和证券监管机构负责监管。

少数国家开始尝试评估互联网金融的监管框架,探讨未来监管方向。例如,2011 年 7 月,美国国会下属的政府责任办公室就 P2P 借贷的发展和不同监管体系的优缺点进行了评估,强调持续一致的消费者和投资者保护、灵活性、有效性等。

本章练习题

一、单项选择题

1. P2P 网贷的支持对象主要是(　　　)。
   A. 民营企业　　　B. 上市公司　　　C. 小微企业　　　D. 国有企业

2. (　　　)不是导致中国 P2P 行业综合风险持续升高的因素。
   A. 行业竞争　　　B. 监管加强　　　C. 企业内控漏洞　　D. 经济下行

3. 当前,余额宝成了互联网金融的热门产品,据了解,余额宝资金主要投向货币市场基金和银行的协定存款。从金融分类的角度,对余额宝分析不正确的一项是(　　　)。
   A. 按金融活动的方式划分,余额宝属于直接金融
   B. 按金融活动的目的划分,余额宝属于商业性金融
   C. 按金融活动的地理范围划分,余额宝属于国内金融
   D. 按金融活动的性质划分,余额宝属于互联网金融

4. 下列各项中属于互联网金融"创新业态"的是(　　　)。
   A. 网络银行　　　B. 股权众筹　　　C. 在线金融超市　　D. 微信红包

5. 互联网金融信息门户最突出的功能定位是(　　　)。
   A. 提供金融中介服务　　　　　　B. 提供信息中介服务
   C. 提供自有产品　　　　　　　　D. 提供资金中介服务

6. 信息安全风险是网络银行面临的主要风险之一,下列各项不属于信息安全风险的是(　　　)。
   A. 黑客攻击　　　B. 网络诈骗　　　C. 操作不当　　　D. 硬件故障

7. 下列监管措施中,最有利于互联网金融行业规范发展的是(　　　)。
   A. 牌照管理　　　B. 信息披露　　　C. 高管准入　　　D. 行政处罚

二、多项选择题

1. 众筹的特点包括（　　　　）。
   A. 门槛高　　　　　　B. 多样性　　　　　　C. 创意性　　　　　　D. 广告性

2. 以筹资人向投资者提供的回报类型为基准，可以将众筹划分为（　　　　）。
   A. 捐赠众筹　　　　　B. 奖励众筹　　　　　C. 债权众筹　　　　　D. 股权众筹

3. 下列属于互联网金融信息门户的是（　　　　）。
   A. 第三方资讯平台　　　　　　　　　　　　B. 垂直搜索模式
   C. 在线金融超市　　　　　　　　　　　　　D. 股权众筹平台

三、论述题

1. 调研身边的 20 位朋友，根据调研结果并结合所学知识，回答以下问题：

   (1) 请统计分别使用过信用卡、支付宝支付、微信支付的同学占比分别是多少？

   (2) 请举例各自在怎样的支付应用场景下会使用以上的不同工具？

   (3) 通过这样的数据你能分析出怎样的结论？

2. 请谈一谈普惠金融和"二八定律"，国务院在《推进普惠金融发展规划（2016—2020 年）》中明确提出：要发挥互联网促进普惠金融发展的有益作用。结合所学知识，阐述互联网金融为什么有助于推进普惠金融发展。

3. 试比较 P2P 融资与银行贷款的主要区别。

4. 2013 年 4 月 21 日举办的"清华金融周互联网金融论坛"上交所互联网金融实验室首次提出，第三方支付、P2P 网贷、众筹、大数据金融、信息化金融机构、互联网金融门户等六大互联网金融模式，根据自己的理解对这几类门户分别作简单的分析并相应举出一个典型的门户网站。

5. 2018 年伴随着夏季汛期，P2P 大规模的群体性爆雷，不到两个月，全国爆出问题平台高达 120 家左右。从上海到杭州，再到深圳、南京……7 月 6,7 日，杭州公安局对佑米金融、杭州祺天优贷、牛板金、杭州云端金融等公司涉嫌非法吸收公众存款案立案侦查。7 月 16 日，上海又连爆两雷！一颗，是多融财富，目前交易额为 56 亿元；另一颗，是普资金服，目前交易额为 107.47 亿元。颇让人震惊的是，多融财富连自己的员工都骗，有的员工投了两百万，有的甚至投了四百多万。这一下全部血本无归了！

   (1) 针对 P2P 平台问题频出的现状，可以采取哪些措施有效降低风险的发生？

   (2) 你认为个人征信体系的建立对防止上述 P2P 风险的发生有用吗？请详述。

参考文献

[1] 黄达. 金融学[M]. 中国人民大学出版社, 2013.

[2] 曹龙骐. 中央银行概论[M]. 西南财经大学出版社, 1999.

[3] 李健. 金融学[M]. 高等教育出版社, 2014.

[4] 贾玉革. 金融理论与实务[M]. 中国财政经济出版社, 2010.

[5] 刘玉平. 金融学[M]. 复旦大学出版社, 2006.

[6] 罗焰. 金融学基础[M]. 北京邮电大学出版社, 2016.

[7] 梁锐, 陆洪涛. 金融理论与实务[M]. 江苏大学出版社, 2014年.

[8] 弗雷德里克·S. 米什金. 货币金融学[M]. 中国人民大学出版社, 2011.

[9] 孔祥毅. 金融贸易史论[M]. 中国金融出版社, 1998.

[10] 山西财经学院, 中国人民银行山西省分行. 山西票号史料[M]. 山西人民出版社, 1990.

[11] 周建松. 货币金融学基础[M]. 高等教育出版社, 2014.

[12] 王广谦. 中央银行学[M]. 高等教育出版社, 2011.

[13] 宋海. 人民币汇率制度改革与国际化研究[M]. 中国金融出版社, 2011.

[14] 陈浩. 互联网金融[M]. 上海交通大学出版社, 2017.

[15] 何五星. 互联网金融模式与实战[M]. 广东人民出版社. 2015.

[16] 周雷. 互联网金融理论与应用[M]. 人民邮电出版社. 2016.

[17] 李伟民. 金融大辞典[M]. 黑龙江人民出版社, 2002.

参考文献

[1] 黄达. 金融学[M]. 中国人民大学出版社, 2012.

[2] 易纲. 中央银行与货币供给[M]. 西南财经大学出版社, 1999.

[3] 米什金. 货币金融学[M]. 清华大学出版社, 2014.

[4] 贝多广. 金融理论与政策[M]. 中国财政经济出版社, 2010.

[5] 刘鸿儒. 金融学[M]. 厦门大学出版社, 2006.

[6] 何德旭. 金融市场学教程[M]. 北京师范大学出版社, 2018.

[7] 谢平. 中国金融理论[M]. 江苏人民出版社, 2014年.

[8] 弗雷德里克·S·米什金. 货币金融学[M]. 中国人民大学出版社, 2011.

[9] 戴相龙. 金融知识读本[M]. 中国金融出版社, 1998.

[10] 山西财经大学. 中国人民银行山西省分行·山西商业学会编[M]. 山西人民出版社, 1990.

[11] 周慕冰. 货币金融学教程[M]. 高等教育出版社, 2011.

[12] 王广谦. 中央银行学[M]. 高等教育出版社, 2011.

[13] 姚遂. 人民币国际化研究与国际化路径探究[M]. 中国金融出版社, 2012.

[14] 陈彪如. 国际金融学[M]. 上海交通大学出版社, 2014.

[15] 李国宏. 互联网金融理论与实践[M]. 清华大学出版社, 2015.

[16] 刘澜飙. 互联网金融理论与实用[M]. 人民邮电出版社, 2016.

[17] 李稻葵. 金融学原理[M]. 湖北长江人民出版社, 2002.